Das Buch

Seit Jahrzehnten begeistert Janosch Kinder und Eltern in aller Welt. Seine über 300 Bücher sind in 40 Sprachen übersetzt worden, die Tigerente und der kleine Bär und der kleine Tiger bezauberten mehrere Generationen. Doch Janosch, geboren 1931 als Horst Eckert im oberschlesischen Hindenburg (heute Zabrze), hat selbst eine alles andere als schöne Kindheit: Der prügelnde Vater, die gefühlskalte Mutter, die sadistischen Pfarrer und die Hitlerjugend-Kameraden machen ihm das Leben zur Hölle. Einen Neuanfang gibt es nach Kriegsende in Norddeutschland, wo Janosch eine Lehre zum Textilzeichner macht und schnell merkt, dass er viel mehr will. Also geht er nach München und bewirbt sich an der Akademie der Bildenden Künste – und scheitert. Doch zum Glück gibt Janosch nicht auf: Er macht sich allein auf den beschwerlichen Weg, Künstler zu werden.

Angela Bajorek erzählt einfühlsam von den Schwierigkeiten und Erfolgen, die Janosch zum weltbekannten Kinderbuchautoren und Illustrator machten und ihn schließlich in seine Hängematte auf Teneriffa verschlagen haben. Sie zeigt uns den faszinierenden Künstler in all seinen Facetten und somit auch als ungewöhnlichen, durch Krankheiten gezeichneten Menschen, der dennoch optimistisch bleibt.

Die Autorin:

Angela Bajorek ist Germanistin und lehrt am Neuphilologischen Institut der Pädagogischen Universität Krakau. Für ihre Habilitationsschrift über Janosch begann sie an den Originalschauplätzen und in Archiven zu forschen. Schließlich tauschte sie über tausend E-Mails mit dem Künstler aus, besuchte ihn auf Teneriffa und erfuhr dadurch so viel über sein Leben wie nie jemand zuvor.

Angela Bajorek

Wer fast nichts braucht, hat alles

Janosch
Die Biographie

Aus dem Polnischen übertragen
und für die deutsche Ausgabe ergänzt
von Paulina Schulz

Ullstein

Besuchen Sie uns im Internet:
www.ullstein.de

Ungekürzte Ausgabe im Ullstein Taschenbuch
1. Auflage Juli 2017
3. Auflage 2021
© für die deutsche Ausgabe Ullstein Buchverlage GmbH,
Berlin 2016 / Ullstein Verlag
© der polnischen Originalausgabe: Wydawnictwo Znak, Krakau 2015
unter dem Titel *Heretyk z familoka. Biografia Janoscha*
Umschlaggestaltung: zero-media.net, München nach einer Vorlage von
© Pawel Panczakiewicz/PANCZAKIEWICZ ART.DESIGN
Titelabbildung: © Roland Weihrauch, PAP/dpa
Satz: Pinkuin Satz und Datentechnik, Berlin
Gesetzt aus der Caslon Pro
Druck und Bindearbeiten: CPI books GmbH, Leck
ISBN 978-3-548-37702-5

Für meine Familie

Inhalt

Prolog: Das Leben in der Hängematte, oder wie ich
Janosch kennenlernte 9

Kapitel 1: In einem Eimer geboren 15

Kapitel 2: Die Hölle 51

Kapitel 3: Der Teufel hat einen Silberzahn 83

Kapitel 4: Talentlosigkeit 113

Kapitel 5: Am Anfang war das Pferd Valek 137

Kapitel 6: Plötzlich hat er verstanden, wie das Leben ist . . . 151

Kapitel 7: Der Weg nach Panama 175

Kapitel 8: Teneriffa und Der Gefangene der Tigerente 191

Kapitel 9: Der wilde Hase läuft durch Zabrze 207

Kapitel 10: Die schöne Frau Ines 233

Kapitel 11: Der Gänsehirt wartet am Fluss 249

Kapitel 12: Immer Sonne, und kein Gott in der Nähe –
Das Gespräch mit Janosch 257

Anhang

Familienstammbaum 286

Bibliographie der deutschen Ausgaben 289

Verzeichnis der Abbildungen 306

Anmerkungen 308

Prolog

Das Leben in der Hängematte, oder wie ich Janosch kennenlernte

Die meiste Zeit verbringt er in einer Hängematte aus gelbgestreiftem Leinen, die er »Elisabeth« nennt. Wenn er sich daraus erheben will, greift er munter mit beiden Händen nach den Seilen, hievt sich hoch – und plötzlich steht vor mir ein fast zwei Meter großer, rüstiger Mann jenseits der achtzig, mit gütigem Gesicht, dichtem Haar und grauem Schnurrbart. Das Lächeln verlässt nur selten sein Gesicht.

»Ein Weinchen vielleicht, selbstgemacht?«, schlägt er vor und geht in den Keller, um mit einer mächtigen Flasche aus dickem Glas zurückzukehren. Der trockene Weißwein ist stark und gut, gekeltert aus Trauben, die seine Ehefrau Ines gepflanzt hat.

Zum Alkohol pflegte Janosch über Jahre eine enge, doch schwierige Beziehung: Seine bekanntesten Kinderbücher soll er angeblich im Zustand permanenter Trunkenheit geschrieben haben, und als er »Cholonek oder Der liebe Gott aus Lehm« verfasste, hatte er vierzig Flaschen Gin benötigt, um die bösen Geister seiner Kindheit zu vertreiben. Der Wodka hatte ihm wohl auch das Leben gerettet, als er in einem Güterzug voller Vertriebener aus Schlesien schwer erkrankt war – und ihn dann auch beinahe getötet. Der Schmerz wollte ihn über lange Jahre nicht verlassen.

Heute trinkt er nur ab und zu Wein zum Mittagessen.

»Vom Alkohol wird man im Kopf verdreht. In Polen saufen die Leute Spiritus mit Wasser verdünnt, sagt man, deswegen hat Polen noch nie einen Krieg gewonnen«, meint er. »Mein Lieblingswein ist der rote. Habe ich aber keinen, kommt es zu keiner Trauer, dann trinke ich weißen. Habe ich keinen weißen, trinke ich Wasser. Habe ich auch kein Wasser, vergesse ich den Durst. Das sind so die Kunststücke meiner Seligkeit.«[1]

Trotz seines hohen Alters ist Janosch vergnügt und jugendlich. In seiner Kindheit war er ein schmächtiger asthmatischer Junge, der von seinen Schulkameraden tyrannisiert wurde, in seiner Jugend ein ewiger Pechvogel, von den Kunstakademien abgelehnt und von Mädchen ignoriert, schließlich ein Schriftsteller, der lange Jahre damit verbrachte, gegen das Leid anzukämpfen, das ihm diverse Machtinstitutionen angetan haben: die Familie, der Staat, die Kirche, die Verlage.

Heute ist dieser selbsternannte Anhänger der Janosch-eigenen Art des Buddhismus, abgehärtet durch Yoga und von der spanischen Sonne gewärmt, ein glücklicher Mensch. Sein Rezept für ein gutes Leben hat er mehrmals in Büchern und Interviews verraten: »Je weniger du brauchst, desto mehr hast du«, wiederholt er. Und er behauptet, seine größten Freuden im Leben seien »das Essen und das Herumketzern«. Das sind keine leeren Worte. Nachdem er im Restaurant seine ordentliche Portion Fleisch aufgegessen hat, bedient er sich noch freimütig an meiner Paella, ohne sich um Konventionen zu scheren.

Er ist kein einfacher Gesprächspartner, und an seiner Einsiedler-Natur und dem Hang zu Streichen hat sich schon mancher Journalist die Zähne ausgebissen. Janosch kann die Medien nicht ausstehen – deswegen, unter anderem, lebt er schon so lange auf einer Insel – und wenn er schon mit jemandem reden muss, verdreht er oft bewusst die Fakten oder erzählt aus dem Stegreif erfundene Geschichten.

Obwohl seine Bücher meist auf persönlichen Erlebnissen basieren, war er niemals daran interessiert, sich Biographen anzuvertrauen. Aus dem ganz einfachen Grund: Er traute ihnen nicht. In der Erzählung »Magischer Lebenslauf« schrieb er, das menschliche Leben bestünde aus dem Verfassen regelmäßiger Biogramme: geboren dann und dann, dort und dort,

Janosch an seinem Lieblingsort: in der Hängematte.

Schulbesuch dann und dort, etc. »Aber solche Lebensläufe sind so langweilig wie altes Brot«[2], meint er.

Auch war er nicht besonders gewillt, Korrespondenz zu führen. Mein erster Brief an Janosch (den ich ihm noch als Germanistik-Studentin schickte, fasziniert von dem sonderbaren Original, das den Kleinen Tiger und den Kleinen Bären erschaffen hatte) landete im Papierkorb. Hatte mein Brief das wöchentliche Limit überschritten? Damals klopfte jeden Montag der Briefträger an Janoschs Tür, und wenn sich herausstellte, dass es mehr als dreißig Briefe waren, landeten alle ungelesen im Altpapier.

»Ging ich denn auf diese Insel, um dort bis zum Lebensende Post zu lesen? Mir schreibt inzwischen jeder auf dieser Welt, habe ich das Gefühl, zwanzig, dreißig Briefe täglich, eher mehr; ich ging weg von dort, um meine Beine hier auszustrecken – Hängematte!«[3], erzählt Janosch in seinem Buch »Gastmahl auf Gomera«.

Doch irgendwann änderte der Einsiedler von Teneriffa seine Meinung. Fünfzehn Jahre nach meiner ersten Kontaktaufnahme traute ich mich noch mal, da eine Konferenz an der

Universität bevorstand, für die ich ein Referat über Janoschs Begegnungen mit Schlesien und Krakau vorbereitete.

Ich fuhr nach Zabrze (ehemals Hindenburg/Oberschlesien), wo 1931 in einem sogenannten Grubenhaus im Ciupkaweg ein gewisser Horst Eckert geboren wurde – der spätere Janosch. Ich ging an die Quellen: besuchte die städtischen Archive, Bibliotheken, die Kirchen, in denen der »fromme Ketzer« (wie Janosch sich selbst gerne nennt) getauft und dann gefirmt wurde, lernte Menschen kennen, die ihn damals kannten, und jene, die ihn heute bewundern. Ich erfuhr Dinge, die Janosch selbst nicht bewusst waren. Schließlich schickte ich ihm eine höfliche E-Mail mit der Information, was ich über ihn erfahren hatte, und bat ihn, mich zu kontaktieren. Dem Brief fügte ich ein Zitat aus dem »Magischen Lebenslauf« bei.

Und Janosch schrieb zurück. Sehr herzlich, sehr interessiert. Offenbar hatte er seine Meinung über Biographien geändert. Jetzt glaubte er an die Notwendigkeit solcher Zusammenfassungen und beharrte darauf, dass er nicht der wäre, der er heute ist, wenn nicht der Ort und die Umstände seiner Geburt gewesen wären.

»Es spielt eine sehr große Rolle, wo man geboren ist. Ich glaube, mein Denken wäre sehr anders, wäre ich woanders geboren. Ein polnischer Mensch ist eine andere Sorte Mensch. Ich halte mich im Kopf und in der Seele für polnisch. Wobei das keine Wertung ist. Ein Rabe und eine Taube sind beide Vögel wie alle Vögel, aber jeder ist anders. Alles, was ich tue, ist anders, als ein Westmensch es tun würde«, schrieb er mir. »Am besten wird es sein, wenn Sie mir Fragen stellen und ich sie beantworte.«

Bald verwandelte sich die Freundlichkeit zu meinem Erstaunen in überschwängliche Vertraulichkeit. Wir schrieben uns jeden Tag, führten die »Rozmowanki mit Janoszek«, wie er es in seinem einzigartigen Polnisch nennt (also so viel wie »Plaudereichen«). Meine Fragen erweckten alte Geschichten zum Leben, doch sie rissen auch nie verheilte Wunden aus der verfluchten Kindheit auf.

Der introvertierte Einsiedler vertraute mir offenbar, und das in einem Maße, dass er mir außer der täglichen E-Mail seine allwöchentliche »Sonntagspredigt« schickte: Fotos seines neuen künstlichen Gebisses, Kochrezepte, Bilder. Oft vertraute er mir sehr private Dinge an. Um den Titel eines seiner Bücher zu paraphrasieren: Ich kann von dem Glück sprechen, Janosch gekannt zu haben. Wie es das Schicksal wollte, trug die erste unserer mittlerweile beinahe tausend E-Mails den Betreff »Glück«.

Vielleicht, wenn das Schicksal gerade eine andere Laune gehabt hätte, würde sich Janosch heute so nennen, wie es in seinem Pass steht: Horst Eckert. Wäre er nach dem Krieg in Schlesien geblieben, hätte man seinen Namen zu dem heimisch klingenden Henryk polonisiert (und dies mit einem Rechtschreibfehler eines deutschen Beamten bei der Eintragung erklärt).

Er wäre womöglich Schlosser geworden, in einem der vielen Betriebe in Zabrze, würde jeden Sonntag Roulade mit Klößen essen, dazu Bier der Marke »Tyskie« trinken, das Regionalfernsehen schauen und in seiner Freizeit die schlesischen Mädels, Halden und Kirchen malen. Vielleicht hätte er sogar an einer Gruppenausstellung der lokalen Amateur-Künstler im Kulturhaus teilgenommen.

Wahrscheinlich hätte er den Ruf eines Exzentrikers, aber davon gab es in Schlesien viele.

Doch es ist anders gekommen. Der Junge aus Hindenburg-Poremba schrieb Dutzende von Büchern, die von Kindern auf der ganzen Welt geliebt werden, und wurde ein wohlhabender Mann. Und zum Schluss zeigte er der Verlagswelt den Stinkefinger, pfiff auf den Ruhm und zog nach Teneriffa.

Doch um zu erfahren, wie es dazu kam, müssen wir an den Anfang zurückgehen. Zum Blecheimer.

Kapitel 1

In einem Eimer geboren

*»Nie war das Leben so in Ordnung wie dort.
Wenn man nichts anderes kennt,
will man nichts anderes haben. Und
es gab einen Ofen im Winter.«*

I

Die Hebamme hieß Frau Rassmann und wohnte in Mathesdorf, fünf Straßenbahnstationen vom Haus der Eckerts entfernt. Die Geburt, einschließlich der zwei mal dreißig Pfennig für die Hin- und Rückfahrt, kostete elf Reichsmark.

»Die Zahl konnte ich damals und werde sie bis an mein Lebensende nie vergessen, meine Mutter rechnete sie immer wieder auf bis zum Ende«[1], erzählt Janosch.

Die Stube war dunkel, denn der Strom (dessen Kosten in der Miete enthalten waren) reichte gerade mal für ein winziges Lämpchen. In der Stube stand ein Vertiko und darauf eine Jesus-Figur aus Gips mit einer Girlande aus Papierrosen und einem Heiligenschein aus Katzengold. Daneben standen der Herd mit einem speziellen Behälter zum Wassererhitzen sowie ein abgenutzter Blecheimer. Alle Bewohner der Grubenhäuser hatten ähnliche Eimer.[2]

Und in genau so einem Blecheimer wurde Horst, der Sohn der Hausfrau Hildegard Godny und des Reisevertreters Johann Valentin Eckert, geboren. Nach Janoschs eigenem Bericht soll er imponierende fünfeinhalb Kilo gewogen haben, »so wie eine gut gefütterte Gans«.[3]

Er kam in dem Jahr zur Welt, in dem das Luftschiff »Graf Zeppelin« über Schlesien geflogen war, Bela Lugosi Graf Dracula spielte und in New York das Empire State Building eröffnet wurde. An jenem Tag stand die Sonne im Zeichen der Fische. Wer in diesem Tierzeichen geboren wird, so wird Janosch später sagen, wird sich an alles erinnern, was er je erlebt hatte. Der 11.3.1931: die Einsen und die Dreien wurden

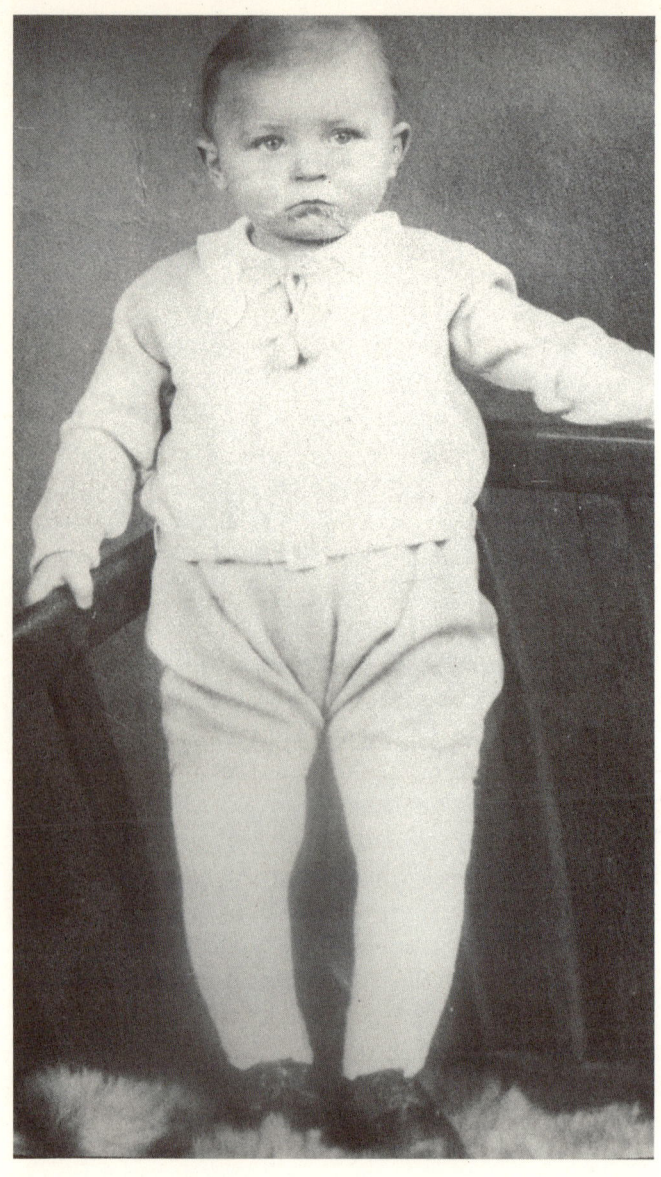

Der kleine Horst wurde Chlopek oder Totek genannt.

zu seiner Lebensformel. Du befindest dich noch nicht ganz in der Welt, und schon ist alles festgelegt und du bist ausgeliefert.

Sein Vater war bei der Geburt nicht anwesend. Zu jener Zeit saß er eine dreimonatige Haftstrafe wegen Schmuggels ab – er hatte Feuersteine in den Hosentaschen nach Polen geschmuggelt. Für so einen Stein konnte man von einem Polen zehn Eier bekommen. Diese waren damals bettelarm und trugen Schuhe mit Löchern, hatten aber genug Hühner und Eier. Johann dachte, die Zöllner an der Grenze würden seine Taschen nicht durchsuchen, und falls doch, hatte er die Feuersteine schlau in ein schmutziges Taschentuch geknotet, denn:

»So einen dreckigen Fetzen werden Zöllner doch nicht anfassen wollen. Die Zöllner gehören doch zu den besseren Leuten, sind Beamte sozusagen. Die fassen nicht alles an. Der Vater trug nichts in der Hand, um nicht in Verdacht zu geraten, etwas zu schmuggeln. Und genau diese auffällige Unauffälligkeit fiel ihnen auf. Denn wer geht schon nach Polen ohne Gepäck? Wenigstens eine alte Aktentasche hätte er dabei haben müssen«, erzählte Janosch später.

Johann Eckert landete im Gefängnis. Doch schon bald wurde er zu einem unbescholtenen Bürger: »Später gelang es ihm dann, die Vorstrafe aus seinen Papieren entfernen zu lassen. Er kannte einen bei der Behörde. Das hat zwar einiges Geld gekostet, aber als Vorbestraftem würden dir auf Lebenszeit alle Türen verschlossen bleiben.«[4] Vor allem die der NSDAP.

Janosch wird später in seinem ersten schlesischen Roman »Cholonek oder Der liebe Gott aus Lehm« eine Szene beschreiben, die an die Begebenheiten bei seiner Geburt erinnert:

»Bloß mit dem Stanik (Stanisław Cholonek) war das eine Qual. In Mickels schwerster Stunde saß der Lump beim Kapitza in der Kneipe, hielt große Vorträge über seinen Sohn, den er heute oder morgen gebären würde. (...) Und Mickel Cholonek, die Mutter, saß bei ihrer Mama in der Wohnung auf der Chaiselongue allein, verlassen von der ganzen Welt, mit dem Kind in ihrem Bauch, verheiratet mit einem (...), der sich einen Scheißdreck kümmerte.«[5]

Das Kind wurde zehn Tage später in der neuen Kirche St. Hedwig in Hindenburg getauft. Eine gemauerte Kirche wäre wegen der durch den Bergbau entstandenen Bodenschäden wohl eingestürzt, also baute man eine Kirche aus Holz, eine mächtige, zeltartige Kirche, die von vier Seiten mit Türmen flankiert war. Die Pateneltern des kleinen Horst waren die Tante Emma Eckert (die Frau von Johanns Bruder Ludwig) und Vaters Saufkumpan Viktor Sachnik. Dieser stank nach Mäusegift und Tabak, und seine Augen waren immer rot vom Suff, wie bei einem Auerhahn.

Der Junge bekam einen stolzen Kampfnamen: Horst. Der Vater, der damals mit allen Mitteln versuchte, seine polnische Herkunft zu verschleiern, um sich bei der NSDAP einzuschmeicheln, benannte den Sohn nach dem ein Jahr zuvor

Das Kind wurde zehn Tage später in der neuen Kirche St. Hedwig in Hindenburg getauft.

erschossenen SA-Sturmführer Horst Wessel, dem von den Nazis stilisierten Märtyrer.

Kaum jemand nannte den kleinen Eckert jedoch beim Vornamen. Die Oma sagte Chopeczek, Chłopek oder Chopek zu ihm, der Opa Chottek, und die Kinder aus der Umgebung

Tottek. Der Vater war selten nüchtern, doch wenn es hin und wieder mal vorkam, benutzte er den Taufnamen des Sohnes. Wenn er besonders gut gelaunt war, nannte er das Kind Janek – so wie ihn seine eigene Mutter einst gerufen hatte.

Und obwohl er über so viele Namen verfügte, fühlte sich der kleine Horst wie ein Namenloser. Als er erwachsen wurde, taufte er sich selbst auf den Namen Janosch.

II

Der Junge lebte mit der Familie der Mutter im Grubenhaus Nummer 6 im Ciupkaweg, so benannt nach dem in Hindenburg berühmten Bäcker Philipp Ciupka. Erst einige Jahrzehnte zuvor waren in der Straße Grubenschächte errichtet worden und mit ihnen die neue Siedlung mit Arbeiterhäusern, Kirchen, Schulen und Geschäften. Die Siedlung Hindenburg-Poremba wurde zu einem Arbeiterstädtchen, in das immer mehr neue Bewohner zogen. Der preußische Staat lockte die Bergarbeiter nach der Erschließung der »Königin Luise«- und »Königin Luise Ost«-Steinkohlegruben mit viel besseren Arbeitsbedingungen und höheren Löhnen als beispielsweise in den Gruben der Grafen Ballestrem und Schaffgotsch im benachbarten Ruda.

Der 81-jährige ehemalige Grubenarbeiter Emanuel Majnusz erinnerte sich in einem Gespräch mit der Zeitung »Przegląd«, dass die Arbeiter der »Königin Luise«-Grube jedes Jahr ein Bergarbeiterfest feiern konnten: »Jeder Kumpel bekam seine Zuteilung – 1 Kilo Wurst, 6 Brötchen, 3 Liter Bier und 5 Zigarren. In den Gruben gab es von abends bis zum nächsten Morgen Bälle, zu denen das Grubenorchester spielte. Der Eintritt war gratis.«[6] Das waren mehr als anständige Arbeitsbedingungen.

Für diese Großzügigkeit bedankten sich die Einwohner von Hindenburg mit ihrer Stimme bei der oberschlesischen Volksabstimmung 1921. Ruda, das hinter dem Flüsschen Czarniawka (Scharnafka) gelegen war, fiel an die junge, gerade mal drei Jahre alte Republik Polen, und Hindenburg mit Poremba verblieb bei Deutschland.

Hier konnte man damals sowohl Polnisch, Deutsch als auch Schlesisch hören. Im März 1921 votierten in der Volksabstimmung in Oberschlesien 59,6% der Wähler der Gemeinde Zabrze für den Verbleib bei Deutschland, während 40,4% der Bewohner ihre Zukunft in Polen sahen.

Poremba war eine typische Grubensiedlung. Dort wohnte das Proletariat, die Armen, die kränklichen Bergleute, Invaliden, Hausierer, Straßenfeger, Ablader von Straßenbahnschwellen und Steinen oder einfache Schmuggler. Diese Mischung von Menschen lebte nach bestimmten Regeln und hatte ihre eigenen Gewohnheiten und Rituale. Jahrzehnte später erinnert sich Janosch an die Oberschlesier und die Bewohner der Stadt Hindenburg als eine Mischung der Kulturen und Temperamente voller oft zwielichtiger Charaktere.

Für Janosch war Poremba ein besonderer und einmaliger Ort, fast ein Paradies. Eine andere Welt kannte er nicht.

»Das Leben in Hindenburg war wie ein Leben im Wilden Westen. Die Menschen waren so verschieden wie nirgendwo anders, wie in einer Goldgräberstadt. Manche waren wie Tiere, andere wollten reich und elegant werden. So viele verschiedene Sorten von Menschen habe ich sonst nur im Paris der 70er Jahre gesehen. Der Bruder meines Großvaters Franz Eckert war ein geisteskrank tapferer Mensch. Arm weg, Bein weg, Auge weg. Und meldete sich dennoch freiwillig für den Krieg 1939. Wurde aber abgelehnt. Es gab versteckte Kommunistenführer, die in Zabrze untergetaucht waren, wie den Schlossermeister Sauer. Sehr viele wurden Nazis und extreme Mörder, z.B. als Lagerverwalter in Konzentrationslagern.

Menschen morden war ihnen so eine große Freude wie Hühnerschlachten. Ich habe dort wenig gute Menschen gekannt.

Ich war in der Unterschicht geboren worden. Ich kann nur diese Unterschicht beschreiben. Es gab vielleicht noch andere Erfahrungen. Tiere wurden sehr gequält. Ich glaube, dass ein Mensch, der selbst gequält wird, den nächsten quält, über welchen er die Macht hat. Ich habe gesehen, wie Fuhrmänner (konioszki) ihr Pferd blutig prügelten, wenn es die Fuhre mit der Kohle nicht ziehen konnte und umfiel. In meinem 1. Schuljahr gab es einen Jungen, er war 10 Jahre alt, der mit so einem Pferd Kohlen transportierte und das Pferd mit dem dicken Ende der Peitsche blutig prügelte. Er hieß Ballon. Der Kaplan in der Kirche quälte die Kinder bestialisch. Er zog die Haut unter dem Kinn nach unten, bis es blutete und lachte dabei.

Fast alle Leute waren katholisch. Für Kinder war es eine Sünde, mit evangelischen Kindern zu spielen. Die Evangelischen wurden verachtet. Die Juden wurden gehasst. Der beste Arzt in der Stadt war ein Jude und hieß Kob. In den armen Wohngegenden wohnten bitterarme Leute. Viele waren geistesgestört und gingen in der Hitlerzeit nicht auf die Straße. In der Stadt wohnten reiche Geschäftsleute aus Deutschland. Manche kamen aus Berlin und machten Geschäfte auf. Im Industriegebiet, wo die Leute Geld verdienten. ›Roman Gnott‹ war so ein elegantes Geschäft und ›Palluch‹ und ›Stoszek‹ oder ›Joachimski‹«, berichtete Janosch in einer E-Mail an mich.

Fünfhundert Meter hinter dem Haus der Eckerts verlief der Fluss Scharnafka. Er bildete in den Jahren 1922 bis 1939 die deutsch-polnische Grenze. Die Einwohner verschmutzten ihn mit Abwasser, denn in den Häusern gab es keine Kanalisation. Das Wasser lief in Rinnsteinen auf den Straßen entlang. Der Gestank muss übel gewesen sein.

»Es war egal, ob die Scharnafka stank oder nicht, denn sie

Der Junge lebte mit der Familie der Mutter im Grubenhaus Nummer 6 im Ciupkaweg.

gehörte bei genauer Betrachtung halb zu den Polacken.« In Notzeiten wurden über den bloß 1,50 Meter tiefen Fluss verschiedene Sachen geschmuggelt. Die deutschen Zöllner töteten die Schmuggler, die sie erwischten, ohne viel Gewese mit einem Kopfschuss. Janosch erinnert sich mit Grauen daran:

»Einmal haben die Zöllner dort einen Schmuggler erschossen, und er blieb mit dem Kopf nach unten im Schlamm stecken. Wir haben ihn aus der Ferne dort stehen sehen, Kopf im Schlamm, Beine nach oben.

Polen war zu Fuß nur eine halbe Stunde entfernt, wenn man durch den Schlagbaum ging. Nachts über die Scharnafka dauerte es länger, jedoch konnte man Schmuggelwaren mitnehmen, so viel man tragen konnte. Aber man musste durchs Wasser und dann mit der nassen Kleidung den ganzen Weg bis zum Ziel zu Fuß gehen.

Fast jeder hatte in Polen Verwandte. Wenn die Zöllner

nachts eine Gestalt durch die Scharnafka waten sahen, knallten sie diese manchmal ab, ohne vorher zu rufen. Denn wer durch die Scharnafka ging, konnte nur ein Schmuggler sein. Oder ein Kommunist.«

Auf den Landkarten war in den dreißiger Jahren des 20. Jahrhunderts das deutsche und das polnische Oberschlesien verzeichnet, doch schon viel früher haben sich polnische Fürsten und böhmische Könige, die Habsburger und die Hohenzollern um dieses Land gestritten. Als die Letzteren unter Friedrich dem Zweiten den Streit gewannen, kamen zahlreiche preußische Siedler in die Gegend.

Als Goethe nach Tarnowskie Góry kam, damals noch Tarnowitz genannt, um die erste Dampfmaschine in Europa zu bewundern, schrieb er ein Gedicht über ein Land, das »fern von gebildeten Menschen, am Ende des Reiches«[7] liegt.

Dieses Bild einer rückständigen Region, deren Bewohner »halb verwildert sind, wie kleine, ungezogene Kinder«[8], und einen Grenzdialekt sprechen, der weder polnisch noch deutsch ist, den man verächtlich »Wasserpolnisch« nennt, verfestigte sich im Bewusstsein der preußischen Verwalter. Kurz darauf wurden in Oberschlesien reiche Vorkommen an Schwarzkohle und Eisenerzen entdeckt. Die bisher so dörfliche Landschaft wurde urban, geprägt durch Schornsteine der Bergwerke und Hütten.

Das »Ende des Reiches«, die tiefste preußische Provinz, wurde zu einer der modernsten Regionen in Europa, mit der Logistik der industriellen Revolution und deren unaufhaltbaren Folgen: dem schnellen, technologisierten Leben, den wachsenden Städten und dem Kohlestaub, der den Himmel verdeckte.

Nur die Armut der Menschen blieb, wie sie war, auch wenn sie nun keine Bauern, Flößer oder Weber mehr waren, sondern Arbeiter.

Jener Teil von Oberschlesien, in dem Janosch geboren wurde, wurde von einer ethnischen Mischung bewohnt. Er selbst fasst ihre Geschichte am besten in »Von dem Glück, Hrdlak gekannt zu haben« zusammen, einer Erzählung über das Städtchen Klodnica, das an der Grenze zu Polen liegt. Sein Vorbild waren natürlich die Hindenburger Stadtteile Zaborze und Poremba. Zunächst kamen »die Hunnen auf ihren kleinen verdammten Pferden (...) und dann die Franzosen mit den schmucken Goldlamellen, den blauen Uniformen, den vielen Glitzerorden an den Brüsten«[9], später Regimente anderer Nationen, schließlich – wie im Wilden Westen – Menschen, die woanders vom Arm des Gesetzes gesucht wurden, um in den Kohlengruben unter der Erde zu verschwinden. »Sie meinten, das sei immer noch besser als die Guillotine oder Zwangsarbeit.«[10] Und sie alle hinterließen mehrere Nachkommen, während ihr Land von einer Hand in die andere überging.

So entstand die Gattung der »Grenzmenschen«. Der Lauf der Geschichte und die Launen des Schicksals verlangten ihnen eine elastische Identität ab; denn um zu überleben, stand man lieber auf der Seite jener, die die Karten austeilten.

Mit seinen Landsleuten wird Janosch manches Mal gnadenlos abrechnen. Als er in einem Interview nach den typischen oberschlesischen Eigenschaften gefragt wurde, antwortete er: »Infantile Dummheit. Mangel an Bedürfnissen. Neigung zur Anarchie.« Doch selbst kommt er sich bei alledem kein bisschen besser vor. »Ich hätte meine Art zu denken nicht erschaffen können, wenn ich dieses Schlesien nicht im Blut hätte«, sagte er später.

Im Jahr der Volksabstimmung trug die Stadt den Namen Hindenburg (später auf Polnisch Zabrze), zu Ehren des Generalfeldmarschalls, der sich in zahlreichen Schlachten hervorgetan hatte. In Wirklichkeit war der Ort das größte Dorf Europas. Erst ein Jahr später, 1922, wurde ihm das Stadtrecht zuerkannt – und so wurde Hindenburg zur jüngsten Stadt des Deutschen Reiches.

Wie ganz Oberschlesien wurde Hindenburg mit der Schwarzkohle groß. Ihre Entwicklung verdankte die Stadt unmittelbar der Schwerindustrie und den im 18. Jahrhundert entdeckten reichen Steinkohlevorkommen. Es entstanden viele Fabriken sowie die Bergwerke »Königin Luise«, »Concordia« und »Guido« sowie 1850 die Hütte »Donnersmarck«, benannt nach dem Grafen Guido Henckel von Donnersmarck, dem Eigentümer.

Für die Arbeiter wurden Häuser gebaut, zweistöckige sogenannte Grubenhäuser aus rotem Backstein. Am Ciupkaweg werden diese Häuser lange Zeit so stehen, wie sie errichtet wurden: mit rot gestrichenen Fensterläden, einer schlammigen Einfahrt mit einem gepflasterten Durchgang mittendurch – auch dann, als Hindenburg schon Zabrze hieß, der Ciupkaweg ulica Piekarska, als in den Mietshäusern Kanalisation, Toiletten und Bäder angelegt wurden und als neue, nun polnische Bewohner einzogen. Doch irgendwann wurden die Grubenhäuser abgerissen, und an ihrer Stelle entstand eine Schnellstraße, die die Städte Katowice, Chorzów, Świętochłowice, Ruda Śląska, Zabrze und Gliwice verbindet.

Doch zu Zeiten des kleinen Horst lebten dort jene, denen die Wohnungen zugeteilt wurden, so wie sein polnischer Großvater mütterlicherseits Paweł Godny. Dessen Name wurde von einem minderbemittelten Beamten als »Głodny« verzeichnet, und so trug der Großvater Zeit seines Lebens in seinen Dokumenten einen anderen Namen als den, mit dem er unterschrieb. Es gibt auch einen wesentlichen Bedeutungsunterschied: Godny bedeutet würdig, Głodny hingegen hungrig.

Die Wohnung, die jeden Monat zwölf Reichsmark kostete, bekam Paweł Godny als Zuteilung, denn er war Invalide. Er hatte acht Schulklassen abgeschlossen, dann ging er unter Tage.

»Sein Leben lang war er unter der Erde, angefangen mit

zwölf Jahren in Bendzin, wo er geboren war. Nur an den Sonntagen sah er die Sonne. Er besaß nicht einmal ein Fahrrad, mit dem er hätte zur Grube fahren können. Zu Fuß hin, dann hinunter in die Erde. Unter Tage als Häuer, immer wieder bei Sprengungen verschüttet, die Beine immer wieder gebrochen, den Brustkorb flachgedrückt. Und Augen wie Gottes Sohn, und nach jedem Unglück, das er überlebte, wurde er heiliger und fröhlicher.«

Als ihm einmal beide Beine verschüttet wurden, musste er operiert werden. Und da er alles fürchtete, was er nicht kannte, damit auch Gott, Teufel und die Narkose, schüttete er vor der Operation einen Liter Schnaps in sich hinein. Was dann passierte, ist nicht überliefert, doch der unselige Paweł konnte nicht mehr in die Grube zurückkehren und verdingte sich als Straßenfeger.

Am Ciupkaweg wohnte er mit seiner Frau Maria, die auf dem Markt Gemüse verkaufte und für die Händlerinnen Gänse und Hühner schlachtete. Janoschs Großmutter brachte drei Töchter zur Welt: Hildegard (Hidelka genannt), Maria (Mikla) und Elżbieta (Elsele) sowie namenlose Zwillinge, die kurz nach der Geburt starben. »Wer weiß, für was das gut war«, pflegte die Großmutter zu sagen.

Ihre Wohnung hatte zwei Räume: ein Schlafzimmer, in dem es nach Machorka-Tabak roch, und eine Küche, die nach Zwiebeln, Kohl und Ichthyol-Salbe stank. Mit dieser schwarzen, teerartigen Mixtur wurden damals Geschwüre und Eiterbeulen behandelt, die durch Unterernährung und Armut entstanden.

Der kleine Horst bekam einen solchen Furunkel kurz nach der Geburt. Die Entzündung tauchte am Kinn auf. Sie wurde mit Lappen verbunden, die zuvor als Putzlappen gedient hatten. Der Junge wurde dermaßen mit Ichthyol eingeschmiert, dass die ganze Stube noch lange nach Teer roch. Die geschwärzten Mullbinden hat man ihm um den Kopf und den

Janoschs Mutter Hildegard als Kleinkind zusammen mit ihren Eltern Paweł und Maria Godny – Janoschs Großeltern.

Hals gebunden. Sie rochen nach Urin und nach Teer und blieben noch lange als Verbandsstoff in Gebrauch. Die Narbe sollte er Zeit seines Lebens behalten.

In den Grubenhäusern gab es weder fließend Wasser noch ein richtiges Bad. Um seine Notdurft zu verrichten, ging man aufs Feld, und die Abwässer gelangten in den Fluss Scharnafka. Zum Baden benutzte man Blechwannen; am Wochenende wuschen sich die Frauen darin, zwar nicht besonders gründlich, denn sie konnten es nur im Hocken tun, doch immerhin. Hin und wieder entstand in der Wanne ein Loch. Dann kamen die Zigeuner, flickten es mit einem Stück Blech, löteten es zu und fertig – die Wanne war wieder wie neu.

Hildegard Eckerts Sohn wurde in einem Blecheimer geboren, weil die Wanne gerade in Reparatur war.

In manchen Wohnungen drängten sich ein Dutzend Personen auf etwa zwanzig Quadratmetern – in einem Gebäude lebten insgesamt zwölf Mietparteien. Die Tür zum Hausflur war stets offen, und so wusste man immer, was sich beim Nachbarn so tat. Die Bewohner der Grubenhäuser liebten und hassten sich. Die Kinder wurden oft im Treppenhaus oder in der Kohlenkammer gezeugt, denn in den Wohnungen war kein Platz für ein ruhiges Stelldichein. Und wenn ein Mädchen schwanger wurde, wurden die jungen Leute von den Eltern verheiratet.

»Die Leute in so einem ›familok‹ (Grubenhaus) hassten sich gegenseitig. Es gab eine strenge Hierarchie. Meine Großmutter verachtete jene, die um Kartoffelschalen betteln mussten, um daraus Suppe zu kochen. Das waren die ganz unten, man grüßte sie kaum.

Die Schalen wurden gewaschen, in Wasser gekocht, mit Salz gewürzt, und hatte man ein wenig Schweinefett, genügte ein Löffel voll, und die Suppe war ein Festessen. Ganz oben in der Hierarchie stand, wer Fleisch hatte. Und das hatten wir mit den Abfällen vom Geflügel. Wir standen also ganz oben in der Hierarchie. Meine Großmutter öffnete Türen und Fenster, um durch den Geruch unseren Stand kundzutun«, erinnert sich Janosch.

Die Großmutter war somit die wichtigste Person im ganzen Grubenhaus. Damit es auch alle wussten, öffnete sie beim Mittagessen weit die Fenster, um mit dem Geruch nach Hühnerklein die Position ihrer Familie zu unterstreichen. Und obwohl die ganze Straße ohnehin gleich stank, nach Kohlestaub und gekochtem Kohl, konnten sich die jeweiligen Kasten an Gerüchen erkennen.

»Der Geruch gehört zu einer Familie wie das Nationallied zu einem Volke«[11], wird später Frau Schwientek im »Cholonek« sagen, die Janoschs Großmutter nachempfunden ist. Das Nationalaroma in ihrem Zuhause roch nach Hühnerresten, Kohl, Ichthyol und Machorka.

Die einzige Ausnahme war der Waschtag, wenn der Geruch nach Seifenlauge durch die Straße zog und der Dampf in den Himmel. Wie im Roman »Cholonek« beschrieben:

»Wenn gewaschen wurde, wuschen alle. Sauberkeit steckt an. Keiner schloss sich aus. Und wer sich ausschloss, von dem wusste man gleich, was er für ein Mensch war.«[12]

Janosch erinnert sich, dass seine Großmutter, die nach »Kernseife, Teig und Frau« roch, eine starke, fleißige Hausfrau war, der General in der Familie. Flöhe und Wanzen tötete sie von Hand, mit den Fingernägeln, im Bruchteil eines Augenblicks.

Maria Godny arbeitete auf dem Markt, der sich gegenüber von der Grube befand, wo sie fachmännisch Hühner, Enten, Puten und Gänse schlachtete. Sie schaffte zweihundert Stück am Tag, vor allem kurz vor Weihnachten, wenn besonderer Bedarf nach Geflügel war. Außerdem pflegte sie einen alten, mehrmals gelöteten Blecheimer bei sich zu tragen, aus dem sie Gemüse und Blumen aus ihrem winzigen Garten zum Verkauf anbot. Das verdiente Geld band sie sich mit einem Strick an die dicke Unterhose, damit der Großvater es nicht fand, wenn er wieder einmal in die Wirtschaft ging.

Sie stand jeden Morgen um fünf auf, aß etwas Brot und trank Kaffee aus Gerstenkörnern und ging dann zur Arbeit. Wenn sie die Wodkaflasche ihres Mannes fand, nahm sie zum Frühstück einen Schluck Schnaps.

Andere Händlerinnen waren im Schlachten des Geflügels nicht so bewandert: Sie setzten das Messer falsch ein, und das Blut spritzte herum. Maria verdiente sich etwas dazu, indem sie die Frauen bei dieser unseligen Arbeit vertrat. Sie packte das Opfer, platzierte es sich zwischen den Knien, damit es gut fixiert war, und beendete mit einem gekonnten Schnitt sein Leben. So eine Gans oder Pute ohne Kopf rannte dann wie verrückt davon, schneller noch als zu Lebzeiten.

Die Großmutter fing stets das Blut des Vogels auf und vermischte es mit trockenen Brötchen, die sie beim Bäcker bekam. So stellte sie »żymlok« her, eine Art Blutwurst aus Geflügel. Manchmal gelang es ihr, vom Fleischer ein bisschen Schweineblut zu bekommen oder gar etwas Pfeffer zu besorgen (nicht zu oft, denn Pfeffer war teuer). Mit Schweineblut und Pfeffer war »żymlok« noch leckerer.

Janoschs Großeltern zur Weihnachtszeit.

Freitags aß man Hering mit Sahne und Kartoffeln, denn Freitag war traditionell Fischtag. An den restlichen Tagen kam das auf den Tisch, was man auf dem Markt ergattern konnte: manchmal Graupen mit Kohl, manchmal Brot mit Schmalz.

Sonntags kochte Maria eine Suppe mit Gänseleber. Dem erstgeborenen Enkel Horst servierte sie diese auf einem besonderen Teller, mit Goldrand – damit er ein goldenes Leben hatte, wie sie zu sagen pflegte.[13]

Der zweite Enkel Waldemar – der Sohn von Mikla Godny und dem Nachbarn aus demselben Stockwerk, Georg Janoschka – genoss keine solchen Privilegien. Nur der Erstgeborene war Omas Liebling. Waldemar aß also seine Suppe vom normalen Teller, sei es drum.

In jener Zeit war es wichtig, dass man überhaupt etwas zu essen bekam.

III

In der Schlafstube roch es immerzu nach Machorka. Für Großvater Paweł war das wie die Luft zum Atmen. Wie der alte Schwientek im »Cholonek« stand er üblicherweise schon um vier Uhr auf, wenn es noch finster war, zog sich eine dunkle Hose, Wollsocken, hohe geschnürte Schuhe und einmal die Woche ein frisches Hemd an.

Er setzte sich auf einen Stuhl, kochte sich einen Lindenblüten- oder Königskerzentee, oder einfach einen Tee von Apfelschalen, aß ein Stück Brot mit Zwiebeln und Salz und etwas Schweinefett, und dann steckte er sich seine Machorka-Pfeife an. Diese ging bis zum Abend nicht mehr aus. Manchmal, wenn er im Bett damit einschlief, brannte seine Decke aus Gänsefedern – dann platzte die wütende Maria ins Zimmer, begoss ihren Mann mit einem Eimer kalten Wassers und warf ihn hinaus. Zur Strafe musste er auf einem Stuhl in der Küche nächtigen.

Die beiden redeten miteinander Polnisch, wenn sie denn überhaupt miteinander sprachen. Meistens fluchte sie nur, und er rauchte Machorka und sagte nichts, außer einem gemurmelten »Geh doch weg, alte Moteka« (verdammtes Weib).

Für den Enkel, den er Chottek nannte, hatte er immer Zeit und Geduld. Paweł erlaubte ihm, stundenlang auf seinem Schoss zu sitzen, und empörte sich nicht einmal, wenn der Kleine ihm die einzige Hose vollpinkelte. Immer mal ließ er den Jungen an der Pfeife ziehen. Dem Kleinen gefiel der Machorka so gut, dass er manchmal zu begeistert daran zog und schon mal in der Notaufnahme landete.

»Der Machorka-Mief und seine verpinkelten Hosen waren mein seliger ›Muttergeruch‹. Meine Mutter sah ich in dieser Zeit eher selten, ich weiß nicht, wo sie war. Bis zum heutigen Tag bin ich davon überzeugt, dass ich in den drei ersten Jahren nicht auf dieser Erde, sondern in einer Art Himmel schwebte. Ich ging nicht, sondern flog wie ein Engel und schleifte mit den Füßen über den Boden. Das war meine Trance und ein Seligkeitsgefühl, von dem ich später immer wieder träumte. Und ich war mir nicht sicher, dass es so wirklich und real war. Trance im Machorka-Rausch«,[14] wird Janosch später erzählen.

Der Großvater Paweł konnte ohne Machorka und Schnaps nicht leben. Er war ein Verzweiflungstrinker, was womöglich auf einen Schock zurückzuführen war, den er im Ersten Weltkrieg erfahren hatte. Seine Kameraden hatten ihn zum Spaß in einen Teich geworfen, doch da er nicht schwimmen konnte, wurde er panisch und wäre beinahe ertrunken. Diese entsetzliche Angst sollte ihn Zeit seines Lebens begleiten, und er konnte sie nicht in Schach halten. Um irgendwie damit klarzukommen, begann er zu trinken, jeden Tag.

»Alle vier Wochen trank er so viel, dass er regungslos liegenblieb. Man fuhr ihn dann mit einem Handwagen nach Hause, und meine Großmutter prügelte auf ihn ein. Das waren die einzigen Male, wo ich ihn lachen sah. Er lachte sonst nie. Der Alkohol öffnete ihm die Tür in eine andere Dimension. Auf jeden Fall in ein besseres Leben, denn Schlimmeres als das irdische Dasein gab es für ihn wohl nicht.«

Der Wodka, sein Manna vom Himmel und sein einziger Trost, war für Paweł Godny wertvoller als Nahrung.

Beim Straßenfegen verdiente er 80 Reichsmark die Woche. Jeden Freitag, am Zahltag, wartete seine Frau auf ihn und nahm ihm das Geld ab. Für den Schnaps teilte sie ihm immer vier Mark zu. Oft kam er dann nicht nach Hause, versoff alles, was er hatte, und die Frau musste ihn bei Kapitza in der Kneipe abholen. Manchmal wurde er von seinen Kumpanen nach Hause gebracht, und dann wartete Chotteks Großmutter am Anfang des Ciupkawegs mit einer Decke, um den Ehemann schnell damit zu verhüllen. Sie wollte nicht, dass die Leute ihn sahen – und dennoch wusste jeder in der Gegend, dass der alte Godny wieder seinen Lohn versoffen hatte. Wenn er betrunken war, sang er nämlich immer dieselbe Melodie: »Alle Vögel sind schon da, alle Vööööögel, aaaaalleeeee!«

Wenn die Nachbarn Maria ärgern wollten, summten sie manchmal das Lied, damit sie wusste, welche Schande ihr Mann ihr brachte – und dann wurde sie noch wütender als sonst.

Paweł war nur dann fröhlich, wenn er berauscht war. In den Alkohol flüchtete er sich nicht nur vor der Welt und seiner eigenen Angst, sondern auch vor den Fäusten seiner Frau, die ihn immerzu schlug. Die kräftige, reizbare Maria, die jeden Tag erbarmungslos dem Geflügel die Hälse durchschnitt, prügelte ihren schmächtigen Mann oft bewusstlos.

Nach Jahren vermutete Janosch gar, dass seine Mutter Hildegard, vor der Hochzeit gezeugt, das Ergebnis einer Vergewaltigung sein könnte – einer Vergewaltigung Pawels durch Maria.

Prügel drohten dem Großvater immer dann, wenn er betrunken nach Hause kam. Doch dann schonte Maria ihre Fäuste, denn in diesem Zustand verspürte Paweł keinen Schmerz. Wenn er ihre Besitztümer versoff, sogar die Eheringe und einen schwarzen kunstseidenen Unterrock (den sie nur zu feierlichen Gelegenheiten anzog), versuchte sie stets, ihn mit den bloßen Händen umzubringen. Dann flüchtete Paweł durch ein Loch im Zaun, mit dem letzten bisschen Kleingeld in der Hosentasche. Doch bevor er alles in Schnaps umgesetzt hatte, kaufte er seinem Enkel für fünf Pfennig eine Tüte Nussbonbons.

Wenn der Großvater Godny kein Geld mehr für den Wodka hatte, trank er Spiritus, den er mit etwas Wasser und Himbeersaft streckte. Er schlich sich dann in die Wohnung, noch bevor seine Frau vom Markt nach Hause kam, und bereitete sich, wie er sagte, einen kleinen »himmlischen Wodka« zu.

Wenn das Glas leer war, blieb er eine Nacht und einen Tag liegen, berauscht und selig, und ging dann wieder zur Arbeit.

Manchmal ging er mit seinem Enkel spazieren. Dann setzte er ihn in einen Handwagen oder in seinen Kinderwagen aus Wachstuch und ging langsam durch den Ort, bis zu einer Bank vor dem Bahnhof. Dort saß schon Urgroßvater Jacob, der zweite Mann von Horsts Urgroßmutter mütterlicherseits, mit seiner Machorka-Pfeife. Dann saßen sie zusammen, rauchten schweigend, es ging über Stunden. Manchmal blickten sie über die Grenze nach Polen. Und da sagte der Urgroßvater Jacob Piecha:

»Schweine, August, alles Schweine.«

Warum Paweł manchmal August genannt wurde, weiß Janosch nicht, doch er vermutet, dass es von dem Zirkusclown, dem Dummen August, kommen könnte.

Er weiß ganz genau, was der Urgroßvater mit seiner Reflexion über die Menschheit sagen wollte. Die politische Aussage war dem Jungen sehr wohl damals schon klar.

Der Urgroßvater Jacob (Jakub) Piecha hinkte, hatte einen üppigen Schnurrbart und fröhliche Augen, die unter der Krempe eines alten Hutes hervorschauten. Da er meist schwieg, erinnerte er an einen weisen Propheten. Jacob, der 1861 in Pless (heute Pszczyna) geboren wurde, war von Beruf Schmied. Der Urgroßvater Piecha war »noch biblischer als mein Großvater, der nicht redete, weil er überhaupt nicht redete und kühn aussah«. Sein einziges Vermögen, neben einer Hose, einem Hemd zum Wechseln, einer Pelzmütze, einer Jacke und schiefgetretenen Stiefeln, war ein zehn Kilogramm schwerer »pyrlik«: ein Zuschlaghammer, der im Bergwerk benutzt wird.

Und dann besaß er noch eine altgediente Flasche, in der er stets seinen Vorrat an Schnaps dabeihatte. Diese Flasche soll er dreißig Jahre lang besessen haben, und sie wurde nie leer:

»Er trank nicht sehr viel. Nach etwa jeder halben Stunde

einen kleinen Schluck – das braucht der Mensch, um sich am Leben zu halten«,[15] wird später sein Urenkel sagen.

Der Urgroßvater erinnerte sich noch an die Zeiten der »schlesischen Robin Hoods«, der drei Räuber Pistulka, Schydlo und Eliasz, die reiche Leute ausraubten und das geraubte Gut an die Armen verteilten. Mit Pistulka pflegte der Urgroßvater in der Kneipe Karten zu spielen; und er erzählte:

»Einmal wurde Pistulka erkannt, weil ihm ein Finger fehlte. Dann verriet ihn jemand, die Polizei sperrte die Tür ab und Pistulka sprang durch das geschlossene Fenster und entkam.«

Janosch wollte schon immer so sein wie die Räuber:

»Als ich das hörte, wusste ich sogleich, was oder wer ich einmal werden wollte. Eliasz wurde mein Idol. Im Walde wohnen, nichts besitzen müssen, und die Güter der anderen aufteilen.«

Eventuell wollte er Indianer werden, oder Förster. Er ging gerne in den Guido-Wald und suchte dort nach Tierspuren. Womöglich hatte sein Vater dies vorhergesehen, als er dem Sohn den Namen Horst – Mann aus dem Wald oder Waldmensch – gab? Doch Johann hatte nur eine Verbindung zum Guido-Wald: Er pflegte im betrunkenen Zustand in den dortigen Bach zu fallen. Während sein Sohn dort leidenschaftlich gerne die Natur untersuchte.

In diesen Park gingen die Hindenburger gerne nach der Arbeit, um frische Luft zu schnappen. Und hier, unter den Mehlbeersträuchern, wurde auf ausgebreitetem Mantel der Romanheld Cholonek gezeugt.

Jacob und seine Frau Johanna lebten in demselben Grubenhaus wie die Großeltern, jedoch im Souterrain – unter so entsetzlichen Bedingungen, dass man sich das heutzutage kaum vorstellen kann. Die Kellerwohnung war dunkel und feucht, der Boden bestand aus festgeklopftem Lehm, auf dem vergammelte Holzbretter angebracht waren. Zum Schlafen hatte das Ehepaar feuchte Strohsäcke statt eines Bettes. »Sie lebten unter jeder Armutsgrenze, ohne jeden Besitz, nur mit dem, was sie am Leib trugen«, berichtet Janosch.

Urgroßmutter Johanna, eine kleine, doch kräftige Frau, fuhr immer wieder mit dem Zug aufs Land, wo sie von den Bauern Getreide kaufte. Dieses trug sie in Säcken auf ihrem Rücken sechs Kilometer nach Salesche zur Mühle. Dann verkaufte sie das Mehl auf dem Markt. Sie hatte auch eine Ziege, und jedes Jahr bekam Johanna von einem ihrer vierzehn Kinder ein paar Gänseküken geschenkt. Die Tiere grasten dann an den Wegrändern, und im Herbst konnte sie erwachsene Gänse verkaufen.

Wenn die Großmutter Godny zum Markt ging, kümmerte sich die Urgroßmutter um den kleinen Jungen. Sie konnte kein Deutsch und kannte nur ein paar polnische Wörter, sie sprach Wasserpolnisch. Nach dem Tode ihres Mannes Morawietz heiratete Johanna Morawietz dann Jacob Piecha.

»Bei der Urgroßmutter Piecha gab es ein Pflegekind, das hieß Marenna. Ein Zigeuner hatte sie mit einer Verwandten gezeugt. Damit das nicht bekannt wurde, nahm Urgroßmutter das Kind zu sich. Die Mutter wurde verschwiegen.

Marenna galt als der Teufel und benahm sich auch so. Sie prügelte sich mit allen und sah aus wie eine Zigeunerin. Man redete nur leise über sie und jeder hasste sie. Marenna bekam dann auch ein uneheliches Kind, und als sie verschwand, waren alle froh.«

IV

Johann Valentin Eckert versuchte sein Leben lang, nicht zu jenen zu gehören, die Kartoffelschalen fraßen. So sprach die Großmutter Maria Godny über Johanns Eltern, denn diese standen für sie noch unter der untersten Armutsstufe.

Die Mutter, geborene Kontnik, konnte gutes Brot backen und sprach lediglich fünf Worte Deutsch. Von ihr hatte der Sohn schöne, gerade Zähne geerbt.

Der Vater von Johann, Karl (Karol) Eckert, war nie aus Hindenburg weg gewesen. Von der Abstammung her war er womöglich Deutscher oder Österreicher, vermutet Janosch heute. In Königshütte geboren, kannte er nur den Weg bis Hindenburg, den er zu Fuß zurücklegte. Das war seine weiteste Reise gewesen. Karl ging immer nur zwei Wege: wochentags mit der Karbidlampe in die Grube, sonntags in die Kirche, um seinen Hochzeitsanzug auszuführen, dunkelblau aus festem Stoff.

Er kannte zwanzig Worte auf Deutsch und zweihundert auf Polnisch. Wenn er den Enkel überhaupt ansprach – denn er redete so gut wie gar nicht –, sagte er Chłopku oder Chłopeczek.

Janoschs Familie war eine ziemlich große Familie mit zahlreichen Menschentypen. Unter ihnen waren auch solche, die einiges auf dem Gewissen hatten: Schmuggler, Alkoholiker, Betrüger; es gab welche, die weder lesen noch schreiben konnten, und solche, die ein Herz für andere hatten.

»Manche spielten barmherzige Menschen und schenkten das, was sie nicht mehr essen konnten, weil es schlecht und verfault war, einem armen Menschen. Sie trugen viel Mitleid im Gesicht und sagten oft ›borajstwo‹ – das bedeutete damals: Oh mein Gott, tut mir das leid, dass es den anderen so schlecht geht.

Jedoch hatte meine Mutter im Krieg den russischen Gefangenen, den sogenannten Bessarabiern, oft etwas geschenkt – das war großes, echtes Mitleid, und man bekam dafür wirklich die Todesstrafe. Das war das Größte, was ich an ihr anerkenne, und dafür ist sie in den Himmel gegangen.

Nur die Eltern von meinem Vater konnten nicht lesen und schreiben. Ich glaube, dass sie sehr gute Menschen waren. Ich kenne keine schlechte Tat von denen. Alle anderen bewegten sich zwischen ›borajstwo‹ und ›ein bisschen kriminell‹. Es gab keine Mörder in der Verwandtschaft, aber richtig fromm war keiner. Die meisten gingen auch sonntags nicht in die Kirche. Zwei von den Morawietz-Leuten waren idiotische Kriegshelden und bekamen hohe Auszeichnungen. Ich glaube, dass es keine wirklichen Verbrecher in der Verwandtschaft gab. Elisabeth starb in geistiger Umnachtung, sie hatte sich totgesoffen«, erinnert sich Janosch an seine Tante.

Johann Eckert, Janoschs Vater, hatte nie einen Beruf gelernt, doch er hatte große Ambitionen. Er wiederholte stets: »Wer was im Kopf hat, braucht kein Arbeiter zu sein.« Arme Menschen und Arbeiter, wie er sie von zu Hause aus kannte, verachtete er sein Leben lang und schaute auf sie herab. Er wollte ein Unternehmer werden, ein Geschäftsmann, am besten wohlhabender Grossist, um der Welt zu zeigen, wie reich und clever er war.

Schon als elfjähriger Junge hat Johann Eckert in Hindenburg Hunde gefangen, sie angestrichen (damit der wahre Eigentümer sie nicht erkannte) und die Tiere als Rassehunde verkauft. Mit dreizehn hatte er dann die Volksschule verlassen. Trotzdem war er in seiner Familie der Erste, der lesen und schreiben konnte.

Später ging er zu einem Schreiner in die Lehre, allerdings brach er diese bald ab. Lehrlinge bekamen damals keinen Lohn, und er musste Geld für sich und seine Geschwister verdienen.

Mit vierzehn fing er an, in der Grube zu arbeiten, und nahm zahlreiche andere Jobs an: Er arbeitete als Knecht, Fuhrmann, Aushilfe in einem Lager und in einer Eisengießerei. Auch fing er Vögel, die er in Käfigen an die Bewohner der Siedlung verkaufte, denn die Zucht von Singvögeln war damals ein beliebter Zeitvertreib unter den Hindenburger Arbeitern. Sein Sohn würde später die Vögel in die Freiheit lassen.

Manchmal schmuggelte er Waren nach Polen, was viele in der Gegend taten. Nach einem Jahr wurde er Fuhrmann bei einer gewissen Frau Valeska und später Besitzer eines kleinen Zigarettenladens. Schließlich gründete Johann 1929 in der Jäschkestraße 5 einen Textilladen und konnte sich später sogar ein Lager mit Trikotagen und Webwaren leisten.

Er hatte viel mehr Glück als sein Bruder Ludwig, der wegen Betrügereien im Bergwerk ins Gefängnis kam. Janosch erinnert sich, dass obwohl die graue Gefängnisuniform eine Schande für die Familie bedeutete, Johann dennoch gerne demonstrierte, dass die Loyalität zum Bruder wichtiger war als der Stolz. So bekam Ludwig gutes Essen, gewiss besser als bei sich zu Hause, denn seine Ehefrau Emma Skorupek war für ihre zwei linken Hände und ihren Buckel bekannt.

Der Vater scheute keine Arbeit, zu Hause war er selten. Am Tag arbeitete er im Geschäft oder fuhr mit der Fuhre, am Abend war er in der Partei, erinnert sich sein Sohn Jahrzehnte später:

»An den Wochentagen verkaufte er aus einem Koffer kleine Gegenstände an den Haustüren: Nähgarn, Nadeln, Haarklammern; Tinnef, unnötiges, sinnloses Glitzerzeug. Die Männer waren nicht zu Hause und die Frauen kauften dann solches Zeug. Auf Bestellung auch Unterröcke und Schlüpfer. Der Vater trug da schon Krawatten, immer schräggestreift. Die Waren kaufte er bei einem Juden, Itze Koszulek. Dieser kaufte Konkurswaren auf, meistens ›bowel‹, minderwertige Ware, und hatte ein Riesenlager. Mein Vater lernte dabei immer neue jiddische Wörter.«

Hin und wieder nahm Johann die Bezahlung in »leiblicher Hingabe entgegen«, auch nach der Hochzeit mit Hildegard. Angesichts von Frauen wurde Johann nach Aussage seines Sohnes zum Affen, machte idiotische Grimassen, grinste lieblich und gebärdete sich wie ein Filmschauspieler. Eine besondere Schwäche hatte er für die Witwe Hawlitschek.

Die Ehefrau bestand darauf, dass ihr Mann bei seinen Touren das Kind dabeihatte, als eine Art Anstandswauwau, doch Johann machte sich nicht viel daraus. Er konnte nicht wissen, dass der Junge ein hervorragendes Gedächtnis hatte. Erst recht konnte er nicht vermuten, dass der Sohn seine Spielchen eines Tages in einem Buch beschreiben würde.

In seinem Theaterstück »Zurück nach Uskow« erkennt man Janoschs Vater als Valentin Steiner wieder, einen Kleinwarenhändler, der mit seinem Koffer von Haus zu Haus zieht und den Frauen an den Türen Kurzwaren verkauft:

»›No, lassen Sie sich das anprobieren, Fräulein, wie der Strumpf sitzt, weil, besser ist, man probiert erst alles an. Schämen Sie sich nicht vor mir, denn ein Kaufmann ist wie ein Arzt, das ist sein Beruf. Gucken Sie mal die Qualität an!‹

Und wenn er sie dann dem Mädel – oder gut, es kamen auch ältere Damen vor, besser gesagt, sie kamen sogar öfter vor als die jüngeren, weil sie nicht mehr so verschämt sind. Im Gegenteil. Manche baten ihn direkt darum:

›Probieren Sie ihn mir selbst an, Herr Steiner, Sie verstehen mehr davon.‹

Wenn eine besorgt fragte, weil das Kind, also ich, dabei war, beruhigte er sie sofort.

›Ach was, das Kind weiß noch nichts. Ich kauf ihm eine Tüte Judennüsse, da merkt er nichts.‹

Judennüsse sind Strohnüsse, also Erdnüsse. Damals hießen die so. Ich kann Sie versichern, mir lief, sobald er das Knie erreicht hatte, ein Feuer und das Blut, absolute Himmelfahrt, wie ich sie später nie wieder erreichte.«[16]

Johann war sehr schick, in seinem Anzug und mit gestreifter Krawatte. Der Großhändler Koszulek überließ dem Vater öfter die Waren aus seinem Stofflager, die er sich aussuchen konnte.

Bald begann er, größere Waren zu verkaufen: Schals, Tücher, Kunstseide oder Georgette als Meterware – dieses Wort sprach er mit einem solchen Entzücken aus, dass man Gänsehaut bekam. Kein Wunder, denn Georgette war damals teurer als Kunstseide und lag auf den Körpern der Kundinnen wie ein Traum. Wenn Johann diesen Stoff in seinen Vertreterkoffer packte, musste seine Frau jedes Mal weinen. Manchmal verschwand er dann für zwei Tage.

Irgendwann verzichtete Johann auf das Wandergeschäft, richtete sich ein kleines Stofflager in seiner Wohnung ein und stellte einige Arbeitslose an, die dann an die Haustüren gingen. Damit wurde er zum Geschäftsführer. Nun trug er schicke Anzüge mit Hahnentrittmuster, einen weißen Schal aus Kunstseide und Lackschuhe mit Gamaschen; er ließ sich ein Menjou-Bärtchen wachsen und die Nägel maniküren. Er rasierte sich ordentlich und parfümierte sich und galt als der schönste Mensch in der Verwandtschaft.

Er kaufte sich sogar eine Adler-Schreibmaschine und tippte einmal in der Woche seine Bestellungen an die Fabrikanten darauf, was seinen Praktikantinnen imponierte. Dadurch galt er beinahe als Intellektueller, obwohl er nur mit einem Finger tippte. »Schriftsteller« bedeutete in jener Gegend damals so viel wie, dass jemand eine Schreibmaschine besaß.

Johann achtete sogar dann auf sich, als er an Tuberkulose erkrankte. Zwar litt er, aber immerhin mit einer modischen Haarwelle. Seine Schwester Agnieszka, Neschka genannt, konnte sich vor Bewunderung nicht einkriegen und lobte ihn im schönsten Wasserpolnisch:

»Unser Hanetschko hat eine Frise wie Jan Kiepura! Scheeen bistu, Hannek, so ein scheeener Mann!«

Um seinen Status – und den seiner Familie – zu heben, entschloss sich Johann Eckert, in die NSDAP einzutreten. In den deutschen Städten wuchs der Terror der SA. Johann hatte keine gute Meinung von ihr und wurde sogar einmal von den Braunhemden verprügelt, aber er wollte überleben.

Er bekam eine Uniform und einen Gummiknüppel, doch

er war nicht lange Mitglied der Partei: Er wurde hochkant rausgeschmissen, als sich herausstellte, dass er polnischer Herkunft war.

Die Uniform verkaufte er, und den Gummiknüppel behielt er als Souvenir. Er versteckte ihn in der Kommodenschublade, wo auch Hildegards Mädchenzopf aufbewahrt wurde.

Doch bevor dies geschah, hatte Johann noch seinen Anteil an der Errichtung des Horst-Wessel-Denkmals am Michaeltorplatz. Der zwei Meter große Findling wurde mit einer Büste des Bildhauers Sigmund Mayer und einem Hakenkreuz »verziert«. Irgendwann war das Monument verschwunden – wie es die Legende will, soll nach dem Krieg ein riesiges Loch gegraben worden sein, in dem der Stein versank.

V

Auf dem Hochzeitsfoto vom 2. November 1926 sieht der 24-jährige Johann Eckert aus wie ein schüchterner, verhuschter Junge mit abstehenden Ohren. Seine Ehefrau, die 18-jährige Hildegard Godny, trägt unter dem Schleier einen modischen Bubikopf, doch sie lächelt nicht. Aus einem anderen Familienfoto, das Janosch in seinem Archiv gefunden hat, hatte Hildegard ihr Gesicht herausgeschnitten.

Janosch erinnert sich daran, dass die Mutter damals keine Zähne hatte. Nachdem der Vater zu etwas Geld gekommen war, kaufte er ihr ein künstliches Gebiss. Dieses lag allerdings immer schief und ließ sich nicht mehr richten. Ein ordentliches Gebiss bekam Hildegard erst 1949, nachdem sie Schlesien verlassen hatten.

Erst später hatte man erfahren, dass der Zahnarzt in Hindenburg gar kein gelernter Zahnarzt war. Er war Tischler und hatte mit feinmechanischem Tischlerwerkzeug Gebisse hergestellt, die schief und unsachgemäß angepasst waren. Sie fielen dann später heraus, weil sie auch noch schlecht angeklebt waren.

Hildegard hatte von zu Hause Eitelkeit und die Verachtung für arme Menschen mitbekommen. Stolz trug sie ihren Ehering, das einzige Stück Gold in der Familie, ein Geschenk ihrer Mutter.

»Das einzige richtige Gold in der Familie waren die Eheringe meiner Eltern. Jedoch waren sie nur 333er Gold, und meine Großmutter hatte lange ihren Lohn aus dem Gänseschlachten zusammensparen müssen, um diese Ringe bezahlen zu können. Mehr als 444 Gänse getötet für 2 Eheringe 333er Gold, das ist kosmisch.

(…) Viel lieber hätte meine Großmutter Ringe aus 555er Gold gekauft, das wäre reiner gewesen und besser für unser Ansehen, vor allem den Kartoffelschalenfressern gegenüber.«

Die anderen Großeltern stellte sie als »biedoki«, armes Pack, und Analphabeten dar und redete nur schlecht von ihnen. Stets hatte sie auf die Familie ihres Mannes mit Verachtung herabgesehen.

»Ich konnte ihren blöden Hochmut nicht ertragen, ihr Verstand reichte für gar nichts aus«, wird sich ihr Sohn erinnern.

Wie Johann hatte Hildegard eine hohe Meinung von sich selbst und eine Vorliebe für die sogenannte Eleganz. Dies bedeutete, alles anders zu machen als die Armen und die Arbeiter – auch, wenn es die eigenen Eltern mit einschloss.

Die Gesetze der Eleganz umfassten unter anderem das Deutsch-Sprechen zu Hause, auch wenn die Eckerts abstammungsmäßig näher an den Polen waren. Ihre Verwandten trugen die polnisch klingenden Namen Piecha, Morawietz, Godny; die Älteren sprachen untereinander den oberschlesischen Dialekt, das sogenannte »Wasserpolnisch«. Die Sprache der einfachen Leute, die nicht einmal eine Schreibschrift besaß, war nicht fein genug für Hildegard und Johann – deren

Hochzeitsfoto der Eltern.

Ambition es war, in die wohlhabenden bürgerlichen Sphären aufgenommen zu werden.

Man sprach also Deutsch mit dem Kind, und die Großeltern Godny, bei denen der kleine Horst aufwuchs, bemühten sich, das Wasserpolnische abzulegen.

»Meine Großeltern verstanden nur wenig Deutsch. (...) Lesen und Schreiben konnten sie nicht. Mit den Enkeln, also mit mir, redeten sie nicht, denn Polnisch galt immer als die Sprache des Feindes.«

Als die Nazis an die Macht kamen, wurde es obendrein sinnvoll, zur eigenen Sicherheit seine Polnisch-Kenntnisse zu verschweigen.

Abgesehen von der deutschen Sprache, der modischen Kleidung aus Kunstseide, Arbeit im Handel und der Verachtung

Die Eltern bei einem Ausflug in den Guido-Wald.

für die niederen Klassen war es außerdem schick, Zigaretten zu rauchen. All das konnte Großvater Godny nicht ertragen.

Die von den Eltern angestrebte Eleganz hatte Janosch nie gelernt. Im Alter von drei Jahren war er von seinen geliebten Großeltern in eine »grausame Höhle« umgezogen, zu seinen Eltern:

»Mit den Großeltern zu leben, war einer der Glücksfälle meines Lebens«, erinnert sich Janosch. Dieses Glück und diese sorgenfreie Zeit, in der er fliegen konnte, endeten rasch. Sein Vater war Kettenraucher.

»Unsere kleine Stube war wie eine Nebelhöhle (…) Bald wurde ich mehr krank als nicht krank.«

VI

Viele Jahre später, als er schon auf einer fernen Insel lebte, wird Janosch sagen, dass er das Haus am Ciupkaweg in Hindenburg nie verlassen habe.

»Ich habe immer Heimweh nach Zabrze und nach dem Haus im Ciupkaweg Nummer 6. Auch die Wanzen würden mich nicht besonders ärgern. Hauptsache zu Haus.

Also, ich würde nichts lieber tun als nach Zabrze kommen. Und dort beerdigt werden.

Auch hinter dem Friedhofszaun als ein Ketzer begraben werden, wäre für mich besser, als in der Fremde im Meer versenkt werden; ich wohne hier auf einer Insel.

Aber ich kann nicht mehr nach Zabrze kommen

Ich kann nicht mehr gut gehen, die Beine sind lahm.

Fliegen kann ich sehr schlecht, obwohl ich als Katholik provisorische Flügel habe.

Jeder Katholik bekommt vom Vater im Himmel bei der Taufe Flügel geliehen. Welche er sich dann verdienen muss, durch einen frommen Lebenswandel. Das ist schon mal das Gute an unserem polnischen Leben.

Bei jeder Sünde fällt jedoch eine Feder aus und am Ende des Lebens sind sie weg. Absturz in die Hölle, wie damals schon.«

Kapitel 2

Die Hölle

*»Meine Kindheit war ganz normal:
Ich wurde verprügelt wie alle anderen auch.«*[1]

I

Die Kleiststraße heißt heutzutage ulica Żółkiewskiego, doch ansonsten hat sich nicht viel verändert. Zu ihren beiden Seiten erstrecken sich gerade Reihen aus grauen, zweistöckigen Quadern, vom Kohlestaub verdreckt und dennoch überzeugend durch ihre wohldurchdachte, harmonische Planung.

Dort, wo der kleine Janosch seine ersten Lebenstage verbrachte, regierten die roten Backsteine der ärmlichen Mietskasernen, doch die neu erbauten Gebäude und Siedlungen der expandierenden Stadt entstanden bereits im Geiste des Modernismus und Funktionalismus. Für einen Betrachter von außen schien Hindenburg von der Krise zwischen den beiden Weltkriegen unberührt. Die jüngste Stadt des Deutschen Reiches sollte bald auch die modernste werden. Es gab Pläne, Gleiwitz, Hindenburg und Beuthen zu einem urbanen Organismus zu vereinen, dem utopischen Tripolis, der sogenannten Dreistädteeinheit. An den Plänen für den Umbau der Innenstadt (der letztlich nie stattgefunden hat) arbeiteten die modernsten, visionärsten Architekten wie Max Berg oder Hans Poelzig. Dominikus Böhm entwarf die St.-Josef-Kirche, in der sich die Symbolik der ersten christlichen Tempel mit der Pracht der Fabrikhallen verband.

Hindenburg wurde zu einer Arena für aktuelle Moden und technologische Experimente: In der Sandkolonie und Rokittnitz entstanden sogenannte Stahlhäuser, die in zwei Wochen fertiggestellt wurden. Vor allem für die Arbeiter und ihre Familien, die massenhaft in die im berauschenden Tempo wachsende Stadt kamen, wurden in Siedlungen die »Wohnmaschi-

Postkarte mit einem Porträt von Feldmarschall Hindenburg.

nen« errichtet, die den Anwohnern die optimale Menge an Raum, Licht und Grün boten – so, wie es die Architekten für sie vorgesehen hatten.

Johann Eckert arbeitete damals als reisender Verkäufer beim Textilhandel des jüdischen Unternehmers Stoschek. Der Arbeitgeber hatte ihm einen bescheidenen Vorschuss genehmigt, und so konnten die Eckerts mit ihrem Söhnchen in eine kleine, doch moderne Wohnung mit Badezimmer in der DEWOG-Siedlung[2] einziehen.

Das nach außen saubere und gepflegte Haus verbarg in seinem Inneren die Hölle. Johann Eckert hatte etwas Wesentliches zu seiner Einrichtung beigetragen – eine Lederpeitsche, die er neben die Tür gehängt hatte und mit der er im Alkoholwahn Frau und Kind schlug.

Janosch erinnert sich daran, dass Ruhe und Stille ein seltener Gast in seinem Zuhause waren. Mit einem Alkoholiker-Vater und einer ewig gereizten Mutter war es, als würde er auf einer Mine sitzen. Johann übertrieb in allem, was er tat – er

Stadtzentrum von Hindenburg mit dem Peter-Paul-Platz und dem Kino »Lichtburg«.

trank und rauchte zu viel, schrie zu laut, lachte zu dröhnend. Wie er zu sagen pflegte: »Ich bin hier Herr im Haus!«

»So etwa war die verblödete oberschlesische Sprachweise, wenn ein Oberschlesier versuchte, sich elegant deutsch zu artikulieren«, wird Janosch später erklären.

Es kam vor, dass der Vater nicht aus eigenen Kräften nach Hause zurückfand. Doch wenn er es geschafft hatte, ging man ihm besser aus dem Weg.

»Holderia holderia die ria diro … wo meine Heimat liegt, deria deria dero … die Fahne hoch … Ich schlag euch alle tot, ihr solltet mich kennenlernen, Hannes Eckert, merkt euch den Namen! Von mir wird die Welt noch reden … Hannes Eckert aus Hindenburg!«

Die Mutter schlief nächtelang nicht, wartete nur, bis sie ihren Mann draußen auf der Straße hörte, der sein verdammtes Liedchen trällerte. Dann sprang sie aus dem Bett und öffnete alle Türen weit, damit er sie im Suff nicht auftrat.

Eines Tages war Johann nach einem Streit mit seiner Frau

in einer ausnehmend schlechten Laune. Er meckerte über das Essen, und als Hildegard mit einem Bündel Flüche antwortete, knallte er mit der Tür und verließ die Wohnung.

Am Morgen kam er zurück und brüllte:

»Wo ist mein Kind, ich habe einen Sohn und bringe jeden um, der ihm was antut! Niemand darf ihm was antun, nur ich alleine! Wenn ich will, bringe ich ihn um. Hol ihn aus dem Bett, Frau!«

Hildegard daraufhin:

»Nicht, Hans, nicht, lass ihn schlafen.«

Er fiel um, kroch auf der Erde herum und übergab sich.

»Hans, kotz in den Eimer, hier! Oder wenigstens auf den Lappen!«

Sie hielt ihm einen Wischlappen vors Gesicht.

»Hans, nicht auf den Läufer ...«

»Das ist meine Wohnung, ich kann kotzen, wo ich will, geh weg! Hol das Kind aus dem Bett, sonst schlag ich euch beide tot! Hier befehle ich, sonst keiner ...«

Und das ging so lange, bis er auf dem Boden einschlief. Die Kotze stank. Hildegard versuchte, ihren Mann mit einem Handtuch zu reinigen, damit er nicht so verdreckt ins Bett kam.

»Komm ins Bett, Hans, komm ins Bett, es ist vier Uhr früh, was sollen die Leute denken ...«

Die Nachbarn klopften gegen die Wände, die Mutter versuchte, den verdreckten Vater mit einem Handtuch abzuwischen, er drohte und brüllte, bis er schließlich erschöpft auf dem Boden niedersank und in tiefen Schlaf fiel. Nach einer solchen Nacht schlief Johann meist bis zehn Uhr, dann erwachte er, griff sich hektisch seine Vertretertasche und lief los, auf Tour. Wenn er wiederkam, besoffen und wütend, ging er auch gerne auf die Möbel los.

Die hilflose Hildegard ließ ihre Wut an dem Sohn aus.

Es genügte, dass Horst hinfiel und sich das Knie oder die

Hand verletzte, schon schlug sie ihn auf die wehen Stellen und brüllte mit einem teuflischen Gesichtsausdruck:

»Was habe ich dir gesagt? Ich habe dir gesagt, du sollst nicht hinfallen! Ich schlage dir noch mal die Hände und Beine ab, du verfluchtes Aas!«

Drohungen, das Kind zu töten oder zu verstümmeln, waren bei den Eckerts an der Tagesordnung.

Als Horst etwa vier Jahre alt war, äffte er bei einem häuslichen Scharmützel seine Mutter nach:

»Ich hau dich, ich hau dich.«

Dabei zog er den Vater am Hosenbein. Dieses Bild wird noch Jahrzehnte später in seiner Erinnerung auftauchen, wie eine aufdringliche Filmszene: kleines Kind gegen großes Hosenbein.

Diese Attacke des Sohnes auf die väterliche Integrität führte dazu, dass Johann vollkommen ausrastete, wie Janosch später berichten wird. Die Stimmung war ekelhaft, Weltuntergang, Hölle pur. Er verzerrte das Gesicht und schrie wie blöde:

»Das Kind erhebt die Hand gegen den eigenen Vater! Jetzt zeige ich euch, was passiert, ich schlage alles zusammen! Bring mir das Kind sofort aus den Augen, sonst schlage ich es tot, dass das Blut an die Wand spritzt. Ich erkenne mich nicht mehr!«, brüllte er.

Dieser vermeintliche Angriff des Vierjährigen war in den Augen der Mutter und Großmutter eine größere Sünde als die häuslichen Prügeleien, die mittlerweile ein völlig normaler Bestandteil des Alltags waren. Alle wussten, wie Hannes war, wenn er zu tief ins Glas geschaut hatte. Aber dass der Sohn die Hand gegen den Vater erhoben hatte, das war eine Sünde, die Gott nicht mehr verzieh. So erklärte es die Oma dem kleinen Horst. Wer solche Dinge tat, landete in der Hölle.

»Die Großmutter erklärte mir, wie groß die Sünde ist, wenn ein Sohn die Hand gegen den eigenen Vater erhebt: Das ist die größte Sünde, und Gott hat dann kein Erbarmen mehr.

Hölle!!! Die Hölle ist, wenn man im Feuer ewig lebendig verbrennt«, erzählt Janosch.

Die Erinnerungen an seine Kindheit werden ihn noch Jahrzehnte später quälen. Eines Tages berichtet er mir in einer E-Mail:

»Jede Nacht gegen 4 Uhr wache ich auf, und dann kommt diese teuflische Kindheit in den Kopf. Als ich etwa 4 Jahre alt war, kam mein Vater also jede Nacht besoffen wie ein Tier nach Haus. Dann hörte ich meine Mutter schreien:

›Hans, nicht doch! Mach das nicht, du tust mir weh!‹

Später verstand ich das. Er wollte Beischlaf.

Dann fluchte er, manchmal kotzte er und fluchte:

›Moteka, totschlagen müsste ich dich, aber ich mach das nicht wegen dem Kind. Ich kann mir das woanders holen.‹

Dann versuchte er manchmal, wieder wegzurennen. Sie hielt ihn fest, zog ihn wieder ins Bett und irgendwann schnarchte er.

Wenn sie ihn nicht halten konnte, lief er weg und kam erst nächsten Tag am Abend wieder. Wenn er zu Haus blieb, schickten sie mich früh gegen sieben raus aus der Wohnung, ich nehme an, dass dann ein gewaltsamer Geschlechtsverkehr stattfand.

Ich irrte herum, hatte ein paar Streichhölzer mitgenommen und etwas ›reibka‹ von der Schachtel und versuchte immer, ein Feuer anzuzünden. Ein Mädel, ungefähr 6 Jahre, zog mich manchmal in den Keller und zeigte mir ihre ›pitschka‹ und wollte dann sehen, was ich dort unten hatte.

Einmal kam mein Vater an der Treppe vorbei, hatte sehr schlechte Laune, war noch besoffen, gab mir einen Riegel Schokolade, den er nachts aus der Kneipe aus einem Automaten ›für seinen Sohn‹ hatte, und ging weg. Vermutlich hatte der Geschlechtsverkehr nicht funktioniert.

Meine Mutter hatte oben in der Wohnung schlechte Laune, meistens haute sie mich dann den ganzen Tag.

Das alles hängt in mir und lässt sich nicht löschen. In der Nacht fällt es mir wieder ein.«

II

Die Hölle. So erinnert Janosch seine Kindheit. In einem der Interviews sagt er, dass die ersten Lebensjahre seine Persönlichkeit vollkommen zerstört hätten.

Es war jedoch kein Einzelschicksal, denn die Kinder hatten damals nur eine einzige Pflicht: Gehorsam. Wer dagegen protestierte, wurde umgehend eines Besseren belehrt. Die Sprösslinge wurden mittels Autorität und Angst in Schach gehalten.

»Das Schlimmste war, dass alle Kinder ständig von Stärkeren unter Druck gesetzt wurden, von den Eltern, von der Schule, von der Kirche. Das oberste Gesetz war Ehrfurcht, da steckt das Wort Furcht schon drin. Wir mussten gehorchen, und wenn man sich weigerte, wurde die Peitsche herausgeholt.

Auch die Lehrer prügelten, was das Zeug hielt, besonders mich. Aber leicht hatte es damals kein Kind.«[3]

Er erzählte, dass man den Nachwuchs wie Haustiere behandelte, die in den ersten Lebensjahren gefüttert und gepflegt wurden, in der Hoffnung, dass sie eines Tages Arbeit fanden und man sie nicht mehr ernähren müsste.

Noch in der Generation von Janoschs Großeltern hing die Zahl der Kinder davon ab, wie viele das Glück hatten zu überleben; aber seine Altersgenossen hatten meistens nur einen Bruder oder eine Schwester. So gebot es das damalige Gefühl für Anstand und Eleganz: Es gehörte sich nicht, dass sich Menschen mit Klasse wie die Karnickel vermehrten. Das blieb dem Plebs vorbehalten.

Hildegard Eckert war selbstverständlich eine Frau mit Klasse, zumindest war das ihr Ehrgeiz. Ihre Interessen dreh-

Die Mutter Hildegard Eckert.

Der »Hindenburger Wolkenkratzer« war das Symbol der modernen industriellen Stadt.

ten sich um die neueste Mode. Sie wollte so schick sein wie die Frauen in Berlin. Ihr großes Vorbild war die schwedische Sängerin und Schauspielerin Zarah Leander. Hildegard zog sich nach der aktuellsten Mode an, trug nur Kleider mit dem modernsten Schnitt. Sie hatte ihren liebsten blauen Mantel und einen Hut aus einem Modehaus. Ihr Mann machte ihr immer wieder Geschenke, etwa Strümpfe mit bunter Ferse oder Schuhe. Das Geld für Parfüm stahl sie ihm aus der Tasche, wenn er betrunken war.

Aus ihrem Sohn wollte sie ein Kind wie aus einer Illustrierten machen, süß wie Shirley Temple. Also trug der kleine Horst ebenfalls die neueste Berliner Mode: kurze Hosen, weiße Strümpfe, Halbschühchen, um den Hals ein Tuch mit Bommeln und auf dem Kopf eine weiße Mädchenkappe, keck nach hinten geschoben. Diese Verkleidung war der Horror für den Jungen.

Um ihren schicken Mantel, den Hut mit Schleier und ihr wunderhübsches Söhnchen entsprechend zu präsentieren, pflegte Hildegard einen Umweg zur Kirche zu laufen, der drei Mal so lang war wie der normale.

In die St.-Kamillus-Kirche gingen auch unverheiratete Mädchen, in der Hoffnung, die Aufmerksamkeit eines wohlhabenden Junggesellen auf sich zu ziehen.

Hildegard trug ihr Gebetsbuch offen, nicht in der Handtasche, damit man es schon von weitem sah, und nahm ihren Platz »auf dem Chor« ein, einem Platz, für den man extra bezahlen musste. Der Sohn hatte keinen eigenen Platz und durfte sich nur dann setzen, wenn neben Hildegard niemand saß, ansonsten musste er die ganze Messe hindurch stehen, was für ihn eine unendliche Qual war.

Hildegard zeigte sich ebenfalls gerne mit ihrem eleganten Söhnchen im angesagten Hotel »Admiralspalast«. Der »Hindenburger Wolkenkratzer« begeisterte mit einer effektvollen Kuppel und war das Symbol der modernen industriellen Stadt. Das Hotel war ein beliebter Freizeittreff der Bewohner, die hier in der »Bayerischen Bierstube« ein Bier tranken oder eine Kabarett-Veranstaltung besuchten. Andere Gäste amüsierten sich beim Tanzkreis auf dem Dach, in dem sogenannten »Amerikanischen Garten«, wo das Orchester Swing und Jazz spielte.

Der kleine Horst fühlte sich äußerst unwohl in der Rolle des schick zurechtgemachten Kindes, das wie ein dressiertes Äffchen vorgeführt wurde. Vor den Leuten wiederholte seine Mutter gerne:

»Unser Sohn hängt so sehr an seiner Mutter. Seine Mutti bedeutet ihm alles! Eine bessere Mutter gibt es auf der ganzen Welt nicht!«

Doch wenn sie alleine waren, drohte sie:

»Wenn du dich noch mal dreckig machst, hacke ich dir die Finger ab!«

Die weltmännischen Hindenburger gingen gerne ins »Haus Metropol«, ein elegantes Hotel mit einem riesigen Veranstaltungssaal, Café, Restaurant und der »Hofbräuhaus«-Brauerei. Da durften die Eckerts natürlich nicht fehlen! Wenn Hildegard und Johann abends ausgingen, ließen sie Horst bei Oma Maria.

Die Vormittagsveranstaltungen im »Metropol« waren für Hildegard eine willkommene Gelegenheit, sich mit ihrem schicken Söhnchen zu zeigen. Wie immer setzte sie ihm die Mädchenmütze auf und schleppte ihn ins Hotel.

Der Besitzer des »Haus Metropol« war ein gewisser Kaim. Sein Sohn Rudi war ein Spielkamerad von Horst. Unter den Kindern aus der Umgebung war Rudi berühmt für sein umfassendes Wissen über das Intimleben der Erwachsenen, denn seine Eltern, die »sexuell verkommen« waren, genierten sich nicht, es vor dem Kind zu tun und ihm zu demonstrieren, wie man »den Geschlechtsverkehr veranstaltet«, erzählte mir Janosch.

Bei den Theateraufführungen quälte sich Horst unsäglich; Kino war ihm lieber. Am Peter-Paul-Platz wurde im Rekord-Tempo das »Kino Lichtburg« errichtet, das mit großem Pomp

Das Lichtspielhaus im Jahre 1912 in der Kaniastraße 4.

im Jahre 1934 eröffnet wurde. Der erste Film, der dort gezeigt wurde, war »Der verlorene Sohn« von Luis Trenker – die Geschichte eines Deutschen, der auf der Suche nach dem Glück nach Amerika reist, doch dann in seine Heimat zurückkehrt.

Mit einem Saal für 900 Zuschauer, einer Bühne für das Orchester und dem modernsten Projektor aus Jena wurde die »Lichtburg« rasch zu einem der berühmtesten Lokale in Oberschlesien.

Doch öfter brachte die Mutter Horst ins Kino »Lichtspielhaus«, das sich unweit ihrer späteren Wohnung in der Schlageterstraße befand. Das 1912 erbaute imponierende Objekt brachte seinen Besitzer an den Rand des Ruins. Aber was das für ein Kino war! Im Saal und in den Logen hatten 600 Leute Platz, und in den Pausen zwischen den Vorführungen spielte das Orchester der Donnersmarck-Hütte oder Schauspieler rezitierten Gedichte.

Hildegard ging mit ihrem Sohn mindestens einmal im Monat ins Kino. Besonders gerne sahen sie die Bergfilme von Luis Trenker (der übrigens zusammen mit der damals noch wenig bekannten Schauspielerin Leni Riefenstahl auftrat, der späteren Regisseurin des NS-Propagandastreifens »Triumph des Willens«).

Doch Hildegards erklärter Liebling war Willy Birgel, der meistens das Ideal eines Helden des neuen Deutschland verkörperte: einen standhaften Patrioten, der gefährliche Abenteuer bestand, um in sein Vaterland zurückzukehren.

Mit der nach der neuesten Mode glatt angeklatschten Frisur und einem kleinen Schnurrbärtchen ließ Birgel Hildegards Herz höher schlagen. Sie träumte von einem Ehemann, der wie Willy wäre. Wenn er auf der Leinwand erschien, rollte sie mit den Augen vor Entzücken und sprach noch drei Tage später von ihm. Sie brachte sogar ihren Mann dazu, sich einen solchen Schnurrbart wachsen zu lassen. Johann fühlte sich nun wie ein Leinwandstar und flirtete noch mehr mit den Frauen.

»Mein Vater kam sich mit dem Schnurrbart wie ein Filmschauspieler vor, der aber jeden Tag besoffen war und vor Weibern den Affen machte«, berichtet Janosch.

Der kleine Horst erfüllte die in ihn gelegten Hoffnungen keineswegs. Er machte sich nicht besonders gut als braves Püppchen, und außerdem war er oft krank. Seit seinem dritten Lebensjahr war er ein häufiger Gast im Krankenhaus, in das er stets in seinem Kinderwagen aus Wachstuch anreiste. Bei einer Blinddarmoperation hatte ihm der Arzt das offene Ende des Darms an die Bauchwand angenäht, was erst Jahrzehnte später entdeckt wurde. Die Äther-Narkose beschädigte außerdem seinen Herzmuskel – doch das Schlimmste für die Eltern war, dass die OP zweihundert Reichsmark kostete.

»So ein Kind kostet ja viel Geld. Wenn es dir wegstirbt, war alles umsonst. Und ob es das einem einmal dankt, weiß man auch nicht«, pflegte Hildegard zu sagen.

Die Mutter war an seinem Gesundheitszustand nicht unschuldig. Immer wieder ließ sie den Jungen alleine zu Hause, wenn sie einkaufen ging. Dabei pflegte sie ihn zu warnen, dass er nicht in die Hose machen dürfe, sonst würde sie ihn totschlagen. Wenn der Junge nur das Geräusch des Schlüssels hörte, mit dem die Mutter die Tür hinter sich zusperrte, pinkelte er sich gleich ein. Dieses Geräusch war für ihn gleichbedeutend mit der Einsamkeit, vor der er sich über alle Maßen fürchtete. Der Junge hatte Angst, dass seine Mutter niemals zurückkommen würde.

Er saß also unter dem weißlackierten Küchentisch, heulte und zitterte vor Angst, obwohl er wusste, wie es enden würde. Die Mutter kam zurück und schlug ihn so lange, dass er kaum atmen konnte.

»Dabei hatte sie ein Gesicht wie ein Teufel, sie hatte keine Zähne«, berichtet Janosch Jahre später. Die Mutter brüllte, wenn er nicht aufhöre zu weinen, dann schlüge sie ihn tot. Sie

Janosch war der Einzige in der Familie, der schwimmen konnte. Im Stadtbad von Hindenburg liegen die Ursprünge seines späteren »Wassermenschentums«.

schlug so lange auf das Kind ein, bis es keine Luft mehr bekam. Seit dieser Zeit hatte Horst Probleme mit dem Atmen.

Um seine Lungen ein wenig zu kräftigen, ging er ins Schwimmbad, zuerst alleine, dann mit der Schulklasse. Er besuchte das 1929 erbaute Städtische Hallenbad in Hindenburg. In diesem modernen Schwimmbad konnte man nicht nur schwimmen lernen, sondern auch in Badewannen ein Bad nehmen und mit einer Inhalationstherapie einfache Erkältungen und Infekte der Atemwege wie Bronchitis, aber auch schwerere Erkrankungen wie Asthma behandeln.

Erst viele Jahre später fand ein Arzt heraus, dass es ein Atemschock war.

Janosch litt infolgedessen längere Zeit an Asthma. Doch dank der fernöstlichen Medizin wurde seine Krankheit im Alter von 25 Jahren in München geheilt. Wichtig dabei war, die Ursache des Traumas zu wiederholen.

»Der Arzt ließ mich von zwei Krankenschwestern festhalten und schlug mit den Fäusten so lange auf meinen Rücken, bis ich wieder atmen konnte.«

Der Vater war mit dem kränklichen Sohn absolut nicht zufrieden. Einmal sah er im Kino die Bravourstücke der Skifahrer, und weil er außer Hindenburg nichts in der Welt kannte, hatte er keine Ahnung von diesem Sport. So beschloss Johann, aus dem kleinen Horst einen Meister des Wintersports zu machen.

»Ich war ungefähr 3 Jahre alt. Mein Vater hatte zum ersten Mal Skier gesehen. Im Kino. Vorher gab es keine beweglichen Bilder und er war nie aus Zabrze weg gewesen, wusste auch nicht, wie schnell man mit Skiern rasen konnte. Sah im Kino also die Skiläufer. Große Mode«, spottet Janosch heute.

Johann kaufte dem Sohn Skier, und bald gingen sie hinaus. Die Kinder aus der Umgebung tobten sich auf den schneebedeckten Halden aus; ihnen genügten Holzbrettchen, die sie mit Schnürsenkeln oder Draht an die Schuhe banden, und schon sausten sie den Hang hinunter. Es war verrückt!

An jenem Tag hatte es nur ganz wenig geschneit, eine dünne nasse Schicht Schnee lag auf dem Schotter – die Wege waren mit dem Splitt aus der Eisengießerei belegt: spitz und hart wie Glas. Johann hatte wie immer getrunken, also war er sehr selbstsicher, geradezu großkotzig. Er schnallte dem Sohn die Skier an und befahl ihm, den Hang hinunterzufahren.

»Jetzt lauf los! Na, lauf schon los, na los, du Idiot!«

Doch der Junge konnte sich kaum auf den Brettern halten und verlor immer wieder das Gleichgewicht. Da bekam der Vater einen Wutanfall und tobte:

»Ich habe einen Idioten zum Sohn, bring mir den aus den Augen! Dass ich ihn nicht mehr sehen muss!«

Johann nahm die Skier und verschwand. Er tauchte erst abends auf, stockbesoffen und noch wütender als zuvor.

Was war aus den Skiern geworden? Janosch hat sie nie wiedergesehen. Später sagte er, dass der Vater sie bestimmt an irgendwelche Leute verschenkt hatte, deren Kinder nicht so blöde waren wie sein eigenes.

1936 erschien über der Stadt das »fliegende Luxushotel«, das Luftschiff LZ 129 Hindenburg. Es war das erste Passagierluftschiff, das für Transatlantikflüge ausgelegt war. Die »Zigarre« war 245 Meter lang, hatte einen Durchmesser von 41 Metern und erreichte eine Geschwindigkeit von 140 Stundenkilometern. Auf die Passagiere warteten Kajüten mit warmem Wasser, luxuriösen Bädern, ein Speisesaal mit Menü à la carte, Aussichtsterrassen, ein Salon für Raucher und sogar Live-Bands.

Dieses größte Flugobjekt und Luftfahrzeug der Menschheitsgeschichte eignete sich hervorragend zu Propagandazwecken, was sich natürlich die NSDAP zunutze machte. Als die Hindenburg über den deutschen Städten flog, fiel auf die Zuschauer ein Regen aus Fähnchen und Flugblättern herab, und aus den Lautsprechern wurde zur Unterstützung des »Führers« aufgerufen.

Doch ein Jahr später geschah das Undenkbare: Am 6. Mai 1937 verbrannte das Luftschiff beim Landeanflug auf den Flughafen Lakehurst bei New York in einem gigantischen Feuerball. Sechsunddreißig Menschen starben bei der Katastrophe. Bevor dies geschah, konnte der kleine Horst das Wunderwerk der deutschen Technik mit eigenen Augen bewundern. Die Menschen waren auf die Straßen gelaufen, um den Flug des Luftschiffs zu bewundern. Doch der Junge zeigte sich nicht sehr beeindruckt. Später würde er erzählen:

»Ich weiß noch, an welcher Stelle ich stand und wo der Zeppelin flog. Alle Leute waren auf der Straße. Der Zeppelin machte auf mich keinen Eindruck. Na gut, er ist geflogen, aber damals flog sehr viel herum: Flugzeuge, Vögel, Drachen, Luftballons und Engel. Und er flog so hoch, dass er ganz klein war. Mir war das kein Ereignis.«

Schon viel mehr interessierten ihn besondere Kinderspiele. Als er vier Jahre alt war, lockte ihn ein Mädchen namens Marianne unter die Kellertreppe und zeigte ihm ihren Schlüpfer.

»»Für fünf Pfennig lasse ich dich reingucken. Aber nur durch das Höschenbein‹, sagte sie.

Sofort befiel mich eine große Unruhe, wie ein Feuersturm über der Steppe, und ich ahnte, dass hier Schicksalhaftes geschehen würde. Ich hatte 5 Pfennig, denn wenn mein Vater volltrunken nach Hause kam, gab er mir manchmal etwas Kleingeld, sofern er noch etwas übrig hatte ... Und wie in Trance übergab ich ihr das Geld. Und als sie ganz schnell das Hosenbein zur Seite schob, fing mein Herz an zu rasen und ich geriet in einen merkwürdigen Taumel, schön und schrecklich zugleich. Sie schob das Hosenbein wieder zu und sagte:

›Für zehn Pfennig ziehe ich den Schlüpfer aus.‹

Ich hatte keine 10 Pfennig, sie tanzte mit dem Geld davon und ich taumelte tagelang herum wie einer, der schielt und alles verschwommen wahrnimmt.«

III

Das Jahr 1937 war für Janosch ein neuer Lebensabschnitt, denn es kam die Zeit der Schulpflicht.

Im Generalkatalog der Schule Nr. 3, der sich im Stadtmuseum in Zabrze befindet, kann man Horsts Namen unter der laufenden Nummer 4463 finden.

Ein Schulkind musste ordentlich aussehen, darüber gab es keine Diskussion, das verstand sich von selbst. Deswegen stand die Mutter früh um sechs auf und machte dem Sohn eine schöne Frisur mit der Fixative.[4] Das Herumfummeln in den Haaren war streng verboten. Wenn der Junge mit zerzaustem Schopf nach Hause kam, wurde er gleich verprügelt.

Hildegard drohte dem Kind, ihm das nächste Mal die Finger abzuschneiden.

Die Kinder in der Schule bemerkten sofort, dass Horst eine

komische steife Frisur hatte, also versammelten sie sich um ihn herum. Der Anführer packte ihn und zerstörte ihm das ganze kunstvoll gelegte Werk.

Also würde er der Strafe zu Hause nicht entgehen können.

Die Aufnahme des kränklichen Sechsjährigen in die Volksschule, allgemein »Friedhofsschule« genannt (nach der Friedhofsstraße, in der sie lag), kostete die Mutter zehn Reichsmark. So viel hatte sie dem Arzt bezahlt, damit er Horst eine Zulassungsbescheinigung ausstellte.

Der Vater war zum ersten Mal stolz auf seinen Sohn. Vor Freude soff er drei Tage lang und trompetete herum:

»Mein Kind ist kein Krüppel. Noch keine sechs Jahre alt und trotzdem zugelassen. Er wird der Beste, eine Gesundheit und einen Kopf wie der Vater!«[5]

Johann Eckert hatte schon immer unter Größenwahn gelitten. Wäre Horst nicht in die Schule aufgenommen worden, hätte der Vater ihn als behindert angesehen. Die Angst, dass der Junge krank sein könnte, verfolgte Johann, es war beinahe eine Obsession. Er hatte so eine hohe Meinung von sich selbst, dass der Gedanke an ein behindertes Kind wie eine Ohrfeige war.

Doch die Mutter war mit der Schule in der sogenannten Sandkolonie nicht zufrieden und befand, diese sei eine Lehranstalt für die Bälger von einfachen Arbeitern, gänzlich unter dem Niveau ihrer Familie. Horst würde sich dort nicht ordentlich entwickeln können, schimpfte sie, doch sie hatte keine andere Wahl, als die Tatsache zu akzeptieren.

Der Vater platzte jedoch weiterhin vor Stolz und plante die Zukunft seines Sohnes, vor allem dann, wenn er zu tief ins Glas geschaut hatte. In Horst sah er den Erben seines – mittlerweile ziemlich erfolgreichen – Textilgeschäfts.

»Mein Sohn, das ist mein Sohn! Sobald er aus der Schule kommt, kaufe ich ihm ein Auto. Und dann wird er ein La-

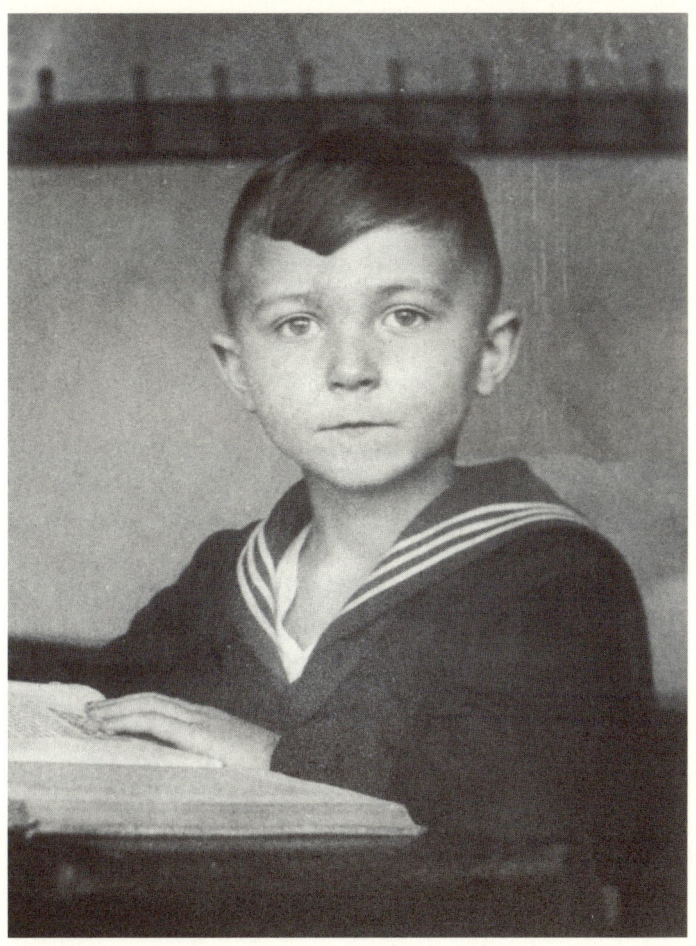
Der 6-jährige Horst.

dengeschäft bekommen, ein ganz großes. Johann Eckert und Sohn. Drei Schaufenster und mehr!«, wiederholte er, um gleich darauf zu drohen:

»Wenn mein Sohn die nächste Klasse nicht schafft, bringe ich ihn um. Die ganze Welt wird meinen Sohn kennen! Sobald er 14 ist, werde ich ihm einen Maßanzug beim besten Schneider in Gleiwitz bestellen!«

Am 13. April 1937 erschien der stolze Schüler Horst Eckert in einem neuen, hervorragend geschnittenen Anzug zur Schule. Die Hosenbeine waren hochgekrempelt, damit man sie später auslassen konnte, dazu trug er weiße Socken und braune Schuhe.

Der Vater brachte ihn mit seinem Opel P 4 direkt vor den Eingang der Schule. Sollten alle sehen, was sich die Eckerts leisten konnten!

»Die Kinder haben sofort auf mich losgeschlagen, als das Auto weg war. Auch der Lehrer konnte das Auto sehen und suchte sich sofort einen Grund, mich mit dem Rohrstock zu prügeln. Wer ein Auto besaß, war ein reiches Schwein.«

In der Schule wurde der Junge nicht nur zum Prügelknaben der Klassenkameraden, sondern auch zum Opfer des Lehrers Franke. Irgendwann wusste er nicht mehr, was mehr schmerzte: die Peitsche des Vaters oder der Rohrstock des Lehrers. Ein anderer Lehrer, Günter Windau, drohte Horst damit, vergast zu werden, weil er so schwach und kränklich war.

Der sadistische Religionslehrer und der Vikar, der in der Schule unterrichtete, packten die Kinder gerne grob am Kinn und zogen ihnen die Ohren lang, bis Blut kam.

Der kleine Eckert verhielt sich sehr ängstlich, denn er wurde von allen Seiten misshandelt. Wie er heute selbst sagt: »Ich fürchtete mich vor allem, was es gibt auf der Welt. Vor den Lehrern, vor der Hitlerjugend. Und vor allem vor Gott und der Hölle.«

In der Klasse gab es viele Spaßmacher, die die schwächeren Schüler schikanierten. Als der Sohn eines »reichen Schweins« hatte es Horst nicht leicht in der Schule. Nicht nur einmal wurde er geschubst, mit Dreck beschmiert und ausgelacht. Er wurde fertiggemacht, weil er Schuhe besaß und eine neue Schultasche und weil er nicht zurückschlagen durfte. Denn wer andere schlägt, sündigt, hatte er ja gelernt. Horst fühlte sich machtlos, bekam oft vor Angst keine Luft und begann immerzu zu weinen, was wieder eine Welle von Spott hervorrief. In den Pausen verspeiste er, im Unterschied zu seinen Mitschülern, die von zu Hause nur Kohl und Pellkartoffeln bekamen, frisches Brot mit Wurst, das er nicht an andere Kinder weitergeben durfte.

»Du musst das Brot so essen, dass es keiner sieht. Wenn sie es dir wegnehmen, dann komm mir nicht nach Haus!«, drohte ihm die Mutter und prügelte ihn gerne, wenn ihm das Pausenbrot geklaut wurde.

Die Mitschüler beneideten ihn um alles, also musste er permanent Spott, Schläge und Bewerfen mit Schlamm ertragen. Und sobald er weinte, weil er sich ja nicht wehren durfte, begann die Schikane von neuem.

Jedoch konnte er von Glück reden, dass er ein nicht noch schlimmerer Schwächling war. Im »Deutschen Reich« war für solche Leute kein Platz. Ein zartes, anfälliges Kind konnte zur Nazi-Zeit in der Schule schnell auffallen; und so hätte er das Schicksal vieler kranker und behinderter Kinder teilen können.

»Mein Vater wollte kein kränkliches, schwaches Kind. Das wurde vom Tisch gefegt. Das durfte auch keiner wissen. In der Schule gab es etwa fünf schwache Kinder. Einer wurde abgeholt und starb dann in einer Anstalt. Zwei waren behindert, einer kam nie zur Schule, ich weiß nichts über ihn. Und ich wurde an den Zaun geschickt, zum Beispiel beim Turnen.«

Der kleine Horst hätte wie der arme Eppo Neumann enden können. Horst war der Einzige, der den notleidenden, geistig behinderten Jungen zu Hause besuchte, denn er setzte sich für die Schwächeren ein. Seine Besuche freuten Eppos Eltern, die jüdische Mutter und den siechen Vater, über alle Maßen. Eppo war ebenfalls dauerhaft krank, hatte verkrüppelte Beine und blutunterlaufene, schielende Augen. Aus der Nase lief ihm ständig der Rotz, und so löste seine gesamte Erscheinung bei den anderen Kindern Ekel und Furcht aus.

Eines Tages holten ihn die Nazis ab und brachten ihn vermutlich in eine Anstalt. Später verschwand auch seine Mutter und schließlich das Namensschild an der Wohnung. Ab da gab es von der Familie Neumann keine Spur mehr, sie war wie ausgelöscht.

Die Obrigkeit verachtete die Kranken und Behinderten. Ein Bürger des »Dritten Reiches« hatte gesund zu sein und in der Blüte seiner Kraft zu stehen. Schwächere wurden »eliminiert«. Aus Janoschs erster Klasse verschwanden zwei solcher Schüler für immer. Die offizielle Begründung lautete: »im Heim verstorben«.

Unweit der Schule befand sich ein alter, 1871 errichteter jüdischer Friedhof. Der zu diesen Zeiten verbotene Ort zog Horst magisch an, hierher kam er am liebsten, wenn er die Schule schwänzte – manchmal nur dafür, um ein wenig beim Tor oder hinten am Zaun zu stehen. Ihn faszinierten die geheimnisvolle Atmosphäre, die seltsamen Epitaphe in hebräischer Sprache, das Gebüsch und der Nebel, der über den Matzewas schwebte. Er hätte Ewigkeiten da verbringen können.

Heute, viele Jahre später, denkt Janosch immer noch an diesen Friedhof: Dort würde er gerne beigesetzt werden, um seiner Rolle als Ketzer und Sünder gerecht zu werden.

Jemanden wie ihn würden sie aber hinter dem Zaun begraben, meint er.

Die Schule am Friedhof hat er nie beendet.

»Ich habe erst 1947 in Deutschland in einer Mittelschule zwei Klassen übersprungen. Das aber nur, weil ich in die letzte Klasse eingetreten bin und verschwiegen hatte, dass ich die 4. und 5. Klasse nicht besucht habe.

Die Schule heißt jetzt Janosch-Schule. Weil die dort denken, dass ich berühmt bin.«

IV

Zu diesem Zeitpunkt lebte der kleine Horst mit seinen Eltern nicht mehr am Ciupkaweg, sondern bereits in der schicken Kronprinzenstraße, der längsten und repräsentativsten Hindenburger Allee, die sich über sieben Kilometer erstreckte. Sie zog sich von West nach Ost, bis zur polnischen Grenze, an die sich Janosch in seinen späteren Büchern oft erinnern wird.

Hier befanden sich die prächtigsten Bürgerhäuser, die luxuriösesten Geschäfte, die Dienstleistungsbetriebe, die Philharmonie, die Kirchen, die Brauerei sowie die Kohlengrube »Königin Luise«. Der Kaufmann Johann Eckert mietete eine Wohnung im Haus Nummer 308, das einem gewissen Josef Gruschka gehörte, einem pensionierten Grubenvorsteher und feinen, eleganten Menschen.

Das Gebäude war ebenfalls sehr schick, dunkelgrau gestrichen, mit Zierputz und Balkonen, einem Geländer aus Eiche sowie einem Hinterhaus, wie es sich für ein vornehmes Haus gehörte.

In den Wohnungen gab es ein Badezimmer, Stuck an den Decken und Kachelöfen. Im Erdgeschoss hatte Mlesch seinen Gemüseladen und Zuppek ein Modegeschäft; einige Schritte weiter befanden sich das Kolonialwarengeschäft von Knossalla (das die Familie oft aufsuchte) sowie die Bäckerei von Ciupka.

Es war eine große Wohnung mit vier Zimmern: Kinderzimmer, Eltern-Schlafzimmer, ein Warenlager und ein Verkaufsraum für Textilien. »Die Zimmer waren schön, oben der ganze Stuck in Weiß, zwei Zimmer mit eingebautem Kachelofen. Die Wohnung hatte zwei Eingänge, der hintere führte zum Hinterhaus. (...) Vorne fuhr die Straßenbahn nach Bobrek-Karf und zwanzig Meter weiter war eine Überführung der Eisenbahnlinie.«[6]

In der Wohnung richtete Johann Eckert sein Textilgeschäft

ein. Der Vater besaß auch eine Garage, in der er seinen gebrauchten Opel P 4, das erste Auto der Familie, unterstellte. Johann kaufte ihn auf den Rat seines Bekannten Koszulek, der meinte, das Auto würde einen anderen Menschen aus ihm machen. Also tat er es, um die Kunden und die Familie zu beeindrucken.

Der Opel sprang selten an, und Johann hatte keine Ahnung von Technik. Er hätte nicht einmal den Vergaser finden können, auch wenn man es ihm sonst wie oft erklärt hätte, aber Prestige war Prestige!

Wie es sich für wohlhabende Leute gehörte, stellten die Eckerts eine Haushaltshilfe ein. Anna Ogurek stammte aus einer bitterarmen Familie vom Ciupkaweg, wo die Großeltern des kleinen Horst lebten. Annas Bruder heiratete später sogar Johanns Schwester:

»Ihr Bruder Josef heiratete dann die Schwester meines Vaters, die ein uneheliches Kind, Stefka, hatte, das im Kopf nicht ganz in Ordnung war und deswegen bekam sie keinen Mann.

Mein Vater ›half‹ dem Josef, den ich sehr gut leiden konnte, mit einer kleinen Geldgabe. Damit hatten sich die Ogureks im Ansehen und gesellschaftlichen Wert nach oben gearbeitet. Josef Ogurek war nun der Schwager eines Mannes, der ein Auto und ein Geschäft hatte.«

Mit einer Wohnung im Zentrum, einem eigenen Geschäft und einem Wagen wurde Hannes Eckert aus Hindenburg, der im Leben nichts mehr begehrte als sozialen Aufstieg, endlich zu einem feinen Bürger.

So begann er, die Wohnung nach seinen Vorstellungen von bürgerlicher Eleganz einzurichten. Auf einen Blumenständer platzierte er einen dicken Band von Johann Wolfgang von Goethe und teilte allen Bekannten stolz mit, dass sie zu Hause einen Goethe hätten. Witzigerweise waren Goethe und Schiller für Janoschs Vater dieselbe Person, aber wer hätte sich darum geschert, wenn es denn überhaupt jemand wusste. Als

Dichter wurden sie mit großer Achtung verehrt, und so wollte man dem Sohn ein kulturelles Umfeld vermitteln.

In der Wohnung tauchte schnell auch ein Flügel auf, worauf bald bronzene Büsten von Liszt und Wagner prangten – damit Hildegard Klavierspielen lernen konnte. Sie nahm Unterricht im Hotel-Café von Kochmann am Peter-Paul-Platz. Ein Besuch in dem Lokal des wohlhabenden jüdischen Hotelbesitzers war ein Luxus, den sich nur wenige leisten konnten, doch viele Schlesier träumten von einem Tanzabend, einer Aufführung oder einem Mittagessen bei Juliusz Kochmann. Horsts Mutter lernte dort bei Ludwig Sacher, dem Dirigenten des Hotel-Orchesters. Der Junge besuchte sie manchmal und hörte zu, wie sie spielte. Heute erinnert sich Janosch:

»Sie kannte nur drei Töne auf dem Klavier: C, D und E. Sie wusste, dass es ein C gibt, jedoch war es ihr nicht klar, wo es das C gibt. Sie trat aber immer vorsichtig auf das Pedal, damit es lauter klang. Mein Vater sagte dann meistens:

›Unnötig das Geld für die Klavierstunden aus dem Fenster geworfen!‹«

Aus Wut über seine untalentierte Frau betrank sich Johann und beschloss, stattdessen den Sohn zum Unterricht zu schicken, denn er meinte, dass zu Hause Musik sein müsse, sonst sei keine echte Stimmung.

Der kleine Horst lernte also Klavierspielen, noch bevor er die Buchstaben kennenlernte. Seine Lehrerin Frau Kowolik spielte nur mit der linken Hand, weil sie in der rechten Rheuma hatte. Sie trug altmodische Kleider aus dem letzten Jahrhundert und traute sich damit so gut wie nie auf die Straße, weil sie dort auffiel und von bösartigen Passanten ausgelacht wurde.

Ihrem Schüler erzählte sie weinend von einem kaiserlichen Offizier, der sie geheiratet hätte, wenn er zu ihrem Leidwesen nicht im Krieg gefallen wäre. Für den Unterricht nahm sie zwei Reichsmark. Fünf Reichsmark kostete der Unterricht im

Konservatorium. Nach Abschluss des Unterrichts bei Frau Kowolik besuchte Horst zwei Jahre lang das Musikseminar. Sein Lehrer, und gleichzeitig der Schuldirektor, war ein gewisser Johannes Piończyk, ein angesehener Pädagoge.

Piończyk hatte mit 14 Jahren durch einen Unfall in seiner kaufmännischen Ausbildung beide Augen verloren und war blind. Seit jener Zeit widmete er sich den Tönen, indem er Musik bei Professoren und Komponisten in Breslau studierte. Erst mit 53 Jahren erreichte er sein langgehegtes Ziel und gründete in Hindenburg ein fortschrittliches Konservatorium.

In der Zeitung »Deutsche Ostfront« vom 13. Dezember 1935 konnte man lesen: »Selbst Breslau kann sich nicht rühmen, ein eigenes Konservatoriumsgebäude zu besitzen. Noch vor einem halben Jahr gab es an dieser Stelle halbverfallene Kleinhäuser, heute steht ein neues und modernes Gebäude für die Gesamtsumme von 140 000 Reichsmark, mit Unterrichtsräumen, Wohnungen, einem Büro und einem Kammermusiksaal für 150 Personen, mit einer neu hergestellten Orgel mit einem außerordentlichen Klangreichtum und der besonderen Klangschönheit.«

Doch nicht einmal diese außerordentliche Schule und der berühmte Lehrer konnten es schaffen, Horst Klavierspielen beizubringen. Es war alles vergebens, kein Funke einer Begabung. Lange Stunden vergingen über den Fingerübungen, und im Laufe der Zeit wurde allen klar, dass der Junge kein Virtuose werden würde.

Das Schlimmste jedoch war, dass Horst Vaters Lieblingsschlager nicht spielen konnte. Wenn im Radio oder bei einem Konzert bei Kochmann das Lied von Herbert Ernst Groh »Hörst du mein heimliches Rufen, öffne dein Herzkämmerlein« ertönte, kamen Johann Eckert die Tränen. Und so träumte er, dass der Sohn eines Tages seine geliebte Melodie spielen würde. Doch Horst hatte vier Jahre gebraucht, um auch nur mit einer Hand etwas klimpern zu können.

»Wenn ich falsch spielte, sang er so laut dazu, dass man es nicht gemerkt hätte. Aber er sang auch sehr falsch.« Wenn der Junge sich verspielte, schrie Johann seinen Sohn an und beschimpfte ihn als Idioten – und schließlich sagte er die Klavierstunden ab, um sein Geld nicht zu vergeuden.

Doch dann kam eine Geige in das Leben des kleinen Horst. Sie gehörte einem älteren, klugen Mann mit dem Nachnamen Russek, der unter Tage in der Grube arbeitete und ganz bescheiden in einem kargen, unbeheizten, unmöblierten Zimmer lebte. Horst besuchte ihn immer wieder und versuchte, auf dem schönen Instrument zu spielen, doch statt einer Melodie war nur ein Kratzen zu vernehmen.

Horsts Vater schickte Russek immer wieder etwas zu essen, in der Hoffnung, dieses Instrument an sich nehmen zu können – seiner Meinung nach eine Stradivari, die Millionen wert war. Der Junge begriff allerdings mit der Zeit, dass sein Vater es nicht aus Mitgefühl, sondern aus reiner Habgier tat. Eines Tages verfasste Johann einen Brief:

»Dann schrieb er Russek, ich sei sehr musikalisch und wollte auf dieser Geige Geigenunterricht nehmen. Der alte Mann brauchte sehr lange, bis er mir eines Tages die Geige schenkte. Wie er sie vorsichtig in der Hand hielt und ihr nachschaute und weinte – oh Mann, ich war mitschuldig an diesem Verbrechen, das schmerzt mich heute noch«, erzählt Janosch.

Es war dem kleinen Horst jedoch nicht möglich, Geige spielen zu lernen, denn sein Vater machte in seinem Suff zu Hause immer so viel Radau, dass der Junge keine Chance hatte zu üben. Johann trank viel und kehrte oft betrunken nach Hause zurück. Doch wenn er trinken ging, dann in keine billigen Spelunken, sondern in elegante Lokale im Zentrum Hindenburgs. Um die Gaststätte von Kapitza, die später im »Cholonek« verewigte Lieblingskneipe der Bewohner von Poremba, wo sie ihr Feierabendbier tranken und Schlachtfeste feierten, machte er einen großen Bogen.

Franz Kapitza führte die Gaststätte bis zum Jahre 1949. Am 16. September 1957 wurde seine halbverbrannte Leiche in der Wohnung gefunden.

Schon wenige Stunden nach der durchgeführten Ermittlung wurde bekannt, dass der Besitzer des Restaurants von seinem 30-jährigen Nachbarn ausgeraubt und ermordet worden war. Kapitza hatte sein Leben wegen eines alten Mantels und einer wollenen Jacke verloren.

Wie flüchtig und wie wenig wert das Leben damals war, zeigt auch die Geschichte von Janoschs Cousin Waldemar Janoschka, der eines Tages seine Rente, fünfunddreißig Mark, abgeholt hatte – und auf dem Nachhauseweg im Wald deswegen erschlagen wurde.

V

»Der Sonntag war unser Feiertag. Festgelegt durch alle Gesetze, Gebote und den Abreißkalender. Den Abreißkalender bekam man von der Tageszeitung ›Der Wanderer‹ als Geschenk, wenn man ihn abonniert hatte.«[7]

Die Großmutter Godny abonnierte eine Zeitung, denn das bewies die Bildung der Familie – obwohl sie kaum lesen konnten. Der Großvater las gerne die Überschriften und die Witze, was ihn wenigstens die Abokosten ertragen ließ. Er hatte jedoch keine gute Meinung von der Presse: »Es ist alles scheiße, was sie da drin schreiben!«

Die Sonntage verbrachten die Eckerts entweder bei den Großeltern in dem armen Stadtteil Poremba, oder sie fuhren ins Grüne. Der stolze Vater wollte sich allen mit seiner elegant gekleideten Frau und seinem Sohn zeigen. Sie fuhren dahin, wo auch die wohlhabenden Hindenburger hinfuhren:

»Wie die Reichen. Nach Salesche und Langendorf. Mein

Vater mit einer Melone auf dem Kopf und weißem Seidenschal. Nach Rokitnitz. Er besoff sich dann immer so, dass man ihn ins Auto tragen musste. Es wurde viel gesungen, immer das gleiche Lied: Holderia-holderia-die-eo« – oder eigene Variationen des Nazi-Liedes »Die Fahne hoch«, geschrieben zu Ehren von Horst Wessel.

Hildegard war mit der Tante Guste Wojtaszak befreundet, die auf dem Rummelplatz neben der Grube »Königin Luise« eine Schießbude besaß.
»Ihr Mann hieß Ludwig, wurde später NS-Parteigenosse und noch später KZ-Verwalter in Polen. Ihr einziger Sohn Erich ließ sich umtaufen und hieß dann Erich Wallbach. Er wanderte aus in den Westen, heiratete 1943 in München seine Arbeitgeberin Sofie Sokolski, erbte ihr großes Karussell und wurde schweinereich.«
Guste hatte »oben und unten schöne Goldzähne«, lachte gerne und cremte sich immer das Gesicht ein. Sie benutzte Parfüm, das man für sechsunddreißig getroffene Wurfringe gewinnen konnte, trug seidene Halstücher und Kleider aus Kunstseide. Am meisten mochte sie die Farben Rosa und Violett, obwohl sie ein zartes Seladon-Grün auch nicht verachtete.
Von Guste, die er für seine Taufpatin hielt, erbte Janosch die Vorliebe für Gold und Flitter. Durch sie entdeckte er die Liebe zu den Farben, vor allem den schreiend bunten, lauten. Guste schenkte dem Jungen nämlich gerne glänzende, goldene Papierrosen, bunte Bonbons und goldbestickte Kissen für das Sofa in der Schlafstube.
Janoschs Traum blieb für immer die »Rummelbudenkultur« mit Glimmer, Glitzer, Katzengold, Pink und Rot. Dort hatte er alles, was für ihn Kunst wurde: Musik aus dem Leierkasten und die herrlichen Farben. Von der Liebe zu den Rummelbuden kam der Wunsch, Maler zu werden. An Weihnachten wünschte sich der Junge einen Tuschkasten mit Gold, Silber

und Rosa. Als er daraufhin unter dem Baum eine Schachtel Farben vorfand, war er überaus enttäuscht:

»Als diese unter dem Weihnachtsbaum lag und weder Rosa noch Gold und nicht Silber enthielt, brach für mich das Leben zusammen. Er enthielt einen dünnen Pinsel mit wenigen Haaren, die Farben ließen sich mit Wasser nicht erweichen, ich fing an zu heulen und habe ihn nie angerührt. Für mich hatte das Leben keinen Sinn mehr.«[8]

Gold, Silber und Rosa würde Janosch später fast sein ganzes Leben verwenden. Erst im hohen Alter verzichtete er darauf und benutzte Ultramarin.

Die elterlichen Ambitionen in Richtung Eleganz widerten den Jungen an. Er wollte nicht wie sein Vater werden:

»Ich wollte mehr ein Held in der Steppe sein, Spuren suchen, und ich las Indianergeschichten. Eleganz war mir ein Gräuel, ein Verrat an der Wildnis. Mein Vater war ein Mensch, der parfümiert und besoffen auf der Erde herumkroch und sich auf dem Kopf Wellen frisierte.«

Der Junge floh vor der Welt der Eltern an einen anderen Lieblingsort, in den Guido-Wald, der sich im südwestlichen Teil der Stadt erstreckte. Der Wald war ein wichtiger, magischer Ort; und bevor er Maler werden wollte, träumte der Junge davon, Förster zu werden.

Der Vater sah in ihm wiederum, wenn nicht schon den Firmenerben, dann wenigstens einen Briefträger. Janosch wird es später in unserer Korrespondenz erwähnen:

»Dann hätte ich eine Altersversorgung. Damit hatte er recht. Ich wäre dann weit im Stadtteil herumgekommen. Dann wäre noch besser gewesen – sagte er –, wenn ich echter Beamter bei der Post werden könnte, weil ich dann das Gehalt im Sitzen verdiene und nicht laufen muss. Ich bewarb mich, aber man brauchte dafür eine Mittelschulbildung. Hatte ich nicht.«

Kapitel 3

Der Teufel hat einen Silberzahn

*»In der Kirche war ich ein Todsünder,
in der Hitlerjugend ein Krüppel.«*

I

Der kleine Horst hatte einmal den Teufel gesehen. Die Mutter hatte ihm so lange mit dem Leibhaftigen gedroht, dass er begonnen hatte, an ihn zu glauben. Er stand Auge in Auge mit ihm. Der Teufel sah aus wie auf den heiligen Bildchen: mit Schwanz, zwei Hörnern, Schwefelatem. Der entsetzte Horst bereitete sich schon vor, in die Hölle hinabzufahren – denn die Mutter brüllte doch so oft:

»Der Teufel soll dich holen, du verfluchtes Aas!«

Die Mutter war streng katholisch und hatte abends stets versucht, ihrem Sohn das Beten beizubringen. Sie erzählte ihm die Geschichte vom Schutzengel, der alle Kinder, die brav sind, auf die Mutter hören und immer gehorchen, beschützt. Die ungehorsamen Kinder würde er in einen Fluss stürzen, sie müssten dann ertrinken und kämen in die Hölle, wo der Teufel schon auf sie wartet. Janosch würde sich an diese Augenblicke im »Cholonek« erinnern:

»Der Teufel habe Hörner, und es brenne so wie damals in dem Waschzuber. Und wenn es jetzt nicht ganz still liege und fest schlafe, dann (…) steht hinten beim Fenster schon der Teufel. Siehst du die Augen glühen? Und keinen Mucks will ich mehr hören, hast du mich verstanden? Hast du gesehen, wie er sich bewegt? Auf eine heiße Gabel spießt er Kinder, die nicht schlafen wollen!«[1]

Er berichtet weiter:

»Und dann steckte man mich in die Kirche, und da fing die Bedrohung an: ›Wenn du nicht glaubst, was wir dir sagen, wenn du nicht tust, was wir dir sagen, dann kommt das

Schlimmste, was nämlich nach dem Tod passiert.‹ Und ein kleines Kind glaubt es ja, gell: Du wirst als Sünder geboren, als Ergebnis einer Sünde, die begangen wird, und dann fängt die Verwirrung an. Ich war mit 13 in einer totalen Psychose.«

Für den Jungen waren das sehr schwere Zeiten.

Mit Grauen erinnert sich Janosch, wie er dreimal die Woche bei Nacht und Nebel aus dem Bett gerissen und vor der Schule zur Messe gejagt wurde. In der Kirche wurden die Kinder dann vom Kaplan bestraft, der sie gerne an den Ohren packte und so lange daran drehte, bis es blutete. Oder er zog die Haut am Kinn nach unten und lachte gemein, die Zähne fletschend. Er hatte einen Silberzahn, der beim Grinsen bedrohlich funkelte.

»Für mich hat der Teufel seitdem einen Silberzahn.«

Hildegard Eckert wurde vollkommen andächtig ergeben, obwohl sie nicht aus einer besonders religiösen Familie stammte. Im Katholizismus suchte sie Trost, denn sie fühlte sich unglücklich in ihrem Leben. Den Nachbarinnen erzählte sie, dass ihr Sohn Priester werden würde, denn dann würden ihn die Leute respektieren.

War es aber ein echter Wunsch der religiösen Mutter? Pfarrer zu sein, bedeutete in der Verwandtschaft eine Ehre, weil man dann gewisse Ansprüche an den Gott im Himmel stellen konnte.

»Sie war vollkommen hilflos, also hat sie versucht, auf alle Fälle an Gott zu glauben«, versucht ihr Sohn später es sich zu erklären. Sie meinte, das Kind müsse von klein auf zur Gottesfurcht und Frömmigkeit erzogen werden, damit ihm nichts passieren könne.[2]

In der Schule wiederholte der Priester, dass die Eltern Vertreter Gottes auf Erden seien und dass Gottes Befehle durch sie sprächen. Doch was sollte das Kind tun, wenn die Mutter ihm zu lügen befahl?

»Sie verlangte von mir, dass ich meinem Vater Lügen sagte,

wenn er wissen wollte, was sie gestern machte. Lügen war eine Sünde, nicht gehorchen war auch eine Sünde. Ich fragte den Pfarrer. Seine Antwort:

›Wenn uns Gott etwas sagt – wem gehorchen wir dann?‹

›Gott, Herr Pfarrer.‹

›Und wenn unsere Mutter uns etwas sagt, wem gehorchen wir dann?‹

›Unserer Mutter, denn die Eltern vertreten Gott auf Erden, Herr Pfarrer.‹

›Richtig, Eckert …‹

In so einer Blödheit bestand damals das ganze Leben. Zu Haus, in der Kirche, in der Schule. Das Niveau zu Hause war auf dem untersten Tiefstand.«

Georg Sunder, ein deutscher Jesuit aus Biskupitz, lehrte Mädchen und Jungs Religion in einem schönen Mietshaus in der Bahnhofstraße. Über der Apotheke hatte dort die Marien-Kongregation ihren Sitz, bei der die Eltern den kleinen Horst angemeldet hatten. Der Junge besuchte den Unterricht zwischen 1939 und 1944.

Die jungen Leute übten sich dort in allen Disziplinen des Lebens zur Ehre Gottes und seiner Kirche, unter dem Patronat der Mutter Gottes. Die Mitgliedschaft in der Kongregation war eine große Auszeichnung. »Ein Soldat sein für Christus in seiner jesuitischen Armee!«, verkündete stolz die Organisation.

Ein Soldat Christi müsse alles können und dürfe sich vor nichts fürchten, pflegte Georg Sunder zu sagen, erinnert sich Janosch:

»Man muss Meister sein in allen Disziplinen. In der Schule der Beste. Wir müssen die größte Kraft haben, körperlich und geistig.

Leider sagte er auch: ›Im Krieg müssen wir die besten Soldaten des Führers sein.‹ Dieser Satz war für mich der Hauptgrund, nicht mehr katholisch zu sein.

›Dürfen wir töten?‹, fragte ich.

Er sagte:

›Aus Notwehr, ja. Krieg ist Notwehr. Wir müssen unser eigenes Leben behalten, um es für Gott und den Staat einzusetzen.‹

(…)

Ich lernte bei ihm das jesuitische Denken in der jesuitischen Technik. Ich konnte prüfen, was die Kirche sagt, nur in die Gegenrichtung. Ich verdanke ihm sozusagen mein Leben als Ketzer. Gott sei gedankt für diese Begegnung!«, scherzte Janosch später.

Seine rebellische Natur gebar einen Protest gegen die primitive kleinstädtische Religiosität, und statt einem Soldaten Christi wurde aus Janosch ein Häretiker.

Janosch zufolge werden Glück oder Unglück in den ersten sieben Lebensjahren geboren, und das, was in dieser Zeit passiert, wird sich auf immer auf das Leben eines Menschen auswirken. In dieser kurzen Zeit hatte Janosch mehr als genug Unglück erfahren.

In seinem Roman »Gastmahl auf Gomera« wird er später schreiben:

»Mein Leben ist seit etwa zehn Jahren das reinste Paradies. Müsste ich es aber mit den ersten dreizehn Jahren bezahlen, würde ich auf das Paradies verzichten. Unter keinen Umständen noch einmal diese Zeit erleben müssen.«[3]

Lange Jahre würde er sich mit dem Christentum auseinandersetzen:

»Das letzte Mal in der Kirche war ich 1959. Der Kaplan gab mir manchmal ein Paket mit Essen, welches er bei den Gläubigen eingesammelt hatte. Wäre ER die Kirche, wäre ich heute noch dabei. Danach ging ich in die Kirche, weil Romano Guardini philosophisch das Christentum erklärte. Ich wollte erst alles wissen, bevor ich aus der Kirche austrat. Man kann nicht etwas verfluchen, wovon man nicht ALLES weiß.

Ich hatte in jeder Kirche immer Magenschmerzen, zuerst bis 16 Jahre. In der Kirche wurden allen Sündern der Teufel und die Hölle zugesichert. Aber jeder Mensch ist ein Sünder. Als Jesuitenschüler wusste ich, dass in der Beichte NUR die Sünden vergeben werden, jedoch bleibt die Strafe. Für diese muss man im Augenblick des Todes einen vollkommenen Ablass erwerben.

(...)

Später bekam ich Beklemmungen, weil die alte Stimmung wieder aufkam. Hier wirst du verflucht!

Jetzt meide ich die Kirche, weil mir ihre Vergangenheit einfällt. Und die ekelhafte Art, wie der Vatikan alles unter den Teppich kehrt: Kinderschändung, Inquisition, Kapitalverbrechen ...

Das alles hat mich damals sehr wahnsinnig gemacht.

Heute Nacht wusste ich, was GOTT bedeutet. Gott ist eine kosmische Situation.«

II

Janosch hat kein Foto von seiner Erstkommunion behalten. Der Katholizismus wurde ihm so sehr verleidet – »ein ekeliges Gefühl gegen katholisch« –, dass er alle Erinnerungen, die mit der Religion zu tun hatten, losgeworden war.

Wir wissen jedoch, dass das Porträt des Jungen (gekleidet in einen dunkelblauen Anzug mit kurzen Hosen) vom Vater bei einem Fotografen bestellt worden war.

Es war Mai 1939.

Im Rahmen der Vorbereitung für das Sakrament paukte der 8-jährige Horst die Liste der Pflichten eines guten Christen. Diese Erziehung wird er lange in Erinnerung behalten und später so darüber schreiben:

»Die Sündenhaftigkeit begann mit dem Lebensanfang. Als ›Aufgaben des Christen‹ war hauptsächlich die Rede vom ›Apostolat‹. Das hieß, man sollte ›Heiden‹ zu Katholiken bekehren. Erst an zweiter Stelle war die Rede vom Mitleid, z.B. die Armen sättigen und den Dürstenden zu trinken zu geben. Das erklärte die Kirche so: Die Menschen, welche nach dem Glauben dürsten, müssen wir zu Jesus führen, damit auch sie in den Himmel kommen.

Alles war und ist so blöde, dass man es nicht ertragen kann. Inzwischen versucht man, intelligenter zu predigen.«

Der stolze Johann Eckert hatte zu der Kommunionfeier über vierzig Gäste eingeladen, die ganze Familie, seine Mitarbeiter und Geschäftsfreunde. Dafür war die Mutter an dem Tag nicht zufrieden. Die Heiliger-Geist-Kirche in der Sandkolonie besuchten nur arme Leute, unter dem Niveau von Hildegards Familie. Das war das erste und das letzte Mal, dass sie über die Schwelle dieser Kirche getreten war.

Der kleine Horst war öfters dort. Er kniete auf dem kalten Steinboden und wartete auf die Strafe Gottes für seine Sünden oder saß in der ersten Reihe und überlegte sich, wie es wäre, wenn das Kreuz von oben auf seine Mutter herunterfallen und sie auf der Stelle erschlagen würde. Er hörte auch den Predigten des Pfarrers zu, wie Christus die Juden verfluchte: »Mein Blut komme über euch und eure Kinder« und »Wenn Gott etwas geschehen lässt, da soll der Mensch sich nicht einmischen«. Da gab es Priester, welche Hitler als »die Hand Gottes« bezeichneten.

»Wegen dieser Aussagen bin ich Ketzer«, wird Janosch später erklären.

Horst musste auch regelmäßig zur Beichte gehen, was für ihn eine Höllenqual war. Wenn er beim Pfarrer beichten musste, war er noch zufrieden; es war günstiger, weil dieser dabei oft döste und immer denselben Text aufsagte: »Gott ist gnädig und vergibt dem die Schuld, der aufrichtig bereut.«

Anders war es beim Kaplan, der die Kinder so gerne prügelte. Er fragte den Delinquenten gerne nach anstößigen Gedanken und wollte wissen, wann jener Unkeuschheit betrieben habe.

Janosch behauptet heute, dass es in seinem Fall zu einem geistigen Missbrauch durch die Kirche gekommen war. Die Kirche wurde für ihn eine erdrückende, lebenslange Gewissenslast.

Janosch erinnert sich wie folgt an den Tag seiner Ersten heiligen Kommunion:

»Der Tag war ein Horrortag, eine Katastrophe. Mein Vater war schon am Vormittag besoffen, sie versuchten ihn zu hindern, die Kirche zu betreten.«

Johann brachte den Sohn mit seinem neuen Hansa-Automobil zur Kirche; die umstehenden Leute flüsterten:

»Der Eckert kommt!«

Doch der Priester wollte den betrunkenen Johann nicht hineinlassen, so dass er brüllte:

»Das ist MEIN Kind! Gott hat ihn mir gegeben!«

Dem Jungen, der neben Horst stand, tropfte Wachs aus seiner Kerze auf dessen Gebetsbuch.

»Für mich ein Unheil, das Wachs blieb dort wie eine Todsünde so lange in dem Buch, wie es das Gebetsbuch gab.«

1944 nahm Horst das Gebetsbuch mit in den Keller, wo sich die Familie vor den Angriffen schützte. Dort verbrannte es, zusammen mit dem Haus.

Nach der Messe begaben sich die Gäste in die Wohnung der Eckerts in der Kronprinzenstraße.

»Mein Sohn! Das ist mein Sohn. Er hat heute die Erstkommunion empfangen. Wir haben ihm den teuersten Anzug gekauft, aber für ihn ist uns nichts zu teuer!«, prahlte Johann bei der Feier in der Wohnung der Eckerts.

Am frühen Nachmittag hatte er einen Streit mit den Verwandten angezettelt, der mit ausgeschlagenen Scheiben und kaputten Fenstern endete. Mutter saß in der Küche und ver-

Die repräsentative Kronprinzenstraße, wo Johann Eckert sein Ladengeschäft betrieb.

fluchte die Familie ihres Mannes; und Johann verzog sich anschließend in die Kneipe. Abends fand ihn jemand stockbesoffen auf der Straße liegend.

Als Kommunionsgeschenk bekam Horst eine Armbanduhr, eine Schachtel Pralinen und insgesamt neunzig Reichsmark. Diese wurden auf ein Sparbuch gelegt. Das Geld war am Kriegsende dann nicht mehr viel wert. Insgesamt hatte Horst 242 Reichsmark angespart. Das Sparbuch hatten die Eltern im Krieg mit in den Luftschutzkeller genommen und dann auf die Flucht nach Deutschland. Bei der Währungsreform bekam man schließlich 1 Prozent davon als Deutsche Mark, jedoch nicht mehr als 50 Mark. Ein Brot kostete 90 Pfennige, und Janosch besaß am Ende 2,42 Mark, wovon er sich zweieinhalb Brote kaufen konnte.

Hildegard ruhte indessen nicht in ihrem Bemühen, aus dem Sohn einen frommen Menschen zu machen. Und so beschloss sie, dass er in der St.-Josef-Kirche Ministrant werden sollte. Die charakteristische Kirche aus roten Klinkerziegeln ist ein hervorragendes Beispiel für Sakralbauten des Expressionismus und wurde 1931 geweiht, im Jahr von Janoschs Geburt. Die von Dominikus Böhm entworfene moderne Kirche mit einer Front, die an ein römisches Aquädukt erinnerte, begeisterte viele, doch auf den Jungen machte sie keinen besonderen Eindruck. Sein »Abenteuer« mit dem Gottesdienst dauerte nur einen Tag, eigentlich nur eine Messe lang.

Den Tag im Jahre 1942 wird Janosch nie vergessen: Er zitterte vor Angst, weil er den lateinischen Text nicht konnte. Die Panik ließ ihn verstummen, und so bestand er die Prüfung nicht.

Nach diesem schiefgegangenen Debüt wollte ihn der Pfarrer nie wieder am Altar sehen.

III

Eine wichtige Zeit für die Familie Eckert war die Weihnachtszeit. Die Vorbereitungen dauerten eine ganze Woche. Zu Hause wurde groß gekocht, und Horst schlich sich hinaus, lief in die Stadt und spazierte umher. Er beobachtete alte Menschen, Bettler und Obdachlose, die durch die Straßen streiften, stumm, einsam.

Janosch hat Weihnachten nicht in guter Erinnerung. Noch bis vor kurzem konnte er keine Weihnachtslieder ertragen; heute ist das anders.

Von den Szenen, die sein besoffener Vater fabrizierte, bekam er Bauchkrämpfe:

»Die Unruhe ging einige Wochen lang und war unerträglich. Mein Vater war an Heiligabend spätestens ab 16 Uhr besoffen, meistens auch an den Tagen zuvor. Das Essen fand statt, und er sang blöde Weihnachtslieder, bis er nur noch lallen konnte:

›Einmal schlage ich euch alle tot! Ich gehe in die Messe, einmal muss man in die Messe gehen, keiner wird mich daran hindern. Wo sind meine Schuhe ... Weckt mich auf, wenn es zwölf läutet ...

Wo ist mein Kind, das ist MEIN Sohn, er wird einmal so groß werden wie ich, er ist der Sohn von Johann Eckert! Wir werden es der Welt zeigen, wo eine Harke ist ... Ich muss jetzt kotzen, wo ist der Eimer ... Ich brauche keinen Eimer, ich kotze, wohin ich kotzen will, das ist MEIN Teppich, ich habe ihn gekauft – ICH, der Hannes Eckert aus Hindenburg, wir können uns alles leisten!‹

Manchmal lag er auch schon auf dem Bett, wenn die Großeltern kamen, und schnarchte ganz laut. Meine Mutter heulte:
›Muss der sich jedes Jahr so besaufen, was soll sein Kind sich denken!‹

Mein Großvater war an Weihnachten nie besoffen, weil er sich nur dann betrank, wenn seine Zeit dafür war. Alle drei Wochen, wenn er das Leben und seine Frau nicht ertragen konnte.«

Was sich das Kind zu Weihnachten wünschte, bekam es nicht, meistens war es etwas anderes. Einmal hatte sich Horst eine bunte Blechtrommel gewünscht. Johann kaufte ihm dann eine Trommel aus echtem Leder, um sich vor seinen Parteigenossen aufzuspielen, was er sich für seinen Sohn leisten konnte. Er lud einen Kumpanen und dessen Sohn nach Hause ein, und während die Männer rauchten und tranken, spielten die Kinder auf dem Boden. Die Trommel hatte ein kurzes Dasein: Der Sohn des Parteibonzen, eines schrecklichen Primitivlings, durchbrach die Membran mit dem Stock.[4]

IV

Seine negative Einstellung zur Kirche betont Janosch mehrmals in seinen Romanen. In der unveröffentlichten Biographie »Leben mit Goldrand« findet er harte Worte dafür:

»Das Schlimmste wäre, wenn es den katholischen Gott gäbe, welcher zuerst den Menschen (nach seinem Bild und Gleichnis) schuf, danach ihn und seine Nachkommen (in Sippenhaft) verfluchte, seinen Sohn töten ließ und uns die Hölle schenkte.«

Er erinnert sich freudig an den Brand der Kirche, als die Russen Hindenburg einnahmen:

»Als ich sah, dass auch die Kirche zerstört war, ich also nicht mehr in den Gottesdienst gehen musste, wurde es mir ganz leicht. Wie wenn einem eine schwere Last vom Rücken fällt. Die Kirche war für mich immer die Richtstätte Gottes. Ich wusste als Kind schon, dass Sünder und Hexen lebend verbrannt wurden. Die Hexen und Sünderinnen sofort und lebendig. Die Sünder erst nach dem Tod in der Hölle. Ich glaubte damals an den Katechismus. Ich konnte noch nicht so begreifen, woher die Freude über die Zerstörung der Kirche mitten in diesem Unheil kam.«

Doch er wird auch andere, versöhnlichere Worte finden, wie in einem Brief an mich:

»Ein Mystiker sagte: ›Gott existiert nur in uns.‹

Gott ist eine Situation. Er wird dann Realität, wenn er (von uns) ›getan‹ wird.

Wir handeln aus ihm, wenn wir einen Bettler ernähren. Oder einen Kranken heilen. Oder jemanden tragen, der nicht laufen kann. Oder den Papst im Meer versenken. Das aber geht wieder nicht ... denke ich mal so. Keine Rache darf sein.«

V

»… wenn jeder von euch zehn Pfennig für die Winterhilfe spendet, WIRRRD ES KEINE HUNGERRRNDEN IN DIESEM LAND MEHR GEBEN!«, ertönte Hitlers Stimme aus dem unsäglich krächzenden Volksempfänger.

Joseph Goebbels hatte beschlossen, dass Radios, und mit ihnen die Propaganda des »Dritten Reiches« und die Reden des Führers, in jedem Haushalt präsent sein sollten. Doch nicht jeder konnte sich ein Radio leisten. Daher ließ Hitler die Volksempfänger bauen.

»Und er ließ einen Sender in Gleiwitz bauen. Mit einem Volksempfänger konnte man nur einen Sender in der Nähe empfangen. Meine Großeltern hatten im ganzen Leben niemals ein Radio. Sie haben auch nie eines angefasst, weil es ihnen unheimlich war. Aus einem Kasten kommt Musik und der Führer spricht.«

Janosch erinnert sich auch, wie sie eines Tages in der Küche des Hauses im Ciupkaweg saßen. Opa Paweł entspannte im Sessel und rauchte Pfeife:

»Ich höre noch die Stille, wie sie alle verstummten und lange schwiegen. Gänsehaut lief wohl nicht nur mir den Rücken herunter. Ich spürte mit den anderen, dass hier etwas Besonderes passierte. Mein Großvater saugte an seiner Pfeife, der Tabakqualm nebelte die ganze Küche ein, die Glühbirne funzelte mit ihren 15 Watt durch den Nebel.

(…)

Ich meine, dass bei dieser Rede einige auf die andere Seite überliefen. Mein Großvater nicht. Er blieb in seiner Machorka-Trance und in der Kaiserzeit. Er sagte immer:

›Das sind keine Zeiten. Goldmark war Goldmark und Papiergeld ist gówno – scheiße. Geh mir doch weg mit der Politik.‹

Doch andere ließen sich von der Stimme aus dem Radio

überzeugen: Sie traten in die Partei ein und sprachen nur noch Deutsch, wodurch sie deklarierten, wahre Deutsche zu sein.

Adolf Hitler hielt sein Wort: Es gab keine Arbeitslosen mehr, die Winterhilfe versorgte die Armen und alle hatten zu essen. Am Ende glaubten fast alle an den »Führer«, erinnert sich Janosch.

»Sogar mein invalider Großvater Paweł bekam eine Arbeit beim Fuhrpark. Schon das war ihm ein Gräuel, die Arbeit machte ihn unglücklich. Dort wurden die Straßenreinigung und die Fahrzeuge der Stadt versorgt.

Mein Großvater brachte Holzabfälle mit nach Haus, spaltete sie zu Fidibussen, mit denen er sich immer die Pfeife anzündete, denn das Feuer im Ofen ging auch nachts nicht aus. So sparte er Geld für Streichhölzer.«

Wie Janosch in seinem Buch »Von dem Glück, Hrdlak gekannt zu haben« schreiben wird:

»Seit die Deutschen hier das Regiment in der Hand haben, wollen fast alle Deutsche sein. Weil sie sonst keine Arbeit bekommen, keinen Ausweis und keine Aufnahme in Krankenhäuser, auch keine Suppe in der Volksküche, weil man sie dann tritt; und ist es am Ende nicht scheißegal, was man ist, Freunde? Hauptsache, dich schlägt keiner zu Lebzeiten tot, weil ihm deine Herkunft nicht passt. Rechtzeitig wechseln, wenn du merkst, einer kommt so auf dich zu, solange es noch geht.«[5]

Und schließlich hatten viele an den »Führer« geglaubt, so wie der abtrünnige Pelka aus »Cholonek«:

»›Weißt du, Stanik‹, sagte der Pelka, ›du musst das machen wie ich: Jetzt in die Nationalsozialistische Partei rein! Ich wer' dir sagen, dass der Hitler die Macht übernimmt, und wer dann die kleinen Parteinummern hat, is groß raus. Wir ham ein Kommunisten auf dem Kieker, wenn der nich bald verschwindet, zack, Gummiknüppel übergezogen, weg is er.‹«[6]

Die Nazis triumphierten; über dem Adolf-Hitler-Stadion

flatterte eine Hakenkreuz-Fahne. Oberbürgermeister der Stadt wurde der Störenfried und Alkoholliebhaber Max Fillusch, den Johann Eckert immer wieder bei seinen Sauftouren in ihren Lieblingskneipen traf. Es begann ein Kreuzzug gegen alle Feinde des Systems: Juden, Polen, schlesische Aufständische, aufrührerische Priester, Kommunisten. Die Blockleiter hängten an den Anschlagstafeln mit dem Symbol des Raben Propagandaplakate auf, an die sich der Junge noch lange erinnern wird.

Am 9. November 1938 kam der Vater lange nicht nach Hause. Die aufgebrachte Mutter wartete die ganze Nacht am Fenster. In jener Nacht konnten viele Bewohner der Stadt nicht schlafen. In Hindenburg, ähnlich wie in anderen deutschen Städten, begingen die Nazis folgenreiche Pogrome. Die Straßen waren mit Glassplittern aus zerschlagenen Schaufenstern bedeckt, überall lagen kaputte Möbel herum. Johann rannte entsetzt durch die Straßen und sah, wie SA-Männer jüdische Wohnungen und Geschäfte demolierten.

Die Nationalsozialisten zerstörten auch die im Rundbogenstil erbaute Große Synagoge, wo bis zum Schluss Dr. Saul Kaatz Rabbiner war (der auch im Hindenburger Gymnasium unterrichtete). Die Braunhemden schnappten sich den 68-jährigen Dr. Kaatz, rasierten ihm den Bart ab und zwangen ihn, beim Brand des Gotteshauses zuzusehen.

Am nächsten Tag wurden zahlreiche Juden der Gemeinde nach Buchenwald deportiert, und ihr Hab und Gut wurde von den Nazis konfisziert. Die Kleine Synagoge wurde zu einer Musikschule umgewandelt, später zum Sitz der Hitlerjugend. Die Deportationen sollten weitere vier Jahre dauern; der Rabbiner Kaatz wird 1942 in Auschwitz-Birkenau sterben.

Auch das Jahr 1938 und die Pogromnacht hat Janosch bis heute im Gedächtnis:

»Ich kann mich sehr gut erinnern, als ob es gestern war.

Mein Vater kam in der Nacht nicht nach Haus und schaute zu, wie die SA die Judengeschäfte zertrümmerte. Er sagte dann:

›Jetzt kommen die Juden dran. Wir dürfen nicht auffallen, sonst kommen wir auch dran.‹

Er meinte damit, dass wir von der Abstammung her Polen sind. Mein Vater hatte mehrere jüdische Freunde, sie machten zusammen Geschäfte. Sie handelten mit Textilien und mit etwas Gold. Ein guter Freund hieß Fröhlich und wohnte in der Kronprinzenstraße. (...)

Man verschwieg mir, dass sie Juden sind, weil es wunderbare Leute waren, und das durfte nicht sein.

Das Gold kam später aus den Konzentrationslagern, die Nazis handelten damit. Das ist für mich ein furchtbares Gefühl, dass mein Vater etwas Gold von den Juden besaß – es waren nur 50 Gramm im Ganzen. Aber für 30 Gramm konnten wir später eine Ausweisung aus Hindenburg (Bestechung des polnischen Beamten) kaufen.«[7]

Johann Eckert hatte wenigstens einen deutschen Namen. Als aus dem Volksempfänger Hitlers Gebrüll ertönte: »Wir müssen das gesamte polnische Volk bis zum letzten Mann ausrotten, so wie wir die Juden ausrotten!«, wollten manche Schlesier lieber nicht zugeben, dass sie Verbindungen nach Polen hatten.[8] Auch Johann, als ein Mensch des Grenzgebietes – wo die Menschen ein wenig beiden Ländern angehören und ein wenig staatenlos sind –, beschloss, dass es am sichersten war, sich an denjenigen zu halten, der gerade an der Macht war. Im »Dritten Reich« hielt er sich also an die Deutschen, doch er war jederzeit bereit, sich im Falle eines Falles polnische Dokumente zu organisieren. Er war ein Opportunist, der im Leben nur an sein eigenes Wohl dachte. Sein Sohn würde zu einem Kosmopoliten und Anarchisten heranwachsen, der äußerst unverbindlich an die Frage der Nationalität herangeht:

»Nationalbewusstsein ist philosophisch gesehen Idiotie. Die Nationalität bekommt man durch Zufall, ungefragt aufgezwungen durch den Ort, wo man zufällig geboren wird. Darauf kann man nicht stolz sein. Mit der Taufe ist es genauso ähnlich«, wird Janosch nach Jahren sagen.

Schon seit August 1939 versammelten sich die Streitkräfte der Wehrmacht in der Nähe der deutsch-polnischen Grenze bei Ruda. Bald brach der Krieg aus.

»Die deutschen Soldaten fuhren bis an die Zähne bewaffnet auf Lastwagen durch Poremba und räumten die Schlagbäume weg. Kolonnen über Kolonnen rollten durch die Hauptstraße.«

Bald bekam auch Johann als Reservist seinen Einberufungsbefehl und wurde ins Reich eingezogen. Ab und zu kam er auf Heimaturlaub. Obwohl er die deutsche Uniform nicht freiwillig trug, schaffte er es, den Schein zu wahren.

Einmal hatte Johann sogar ein Gedicht aus Anlass von Hitlers Geburtstag verfasst:

»Der Herrgott hat ihn uns gesandt

Zu retten unser Vaterland

Sieg Heil, Führer, wir danken dir!«

Obwohl alle Familienmitglieder auf dem Papier deutsche Staatsbürger waren, konnten die Eckerts nicht ruhig schlafen. Die Kriegszeit war für die Familie besonders schwer. Der Zwiespalt zwischen zwei Nationalitäten, Armut, Angst vor den Nazis und Diskriminierung der geisteskranken und missgebildeten Kinder stifteten in der Familie Eckert Unruhe. Jeden Tag konnte sich ihr Schicksal ändern. Die schwächeren Kinder aus Horsts Schule verschwanden spurlos, und die Nachbarn hetzten sich gegenseitig auf.

In der Nähe wohnte ein gewisser Hecht, ein Altwarenhändler. Er hatte nur ein Bein und im Kopf eine Silberplatte – ein Überbleibsel aus dem Ersten Weltkrieg. Er lebte in einem riesigen, aus Holzbrettern gezimmerten Schuppen, in dem er eine Menge wunderbares Spielzeug aufbewahrte. Er verkaufte es für Kaninchenhäute: Wer ihm ein Stück Fell brachte, egal wie klein oder löcherig, konnte sich etwas aussuchen. Hecht schaute sich die Felle gar nicht erst an, warf sie nur auf einen Haufen, der unausweichlich weiter wuchs. Horst liebte es, in Hechts Laden herumzuschleichen und nach interessanten Dingen zu forschen. Der Mann hatte ein gutes Herz und drückte ein Auge zu, wenn die Kinder ein Spielzeug mitgehen ließen. Dann rauchte er nur in Ruhe seine Zigarre und tat, als würde er es nicht bemerken.

Später fackelten dieselben Kinder, nachdem sie in die Hitlerjugend gekommen waren, seine Scheune ab. Mit seinem einen Bein hatte es Hecht nicht nach draußen geschafft und starb in den Flammen.

»Man hat diesen Fall nicht einmal verfolgt. Nur den Platz eingeebnet«, erinnert sich Janosch bitter.[9]

Einige wenige, wie der Nachbar August Lux, hatten mehr Glück. Herr Lux war Invalide:

»Der war ein wenig verwachsen, der Kopf zu groß, ein Sprachfehler, und er war ein ungewöhnliches Genie (das gibt es bei den sogenannten ›Behinderten‹: Ein Fehler im Gehirn macht ihnen Bereiche zugänglich, die wir ›Normalen‹ nicht erreichen, z.B. in der Musik und in der Physik.)

August Lux wurde unter Hitler sofort wegen seines genialen Verstandes Kreisleiter in Saybusch. Kreisleiter war so viel wie Gouverneur. Er kam danach in russische Gefangenschaft und wurde dort, weil er ein genialer Musiker und hochintelligent war, sofort Lagerkommandant und Kommunist. Geniale Menschen können ohne Bedenken auch geniale Verbrecher werden, die Moral gilt nicht mehr in den höheren Zonen.

Lux wurde in Russland entlassen und trat in Deutschland als geheimer Kommunist sofort in die SPD ein. Die SPD hatte damals kommunistische Tendenzen. Als die CDU an die Macht kam, wechselte er sofort in die CDU und wurde Bundestagsmitglied mit persönlichem Personenschutz, Leibgarde. Im Alter bekam er als Bundestagsabgeordneter eine sehr hohe Rente. Das war damals eine oberschlesische Laufbahn.«

Der kleine Horst hatte Angst vor Machtmenschen. Als er elf Jahre alt war, hatte ihn ein SS-Mann für die Adolf-Hitler-Schule zugeteilt, doch Horst lehnte ab. Das war eine bei ihm seltene Geste der Courage, denn er sagt von sich selbst, dass er nie mutig gewesen sei. Schließlich gab Horst nach. Es war keine Zeit für Rebellion.

Eines Tages wurde der Junge von einem »Sonderkommando«, also zwei 13-Jährigen von der Hitlerjugend, zu Hause abgeholt. Er wurde gezwungen, wie viele andere Jugendliche, im Dienst zu erscheinen.

Im »Cholonek« wird das gleiche Schicksal dem kleinen Adolf, dem Alter Ego des Autors, zuteil:

»Von zehn bis vierzehn: Jungvolk, vierzehn bis achtzehn: Hitlerjugend. Jungzug vier, der Größe nach als Zweitgrößter im ersten Glied vorne, bei den Uniformierten.«[10]

Die Uniform war ein gelbbraunes Hemd, eine schwarze Hose und ein schwarzes Tuch mit einem Lederknoten. Im Winter eine schwarze Mütze, dazu ein schwarzes Fahrtenmesser, das man an einem Gurt um den Bauch trug. Ohne eine Armbinde, denn eine solche trug man erst ab dem vierzehnten Lebensjahr, und Horst war damals beim Jungvolk. Heute erinnert er sich:

»Im Jungvolk wurde nur geübt: marschieren, sich auf die Erde werfen, an den Feind anschleichen, den Feind im Kampf besiegen. Schießen gab es nur für Größere. Das Gewehr gehörte der HJ, niemand hatte ein eigenes Gewehr.

Eine Uniform hatte nur die Hälfte von den Jungen. Die anderen hatten kein Geld, sich eine zu kaufen. Es kämpften nur die mit Uniform gegen die Zivilisten. Die Uniform durfte man nicht verunehren, z.B. außerhalb vom Hitlerjugend-Dienst tragen.

Die Hitlerjugend war für mich die Hölle. Ich galt als ›körperlich behindert‹, wegen des Herzfehlers. Ich konnte z.B. nicht weiter laufen als 10 Meter. Das war die Hölle. Ich wurde als Krüppel ausgegrenzt. Und wenn ich zu schwach war, musste ich mich an den Zaun stellen. Zusammen mit anderen Krüppeln.

Das Leben war für mich die Hölle.«

Die gesetzlich geregelte »Jugenddienstpflicht« war an zwei Tagen pro Woche abzuleisten. Diese Kinderdressur hatte einen bestimmten Zweck, der Horst schon früh bewusst wurde:

»a) der deutsche Mensch sollte ein Herrenmensch sein und die Welt beherrschen. Er wurde in der HJ darauf dressiert. Hart wie Kruppstahl, zäh wie Leder und flink wie ein Windhund – so hieß das Ziel.

b) es sollte eine Oberschicht und eine Unterschicht geben. In der HJ wurde beides sortiert. Man merkte mit der Zeit, wer sich eignete, Obermensch, also ›Führer‹ zu sein. Die aus der Unterschicht mussten ohne zu denken gehorchen und wurden verheizt. Im Krieg als Fußvolk nach vorne getrieben.

Ich war damals 12 bis 13 Jahre alt. Ich war nach einer Operation im Alter von 3 Jahren durch die Narkose mit Äther geschädigt (nach Äthernarkosen bleibt ein Herzschaden auf Lebenszeit zurück).

Ich konnte beim ›Exerzieren‹ nicht lange mitmachen und fiel manchmal um. Solche wurden dann besonders hart ›geschliffen‹, damit sie alles aushalten, zäh wie Leder. Die ganz Schwachen wurden ausgesondert, manche kamen in ›Sonderkompanien‹ – ganz Schwache oder Behinderte nahm man auch von der Familie weg. Sie kamen in Sonderschulen und verschwanden dann aus der Welt.«

Janosch hatte Angst vor der Hitlerjugend und hasste sie aus ganzem Herzen, wie das gesamte »Dritte Reich«. Später wird er sagen:

»Es ging mir immer nur um die Freiheit. Kein Staat darf mich in den Krieg zwingen. Viel später beschäftigte ich mich ernsthaft damit, eine Stiftung zu Gunsten der Deserteure aus dem Nazikrieg zu gründen. Für mich waren sie die Helden. Dazu gehörte mehr Mut, als die Bewohner eines Dorfes zu ermorden und dafür das Ritterkreuz zu bekommen.«[11]

VI

Es ist bis heute nicht ganz klar, wie es geschehen konnte, doch Janosch hat zwei Schulklassen übersprungen. Er hatte die Volksschule am Friedhof nie beendet, stattdessen wurde er auf der städtischen Oberrealschule für Jungen am Kamilianerplatz aufgenommen, wo er sein Abitur ablegen sollte. Doch aus diesen Bildungsplänen wurde am Ende nichts.

Die Familie musste sich im Luftschutzkeller verstecken. Sie saßen unter der Erde und mussten sich zitternd den Donner der Kanonen anhören. In solchen Momenten fühlte Janosch, dass der Tod unterwegs und das Ende möglich war:

»Ich erinnere mich sehr gut. Eine endlose Kolonne von Panzern und Lastwagen, voll mit deutschen Soldaten, fuhr nach Ruda über die Grenze; und sie sangen Kriegslieder. Die Frauen und Mädels schmückten die Autos und Soldaten mit Blumen, gaben ihnen ihre Adressen und küssten sie, so viel wie möglich war. Die alten Leute von Hindenburg gingen nicht aus dem Haus und fürchteten sich.«

In der Luft hing der Geruch nach Niederlage, die russische Armee stand vor der Stadt.

Am 24. Januar 1945 hatten die Russen Hindenburg eingenommen. In der Stadt brach Panik aus.

»Wir sind Polen, die können uns nichts tun«, wiederholte

Großmutter Maria Godny, doch sie ging mit den anderen in den Keller und verbarrikadierte die Tür. Die Bewohner, die entdeckt wurden, mussten eine weiße Fahne hissen, sonst warfen die Russen Handgranaten in die Keller.

Die russische Armee wütete in der Stadt, plünderte die Geschäfte, schoss grundlos auf Zivilisten und vergewaltigte die Frauen.

»Wenn eine von den Russen unfreiwillig vergewaltigt wurde, war sie für die anderen schon so gut wie tot. Und bei freiwillig erst recht«, erklärt Janosch.

Die Verbrechen der permanent betrunkenen Rotarmisten wird er später im »Cholonek« beschreiben:

»Die Kampftruppe waren Kalmücken zwischen fünfzehn und achtzehn. Glatzköpfig und voller Angst schossen sie herum, erschossen unnötig etliche Zivilisten und stanken von weitem schon nach Autoöl und Schweiß. Die alten Russen in den Wattejacken waren wie Bären, hatten rote Gesichter, fraßen trockenes Brot, soffen, was sie fanden und mampften sich an den Weibern fest.

Die Jungs vergewaltigten zu viert und zu fünft, wo es sich ergab, zu zwölft. Zwei hielten die Beine fest, und die anderen bedienten sich, schnell und wie die Hasen, lachten und hauten wieder ab.«[12]

Als das Buch in den siebziger Jahren in Polen erschien, wird die Zensur fleißig alles entfernen, was nicht mit dem sauberen Image des brüderlichen Volkes übereinstimmt. Der Rezensent, ohnehin von »Cholonek« empört, wird sich in der Zeitung »Poglądy« wundern: »Die letzten 40 Seiten des Romans (…), in denen der Autor die Zeit zwischen 1939 und 1951/52 umfasst, muten wie ein Galopp an.«[13]

Horst selbst wird glücklicherweise mit dem Leben davonkommen. Die Russen hatten ihn und seinen Großvater eines Tages geschnappt und an eine Wand gestellt. Schon waren sie bereit, die Schüsse abzufeuern, als rechtzeitig Großmutter Maria erschien.

»Hast du denn keine Mutter?!«, schrie sie einen der Soldaten an.

Dieser zeigte sich peinlich berührt, senkte das Gewehr, und sie gingen davon.

Ein Echo dieser Szene wird eines Tages in Janoschs Stück »Zurück nach Uskow« auftauchen:

»Ich war dreizehn, als ich an die Wand gestellt wurde:

›Iddi sjuda!‹

Die Kalaschnikow wurde durchgeladen, aber dann ging der Kalmücke – kahlgeschoren waren sie – weiter, es war nur ein Spaß.«[14]

Solche Drohungen hörte Horst noch öfter, bis er aufhörte zu glauben, dass er tatsächlich erschossen werden würde.

»Drei oder viermal sah es damals aus, als wollten die Russen mich erschießen. Auch daran hatte ich mich gewöhnt und nicht geglaubt, dass sie es tun würden. Mir waren die Russen erträglicher als die Nazis. Die Russen erschienen mir als Menschen, mit denen man verhandeln konnte, und die Nazis waren automatische Schweine in Stiefeln.«

Er wird später in seinem Roman »Von dem Glück, als Herr Janosch überlebt zu haben« im Gespräch mit seinem fiktiven Biographen, dem polnischen Journalisten Jan Skral, hinzufügen: »Einigen wir uns darauf: nicht jeder Mensch ist eine Sau, aber das Tier Mensch ist es. Politische und religiöse Anführer. Banker. Wirtschaftsleute, Machtbesessene, primitive Soldaten, die für eine Weile die Macht über Leben und Tod haben. Bestien, Skral, sie werden zu Bestien, wenn man ihnen nur ein Fünkchen Macht gibt.«[15]

Im Mai 1945 begann der 14-jährige Horst in Hindenburg eine Lehre als Schlosser: In der Schlosserei von Maksymilian Fiszer lernte er die harte Arbeit kennen.

Horst als 14-Jähriger.

»Das Gebäude in der Pawliczkastraße war grau, sehr alt, nur im Erdgeschoss eine große Werkstatt, damals schon eine Ruine, gedeckt mit Dachpappe. Im hinteren Teil war eine Esse (zum Schmieden).«

Dort verbrachte der Junge insgesamt über 13 Monate, mit einem Monatslohn von 700 Gramm Brot. Fiszer war ehemaliger Schiffsmechaniker, ein alter Bekannter von Johann, ein Störenfried und Abenteurer. Bei Fiszer gefiel es Horst ausnehmend gut: Er lernte, Gitter und Tore herzustellen, aber vor allem, wie man Schlösser aufbrach und Tresore knackte.

»Wir haben Wohnungen und Geldschränke der Nazis für die neuen Polen aufgebrochen und neue Schlüssel gemacht. Die Arbeitszeit war 10–12 Stunden am Tag. Das war schwer, aber gesund, Sport ist auch schwer und gesund.«

Diese Zeit beschreibt Janosch als die beste und nützlichste in seinem Leben.

»Man brachte mir den Satz bei: Es gibt nichts, was nicht geht. Davon habe ich mehr gelebt als vom zufälligen Glück«,[16] wird er in einem Interview sagen.

Eine andere Fähigkeit, die er sich bei Fiszer angeeignet hatte, war das Brennen von illegalem Wodka aus Benzin und Zucker. Fiszer trank nicht nur selbst gerne, sondern schenkte auch seinem Lehrling ein – und in jener Zeit war Wodka kostbarer als alles andere.

»Ohne diese fast zwei Jahre in dieser Werkstatt bei diesem Meister wäre ich nicht so gut durch das Leben gekommen«, erzählt er im »Gastmahl auf Gomera« und schreibt dann einige Jahre später an mich:

»Das war das Abenteuer des wahren Lebens pur. Ich habe niemals so viel gelernt wie damals. Die Kirchen waren geschlossen, es gab nicht mehr den katholischen Zwang, die Bedrohung wurde schwächer. Zum ersten Mal in meinem Leben ließ ich mich nicht mehr prügeln und glaubte nicht mehr an die Bibel: ›Wenn dich einer auf die linke Wange schlägt, halte ihm deine rechte Wange hin …‹

Ich schlug zurück. Ab da war ich immer der Sieger.

Als Schlosser lernte ich das Stehlen in der Not. Ich hatte noch Kontakt mit meinem jesuitischen Lehrer, er erlaubte das Stehlen im Notfall. Und wenn es keinen Gottesdienst gibt, begeht man keine Sünde gegen das 3. Gebot. Natürlich

Im Mai 1945 begann der 14-jährige Horst in Hindenburg eine Lehre als Schlosserlehrling.

war mein Verstand kleiner als der Verstand einer Wanze. Der Mensch besteht zu 95% aus seiner Erziehung. Dieser ganze katholische Blödsinn lastete noch 20 Jahre auf mir wie ein Stein.«

Die Oberrealschule hat Horst nicht mehr abgeschlossen; der Zweite Weltkrieg war zu Ende und die Familie musste Hindenburg, zu diesem Zeitpunkt schon Zabrze, 1946 verlassen.

Ihr damaliges Mietshaus in der Schlageterstraße, gegenüber vom Lichtspielhaus, war abgebrannt. Die Russen hatten das Haus abgefackelt, zusammen mit all den Besitztümern, Souvenirs, den Goethes und dem von einem jüdischen Geschäftsmann auf Raten gekauften Klavier.

Obwohl die Familie mit ihren in einem Sack verstauten Habseligkeiten in einer leerstehenden Wohnung unterkommen musste, konnte sich Janosch vor Freude nicht mehr einkriegen: Der Ort seiner Qualen, wo ihn die Mutter bis zur Bewusstlosigkeit verprügelte und der Vater soff wie ein Loch, von wo aus er in die verhasste Kirche und zur Hitlerjugend geschickt wurde, dieser Ort existierte nicht mehr. Das Einzige, was ihm leidtat, war der beim Hausbrand gestorbene Vogel im Käfig.

Doch von nun an gab es weder die Hitlerjugend noch Hitler selbst.

Vom Erdboden verschwand auch ein anderes verhasstes Gebäude: die Heiliger-Geist-Kirche: Die russischen Soldaten hatten sie aus Rache für einen ihrer verletzten Kameraden angezündet.

Horst Eckert besaß nun nichts mehr und fühlte sich endlich frei. Dies waren die schönsten Augenblicke in seinem Leben. Adolf Cholonek, sein literarisches Alter Ego, wird in dem Nachkriegs-Chaos sein Leben verlieren, erschlagen von seinen ehemaligen Schulkameraden, die sich an dem »Sohn eines reichen Schweins« rächen wollten. Auch Horst wurde einst von einer Bande mit Steinen in den Händen gejagt, doch er hat überlebt.

1946 war die Stadt bereits unter polnischer Verwaltung und hieß Zabrze. Die Rote Armee schickte die verbliebenen deutschen Bewohner in Bergwerke der UdSSR. Viele kehrten nie wieder zurück. Janoschs Familie zog von Ort zu Ort, mit ihrem ganzen Besitz (Federbetten und etwas Bekleidung) in Säcken; sie übernachteten in verlassenen, stinkenden Wohnungen und verließen sich auf die Freundlichkeit und Hilfsbereitschaft fremder Menschen. Janosch erinnert sich an eine Polin, die ihm Graupen zu essen gegeben hatte.

Die letzte Hindenburger Spur ist die Wohnung von Hildegards Schwester, Elżbieta Klin, in der Kowalska-Straße 1a. Als nach dem Krieg Gestrandete aus ganz Polen auf der Suche nach einem Lebensraum und Arbeit nach Zabrze kamen, bekam Elżbieta eine Stelle als Haushaltshilfe bei einem polnischen Arzt.

Ihre Beziehung wurde bald sehr innig, und so nutzte Elżbieta die Chance und ließ sich ein Dokument ausstellen, in dem ihr Vater als geisteskrank diagnostiziert wurde. So konnte sie ihn in eine Anstalt einweisen lassen und seine Wohnung übernehmen. Die Tochter verkaufte seine ganzen Möbel und den letzten Anzug – und als Paweł schließlich aus der Klinik zurückkam, besaß er gar nichts mehr.

Elżbieta trank gut und gerne und starb schließlich im Delirium. Kurz zuvor war sie am Bahnhof in Zabrze gesehen worden, wo sie mit gerafften Röcken herumrannte und nach ihrer Mutter schrie.

VII

Die Stadt wurde nun von den Polen regiert. Es begannen Verifizierungsverfahren und der Prozess der Repolonisierung Oberschlesiens. Vertriebene aus ehemaligen polnischen Ostgebieten kamen in die Stadt; für sie alle musste ein Dach über dem Kopf gefunden werden.

Wer von den alten Einwohnern als Pole anerkannt wurde, durfte in Zabrze bleiben. Den Deutschen wurde befohlen, das nötigste Hab und Gut zu packen, woraufhin sie in Güterzüge verladen und in den Westen ausgesiedelt wurden. Die Eckerts wussten, dass sie wegmussten und hofften, in Deutschland bald auf eigenen Beinen zu stehen:

»Im polnischen Zabrze gab es keine Möglichkeit mehr, zu leben. In Deutschland bekam man als Flüchtling etwas Hilfe. Und Arbeit. Und es gab Lebensmittel. In Zabrze gab es 1946 nichts. ›Obywatelstwo‹, also die Staatsbürgerschaft zu bekommen, war schwierig. Zwar waren wir von der Abstammung her polnisch, aber danach deutsch. In Deutschland konnte man besser leben. Oberschlesier sind keine Fanatiker, sie gehen dorthin, wo man besser leben kann«, wird Janosch in einem seiner Briefe an mich zugeben.

Der Vater besaß ein wenig Gold, das er von einem gewissen Schejok gekauft hatte. Alle wussten, dass es jüdisches Gold war – zwar schwor Schejok, die Juden hätten es ihm freiwillig gegeben, doch es war allgemein bekannt, dass er es den KZ-Opfern gestohlen hatte. Dank des Goldes besorgte sich die Familie Eckert 1946 bei einem Beamten ein falsches Dokument für die Ausweisung. Darin wurde bewiesen und bestätigt, dass sie deutscher Herkunft seien, und so konnten sie Polen verlassen. In Hindenburg hatten sie alles verloren. Schlimmer als hier kann es nirgendwo sein, dachten sie.

Der letzte Ort in Zabrze, den Janosch noch in Erinnerung hat, ist der Bahnhof. Von da an begann für ihn ein neues Leben. Der Abschied von der Stadt fiel Horst schwer. Zwar freute ihn das Nachkriegs-Chaos, das Gefühl der Freiheit, des Loslassens aller Bindungen, vor allem der Bindung an das katholische Zuhause im nationalsozialistischen Deutschland. Doch er ging schweren Herzens, denn er musste die geliebten Großeltern Paweł und Maria verlassen, ihr Grubenhaus im Ciupkaweg (nun ulica Piekarska), seinen magischen Guido-Wald ...

»Es gab Angst und Panik bei denen, die es für möglich hielten, dass es nach Sibirien geht. Die Leute mit der Hoffnung, dass es in den Westen geht, freuten sich. Viel schlimmer als in Zabrze unter den Polen konnte es auch nicht kommen. Dachten manche. Jeder dachte so, wie er veranlagt war.

Meine eigene Stimmung war Abenteuerlust. Mir hat die chaotische Zeit sehr gut gefallen, alles war besser, als katholisch im Nazi-Deutschland mit einem besoffenen Vater zu leben.«

Kapitel 4

Talentlosigkeit

»Ich hatte es nicht aufgegeben, Maler sein zu wollen – hauptsächlich, um Mädels zu kriegen.«[1]

I

Die Eckerts verließen Schlesien im Juni 1946. Ihr Bestimmungsort war Oldenburg in Niedersachsen, eine Stadt in der britischen Besatzungszone. Angeblich – denn niemand konnte sich bis zum Ende sicher sein, wohin er tatsächlich gebracht werden würde. Der Güterzug fuhr ins Unbekannte.

»Wo der Zug stehenblieb, war Ankunft. Wie Gott es so wollte. Oldenburg. Krefeld war [später] nur ein Zufall, es gab einen Eisenbahnzug von Oldenburg nach Krefeld ohne Umsteigen. Ich fuhr mit einem Koffer aus Pappe nach Krefeld.«

In einem Waggon saßen etwa dreißig Personen; die tagelange Reise nach Deutschland in Richtung Westen war sehr anstrengend. Die Eckerts hüteten ihr Brot und den Speck von den Großeltern wie ihren größten Schatz. Zum Bahnhof waren sie barfuß gekommen, mit ärmlichem Gepäck, nur etwas Kleidung und Bettzeug.

Während der Fahrt erkrankte Janosch und bekam »eine Art Typhus«. Er ging vor Schmerzen fast ein. Aus Mangel an Medikamenten versuchte der Vater, ihn mit dem einzigen Mittel zu behandeln, das er dabeihatte: Schnaps aus Zuckerrüben. Der 16-Jährige soff mit dem Vater um die Wette – und irgendwie gelang es ihm, diese riskante und unverantwortliche Kur zu überleben.

Johann litt zu der Zeit selbst an Tuberkulose, und so gelangten Vater und Sohn nach Bad Zwischenahn (einem Ort bei Oldenburg) ins Krankenhaus. Doch sie wurden wieder weggeschickt, mit Gelbsucht und Leberentzündung:

Die Klinik war privat, gehörte einem lokalen Arzt, der nur

Patienten behielt, die ihn mit Naturalien bezahlten. Und die Eckerts hatten nichts, im Gegensatz zu den Bauern, die ihn beispielsweise mit Schweinefleisch bezahlten. Das Schlimmste konnte zwar abgewendet werden, doch diese Leberkrankheit sollte Janosch auf Lebenszeit behalten; sie ist heute noch feststellbar.

In Bad Zwischenahn, einer malerischen Kurortgemeinde, an einem fischreichen See gelegen, sollten sie die nächsten paar Jahre verbringen, von 1946 bis 1952. In der schönen Landschaft zwischen Wäldern und Wiesen waren die Erinnerungen an den Schrecken des Krieges und das Elend etwas leichter zu ertragen. Vor allem Horst, der ja Indianer und Förster werden wollte, war hingerissen von der wilden Natur, voller Sümpfe und Moore, die so anders war als seine alte Heimat mit den Arbeitersiedlungen und Bergwerken.

In der Stadt lebten damals einige Tausend Flüchtlinge und Vertriebene, darunter über Tausend Ausländer. Janoschs Familie kam bei einem Bauern unter:

»In einem Hühnerhaus auf Stroh, keine Wasserleitung im Haus, Moorwasser aus der Erde und Regenwasser aus einer Tonne, auch zum Kochen und Trinken. (...) Etwas Nahrung bekamen wir auch von den Behörden zugewiesen, ansonsten gingen wir betteln.«

Manche Bauern gaben ihnen etwas Fallobst oder Kartoffeln ab.

Derweil erreichte sie die Nachricht, dass Hildegard Eckert und ihr Nachwuchs als polnische Staatsbürger anerkannt worden waren – wahrscheinlich wegen der Tatsache, dass viele ihrer Verwandten aus polnischen Gebieten wie Bielszowice oder Królewska Huta stammten.

Wahrscheinlich zu dem Zeitpunkt, als die Familie auf dem Weg in den Westen war, wurde das Dokument an ihre alte Adresse zugestellt. Hildegard hatte den Antrag noch im Juli 1945 gestellt, aus Angst vor der Zwangsdeportation. Dieses

Dokument hätte die Familie vor der Vertreibung aus Oberschlesien geschützt. Doch so gelangte das Schreiben in die Kowalska-Straße, zu Hildegards Schwester Elżbieta.

Auf dem Papier, das der erste Nachkriegs-Oberbürgermeister von Zabrze Paweł Dubiel unterzeichnet hat, steht oben in ungelenker Handschrift: »Ins Reich verreist«.

II

Ein noch erhaltenes Dokument bezeugt, dass auf einem Bauernhof in Bad Zwischenahn in der Peterstraße 40 zwischen 1946 und 1952 vier Vertriebene aus Oberschlesien gelebt haben: Hildegard, Johann, Horst und Christian Eckert. Bei der Ausreise aus Hindenburg war der kleine Bruder vier Jahre alt.

»Als mein Bruder geboren wurde, war mein Vater im Krieg. Deswegen musste mein Bruder seinen Suff nicht ertragen. Er wurde wenig ›behandelt‹, meine Mutter hatte andere Sorgen, er war nur vorhanden.

Später nach dem Krieg lief er so nebenbei mit. Er war nur da, nahm keine Arbeit an. Er war unerträglich in jedem Benehmen, wurde gelegentlich verprügelt. Mein Vater geriet in Wut, wenn er ihn sah, und tobte und brüllte. Wir machten nie irgendetwas zusammen, er war für nichts geeignet.

Später klaute er aus der Kasse des Cafés, welches meine Eltern in Bad Zwischenahn betrieben, Geld – und verspielte es in einer kleinen Spielbank. Er lernte keinen Beruf. Ich besorgte ihm einen Job in einer Stofffabrik, wo ich in ›gehobener‹ Stellung arbeitete. Man warf ihn bald hinaus, er ging nicht zur Arbeit, in seiner Wohnung war so viel Dreck, dass man ihm kündigte.

Er betrieb dunkle Geschäfte, besorgte mir z.B. einen Revolver. Ich wollte mich damals erschießen wegen unerträglicher

Der junge Horst in Bad Zwischenahn.

Schmerzen, verschob es aber von einem Tag zum anderen bis zu einer Operation.«

Christian war zwei Mal verheiratet und hat aus diesen Beziehungen zwei Kinder. Heute lebt er in der Nähe von Augustfehn von der Sozialhilfe und fühlt sich wohl. Angeblich ist er auch Maler. Janosch schickte ihm regelmäßig Geld. Christian nahm es an, beantwortete aber keinen von seinen Anrufen, obwohl Janosch teilweise jeden Tag anrief.

»Er war und ist ein sehr armer Hund. Meine Mutter sagte, das alles hätte er von der Familie meines Vaters geerbt.«

III

Die Armut und die Krankheiten hatten Janosch nicht so geprägt wie der Hass und der Groll innerhalb seiner Familie.

»Ich habe meine Mutter lange gehasst, wie ein Welt-Unheil. Ich wollte nie mit ihr überhaupt zu tun haben. (…) Ihre beiden Schwestern waren ähnlich. Wenn sie auf der Straße vorbeigingen, grüßten sie sich nicht, auch sie hassten sich untereinander.

Ich versuche, sie nicht mehr zu hassen. Für einen Buddhisten gibt es keinen Unterschied zwischen Richtig und Falsch. Aber sie hat mir ihre Gene aufgedrängt. Ich versuche mein Leben lang, diese Verwandtschaft (Godny) aus dem Kopf zu entfernen. Ausgenommen der Quartalssäufer Großvater Paweł Godny. Er war ein Opfer, niemals bösartig. Alle anderen aus dieser Abstammung waren bösartig und giftig wie Pilze.«

Den heranwachsenden Horst liebte die Mutter auf eine »blödsinnige Art« und kaufte ihm allerlei Geschenke. Janosch hat keines davon angenommen – mit Ausnahme einer kratzigen Jacke mit Fischgrätmuster, die Hildegard für stolze

87 D-Mark im Bekleidungsgeschäft Bruns in Oldenburg kaufte.

Die Eckerts siedelten sich schließlich in der Nähe von Oldenburg an. Als bessere Zeiten aufkamen, machten sie in Bad Zwischenahn ein Café auf, bei dem bekannten Restaurant »Spieker«. Das charakteristische Fachwerkgebäude der pittoresken Gastwirtschaft wird Janosch oft malen. Johann kaufte eine Eismaschine und schickte den älteren Sohn an den Strand vom Zwischenahner Meer, damit er dort das Eis verkaufte. Und weil Horst die Kugeln sehr schnell und fachmännisch auf die Waffeln tun konnte, hielt er sich für einen großartigen Verkäufer.

Christian heiratete später Marianne, ein Mädchen so gutherzig wie unselig. Er lebte mit der Ehefrau im Haus seiner Eltern. Marianne war die Frucht einer Vergewaltigung eines deutschen Mädels durch einen amerikanischen Soldaten. Hildegard wiederholte permanent, dass aus jemandem mit so einer Abstammung kein brauchbarer Mensch werden konnte, und demütigte die Schwiegertochter auf Schritt und Tritt. Jahre später wird Marianne, ohne Geld und Gepäck, in ihrer Verzweiflung zu ihrem Schwager Janosch nach München flüchten:

»Sie musste bei meinen Eltern unter Aufsicht wohnen und floh in der Nacht und unsagbarer Verzweiflung aus dieser Familie mit dem Zug. Sie fuhr zu mir nach München und schlief auf dem Boden, weil sie nicht bei mir im Bett schlafen wollte. Ich hatte nur ein Bett.

Das Unglück war größer, als Gott sein könnte. Sie hatte nichts dabei, leere Hände, kein Geld, keine Bekleidung, nur das, was sie am Leib hatte.

Am nächsten Tag ging sie sofort eine Arbeit suchen, weil sie von keinem Hilfe annehmen wollte, und arbeitete gleich in einem Caritas-Kinderheim. Ein Ausländer wurde ihr Freund,

und weil sie sofort von dem schwanger wurde, prügelte er sie so lange, dass sie daran bald starb.

Von all dem erfuhr ich erst nach ihrem Tod. Das alles ist viel schlimmer, als man sich ausdenken kann. Wenn Christus jemals existierte und wiederkommen wollte, dann war er dieses Mädel.«

Eines Tages besuchte Tante Neschka, Vaters Schwester Agnieszka, die Familie Eckert. Die Mutter durchsuchte heimlich all ihre Sachen: Gepäck, Manteltaschen, wühlte sogar in der Unterwäsche. Sie wollte sichergehen, dass Neschka ihnen nichts klaute. Am letzten Tag, bei der Abreise, hatte Agnieszka dasselbe dabei, was sie bei der Anreise bei sich hatte – Butterbrote und ein paar Orangen.

»Schaut euch diese ›chacharen‹ an, fressen sich bei uns voll, und ihre eigenen Orangen verstecken sie und nehmen sie dann wieder mit!«, zeterte Hildegard. Sie konnte die armen Leute aus der Familie ihres Mannes nicht ausstehen, alleine der Nachname Eckert war für sie wie eine Beleidigung. Sie konnte lediglich Willusch, also Cousin Wilhelm, einigermaßen leiden, der behindert war und gutmütig »wie ein totes Karnickel«.

Eines Tages gelangten Nachrichten über den Großvater Paweł Godny nach Bad Zwischenahn. Nach der Rückkehr aus der psychiatrischen Klinik kümmerten sich die andere Schwester von Hildegard, Mikla (Maria), und ihr Mann Jerzy Janoschka um ihn. Der an Alzheimer erkrankte Paweł benötigte immer intensivere Pflege, bis ihn schließlich Maria zu den Borromäer-Nonnen brachte. Diese wiederum überwiesen ihn an ein Heim in Cieszyn, wo er dann starb.

Als Janosch nach München zieht und später nach Teneriffa, wird er den Kontakt mit den Eltern nicht abreißen lassen. Sie werden miteinander telefonieren, bis zu ihrem Tode. Johann wird 80 werden, Hildegard 82.

IV

Horst Eckert, ein Teenager ohne Abitur und mit nicht abgeschlossener Lehre als Schlosser, wird in Oldenburg Arbeit in der Baumwollspinnerei von Ripken finden, als Maschinenreiniger.

Jeden Tag um sechs Uhr morgens ging der magere Junge in abgerissener Kleidung und in Militärschuhen im Dunkeln, bei Regen oder Nebel, durch das Moor über einen Sandweg zum Bahnhof in Kayhauserfeld. Die Strecke betrug drei Kilometer. Vom Bahnhof aus fuhr er mit einer armseligen Bummelbahn drei Stationen, dann mit einem Fährkahn über den Kanal und ging anschließend noch zwanzig Minuten zu Fuß, um zur Spinnerei zu gelangen. Abends legte er erschöpft denselben Weg wieder zurück.

In dieser Bahn sangen die zur Arbeit fahrenden Frauen immer »Wenn bei Capri die rote Sonne im Meer versinkt«.[2] Horst setzte sich immer in denselben Waggon, um ein Mädchen zu beobachten, das ihm gut gefiel; doch er traute sich nicht, es anzusprechen.

In der Fabrik ging es ihm gut, wenn er auch wenig zu essen bekam, nur einen »Blechtopf mit Mais im Wasser gekocht«. Die Arbeit hatte aber seinen Ehrgeiz geweckt. Janosch wollte nicht, dass die Baumwollspinnerei zur Endstation seiner Ambitionen wurde.

»Ich wollte aus der Fabrik raus oder wenigstens Meister werden, weil diese Zahnräder offen liefen und nicht selten jemand mit den Fingern dazwischen kam.«

Hier fielen Horst Textilzeichnungen in die Hände, und er begann davon zu träumen, eine Textilschule zu besuchen. Für die Aufnahme erfüllte er jedoch keine der Bedingungen, weil er weder die Schule noch eine Lehre abgeschlossen hatte.

»Kein Lichtblick für die Zukunft«, kommentierte er.

Eines Tages bemerkte der Direktor seine abgelaufenen Treter und schenkte ihm daraufhin ein Paar amerikanische Soldatenschuhe. Auch die Mitarbeiter waren nett zu ihm: Die Mädels in der Fabrik haben viel »geschweinigelt« und flirteten mit ihrem attraktiven jungen Arbeitskollegen. Doch er war so scheu, dass er nicht darauf einging, er hatte zu viel Angst.

Zu stark war noch die Beeinflussung durch die Eltern, Lehrer und Priester, die ihm allesamt eingeredet hatten, es sei eine Schande und Sünde, sich mit Mädchen abzugeben. Deswegen hatte Horst in seiner frühen Jugend keine Freundinnen gehabt – und auch später verlief sein Liebesleben nicht gerade rosig.

Die Mädchen, diese verbotene Frucht, faszinierten ihn jedoch sehr. Schon von klein auf. Er erinnerte sich an die freche Marianne aus Hindenburg, die ihn in den Keller gelockt und ihm für fünf Pfennige ihr Höschen gezeigt hatte. Später, in der Volksschule, war er in die pummelige Traudel verknallt, die immer aussah, als würde sie lächeln. Doch Horst hatte keinen Mumm und kam nie näher als auf zehn Meter an sie heran.

Diese Angst vor der »sündigen Eva« würde ihn seine ganze Jugend umtreiben.

»Der Teufel war immer hinter mir her«,[3] wird er später kommentieren.

Statt also mit Mädchen herumzumachen, arbeitete er fleißig, um es wenigstens zum Meister zu bringen. Horst wollte unbedingt seine Bildung vervollständigen, um auf die Textilschule gehen zu können. Die Mittelschule in Augustfehn war die nächste Etappe auf seinem Schulweg. Für ein Schulhalbjahr kam er in die letzte Klasse, also die 6. Klasse der Mittelschule. Die mittlere Reife benötigte er, um auf der Textilfachschule studieren zu können. Die freundlichen Lehrer, bei denen er sogar hin und wieder übernachten durfte, ließen ihn zur mittleren Reife antreten und gaben ihm somit eine Chance, sich noch weiter zu bilden.

1949 zog Horst, mit fünfzig D-Mark in der Tasche und einem Pappkoffer, nach Krefeld, um dort eine Ausbildung an der Textilfachschule zu beginnen. Dort würde er nach zwei Jahren den Abschluss als Textilzeichner, damals Dessinateur genannt, erhalten. Der Vater gab ihm monatlich fünfzig Mark – alleine die Zimmermiete ohne Heizung kostete fünfunddreißig Mark, so dass Horst als Nachtwächter in einer Fabrik jobben musste. In der Fachschule gab es immer Mittagessen, von den Amerikanern gestiftet, meistens Mais.

»Am Sonntag konnte ich bei einer katholischen Frau (Kriegswitwe), die drei Kinder hatte, essen. Sie kochte immer Eintopf. Wenn einer mehr mitaß, reichte das Essen dann auch für 5 Personen. Ich habe ihr noch viele Jahre dafür gedankt. Ansonsten arbeitete ich als Nachtwächter und verkaufte Zeitungen. Die Mädels in der Textilschule gaben mir oft ihr Frühstücksbrot.«[4]

Auf dem Klassenfoto ist der schüchterne Junge von einer Gruppe lachender Mädchen umgeben: Jede von ihnen hat eine üppige Dauerwelle oder einen modischen Dutt. Horst blickt direkt ins Objektiv und kneift die Augen zusammen, von der Sonne geblendet.

Horst hatte auch Glück mit den Lehrern. Er lernte das Malen bei Gerhard Kadow, einem Paul-Klee-Schüler. Janosch bezeichnet Kadow als einen guten Menschen und einen geduldigen Lehrer, der ihm das Zeichnen von der Pike auf beibrachte.

Der Lehrer für Wirtschaft wiederum, ein Riese namens Morawiek, brachte ihm die folgende Maxime bei: »Man muss mit den geringsten Mitteln den größten Erfolg erzielen.« So lernte Janosch den zweiten wichtigen Satz, nach dem er sein Leben ausrichtete. Er wird ihn auch im »Gastmahl auf Gomera« erwähnen.[5]

Die Ausbildung erlaubte es dem mittlerweile 20-Jährigen, eine Anstellung in der Firma Niehues und Dütting (heute NINO) in Nordhorn zu bekommen. Er entwarf dort von

1951 bis 1953 Dessins für Textilien und rechnete aus, wie viel und welches Garn man für welche Muster nehmen musste. Dabei konnte er Fertigkeiten gebrauchen, die er von seinem Vater, dem Textilhändler, mitbekommen hatte.

Dem Melderegister zufolge war Janosch am 20. Februar nach Nordhorn gezogen und wohnte dort in der Theodor-Storm-Straße 5, bis er dann weiterzog.

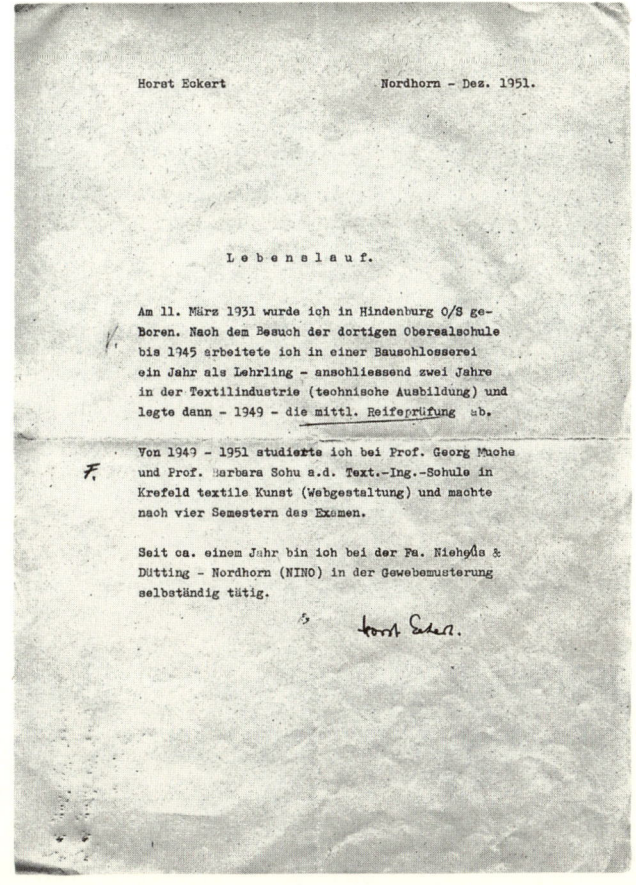

V

Janosch verreiste gern nach Frankreich, wo er nach Inspiration suchte. Er saß gerne in den Kneipen von Saint Tropez, bis zugemacht wurde, malte seine Bilder und war permanent auf der Suche nach etwas:

»Ich war auf der Suche nach irgendeinem Begreifen, welches ich aber nicht benennen konnte. Sei es das Begreifen der Welt oder des Drehbuches des Welttheaters an sich. Im Grunde war ich wahrscheinlich immer auf der Suche nach einer Frau, die sich mir hingäbe.«

»In Paris suchte ich immer ›freundlichen‹ Kontakt mit Mädels. In Paris und in der Kunst. Ich dachte, dort ist man mit der Sitte nicht so streng. Das war kein Irrtum. Leider war mein polnisches Benehmen ohne Eleganz, ich konnte kein Mädel für das gewinnen, was ich wollte. Kunst erlernte ich erst später. Eleganz niemals.«

1951 wohnte Janosch in der Rue de la Fontaine-au-Roi, in einem herrlichen Haus aus dem 17. Jahrhundert, gegenüber einem Café, wo angeblich die Mätressen König Ludwigs ein und aus gegangen waren. Mit seinem französischen Freund Gilbert Auzou und dessen Frau Ginette verbrachte Janosch viele lange Abende in dem Café.

Janosch hatte Gilbert, einen ewig fröhlichen Ingenieur, bei einer seiner Autostopp-Reisen kennengelernt, auf einer Straße am Bodensee. Die jungen Abenteurer vereinte die Liebe zur Freiheit und der Wunsch, Europa zu bereisen. Die Sommerbekanntschaft wurde bald zur Freundschaft, und die beiden jungen Männer fuhren zusammen nach Österreich. Noch öfter sollten sie zusammen trampen.

Gilbert Auzou war im Krieg in deutscher Gefangenschaft gewesen und konnte gut Deutsch, seine Frau Ginette jedoch beherrschte die Sprache nicht – dennoch konnten sich die drei Freunde gut verständigen. Zusammen mit anderen Bekannten (Gilbert hatte ein besonderes Talent für Menschen) verbrachten sie viel Zeit auf dörflichen Festen, wo es Unmengen von Essen und Wein gab.

In Paris pflegten die Freunde ebenfalls gut zu feiern. Dort erlernte Janosch das lustvolle Essen und die Kunst der Gastmähler.

»Die Kunst des Essens ist schon die halbe Kunst zu leben«, meint Janosch.

Paris war damals die Stadt der schwarzen Pullover und Baskenmützen, der Diskussionen über die Philosophie des Existentialismus, der Rauchschwaden und der Lieder von Juliette Greco. Nachdem Janosch die Stadt besser kennengelernt hatte und sie ihm allmählich vertraut wurde, bezog er ein Zimmer im Hotel La Louisiane. Das unscheinbare Zwei-Sterne-Hotel in der Rue de Seine, inmitten von Saint-Germain-des-Prés, existiert noch heute. Die Besitzer erzählen, dass sich niemand über die bescheidenen Zimmer ohne jeglichen Luxus beschwert: Dieser wird von der Legende und der imponierenden Liste der bisherigen Bewohner mehr als wettgemacht.

Seit seiner Gründung 1823 war das Hotel ein beliebter Treffpunkt von Intellektuellen und Künstlern. Neben Sartre, der dort ein Appartement hatte, das er nie wechselte und in dem er jahrelang lebte, gab es besonders unter Schriftstellern und Malern einige, die das Wohnen auf Abruf ohne Kündigungsfristen und Scherereien mit Hausverwaltungen schätzten. Simone de Beauvoir hielt das »Louisiane« für einen Ort, an dem sie gerne den Rest ihres Lebens verbracht hätte; auch Antoine de Saint-Exupery hatte einst dort sein Zimmer, genauso wie später Ernest Hemingway, Salvador Dalí, Henry Miller, Lester Young, Miles Davis und Jim Morrison.[6]

Zu jener Zeit, als Saint-Germain-des-Prés der bekannteste Stadtteil in der Welt war, hatte Georges Dudognon Juliette Greco fotografiert, die sich aus dem Bett hervorbeugt, um einen Plattenspieler einzuschalten. Auch sie hatte dort gelebt.

»Es war damals kein Prestige dort zu wohnen, es war nur ein einfaches Hotel für alle Leute. Ich glaube, dass kaum einer wusste, dass Sartre dort gewohnt hat«, erinnert sich Janosch.

»Die Atmosphäre im Hotel war sehr gut und besonders. (…) Das Hotel sah sehr alt aus. Seit 80 Jahren gab es dort keine Änderungen. Man ging in Saint Germain herum und hat im Café gesessen und in der Nacht in einer Kneipe.«

Das Hotel gehörte damals Etienne Blanchot (1934–1999), einem Tänzer, mit dem sich Janosch bald befreundete. Der Familie Blanchot hatte das Hotel seit seiner Gründung gehört. Janosch erinnert sich, dass Etienne, dessen Kindheitsname Steve war (den nur Janosch und die Zofe kannten), immer krank und blass aussah, rote Augen hatte und keinen Alkohol trank. Nach Etiennes Tod gehört das Haus nun seinem Sohn Xavier. An der Rezeption hängt bis heute ein großes Bildnis des Hoteliers und Modern-Dancers.

Etienne erlaubte seinem deutschen Freund, umsonst im »Louisiane« zu wohnen. Tagsüber streifte er auf dem Boulevard Saint-Germain herum, trank einen guten Kaffee, saß an der Seine, besuchte Flohmärkte in den alten Pariser Hallen. Nachts ging er in die Kellerkneipen, in denen damals der Jazz pulsierte. Manchmal malte er, zusammen mit anderen Künstlern, Szenen vom Montmartre. Die Bilder sind jedoch nicht erhalten.

Am meisten interessierten ihn aber die Pariserinnen, doch meist ohne Gegenliebe. Mit seinem polnischen Mangel an Charme kam er bei ihnen nicht weit.

Glück brachte ihm jedoch die Begegnung mit Rahel Rachu, deren Eltern 1936 vor den Nazis nach Paris geflohen waren. Sie war ein jüdisches Mädchen mit wunderschönen braunen Augen. Die Bekanntschaft verwandelte sich bald in eine feurige Liebschaft. Leider währte sie nicht lange.

»Das war meine fünfte Liebe und meine fünfte Todsünde«, wird mir Janosch nach Jahren anvertrauen.

Seine vier anderen Lieben waren Marianne, die ihm ihr Höschen gezeigt hatte, die lustige Traudel, die er aus der Ferne anschmachtete, eine andere Marianne, bei deren Anblick er (auf Rat seines Beichtvaters) wiederholte: »Weiche von mir, Satan!«, und die Unbekannte, die er im Zug zur Baumwollspinnerei sah.

Nach der Rückkehr aus Paris 1952 machte sich Janosch spontan und ohne ein bestimmtes Ziel im Winter mit dem Fahrrad von München nach Italien auf. Er hatte kein Gepäck, nur einen Beutel dabei, keine Jacke, keine Wintersachen. Doch Janosch kümmerte sich nicht weiter darum: Alles, was er benötigte, war etwas zu essen und ein Dach über dem Kopf. Er übernachtete in Jugendherbergen im Gebirge. Doch auf dem Rückweg begann sich seine Leberkrankheit wieder bemerkbar zu machen. Schließlich musste er in München in ein Krankenhaus eingeliefert werden.

Zu seinem Glück geriet er an einen guten Arzt: Doktor Ludwig Schmidt, der ihm Yoga und fernöstliche Philosophie nahebrachte. Janosch erzählt heute, die Therapie habe eine so durchschlagende Wirkung gehabt, dass der Arzt – vollkommen baff – darauf verzichtete, ein Honorar zu nehmen (obwohl Janosch drei Wochen in der Klinik verbrachte). Eine solche wunderbare Heilung habe er noch nie erlebt, berichtete Doktor Schmidt. Danach machte Janosch regelmäßig Yoga. 2005 hörte er damit auf, da er der Meinung war, es sei nicht mehr nötig.

»Ich bin gesund wie ein polnisches Wildschwein.«

VI

Nach einem Paris-Aufenthalt 1953 kehrte Janosch nach Deutschland zurück. Er zog durch mehrere Städte, um schließlich in München zu landen. Am 29. Dezember 1955 meldete er seinen Zweitwohnsitz in der Hohenzollernstraße 29 an.

Weil er nicht mehr in einer Fabrik arbeiten wollte, jobbte er für eine Druckerei und fuhr auf einem alten Motorrad mit Anhänger Zeitungen aus. Doch sein Ziel war es, Kunst zu studieren, und so bewarb er sich an der Akademie der Schönen Künste in München. Leider wurde er zweimal abgelehnt. Professor Josef Hildebrandt hatte ihn wegen fehlender Begabung abgewiesen. Die Zulassungskommission warf Janosch in ihrem Antwortschreiben vor, ein Handwerker zu sein, der lediglich etwas von Textilentwürfen verstehe. Schließlich hatten die Professoren jedoch Erbarmen mit dem hartnäckigen Kandidaten:

»Ich konnte einfach nicht zeichnen. Die Professoren hatten Mitleid und gewährten mir zwei Probesemester. Als mein erstes Buch fertig war, zeigte ich es meinem Professor in der Hoffnung, dass er mich dann behalten würde.

›Wissen Sie was?‹, sagte der. ›Packen Sie Ihre Sachen, gehen Sie nach Hause und machen Sie was anderes.‹«

Für Janosch war es ein bitterer Schlag. Er räumte seinen Arbeitstisch, nahm die Leinwand und die Pinsel mit nach Hause und meinte, seine Karriere als Künstler sei beendet.

»Eigentlich bin ich Maler. Nur weil ich davon nicht leben konnte, habe ich mir einen Job gesucht und kam zum Kinderbuch.«

Trotz dieser Zurückweisung wollte Janosch weiterhin Maler werden. Um unabhängig zu sein, fand er einen neuen Lehrer. Noch während der Ausbildung illustrierte er sein erstes Kinderbuch; doch da meinte auch Herr Kadow, er solle besser etwas anderes mit seinem Leben anfangen.

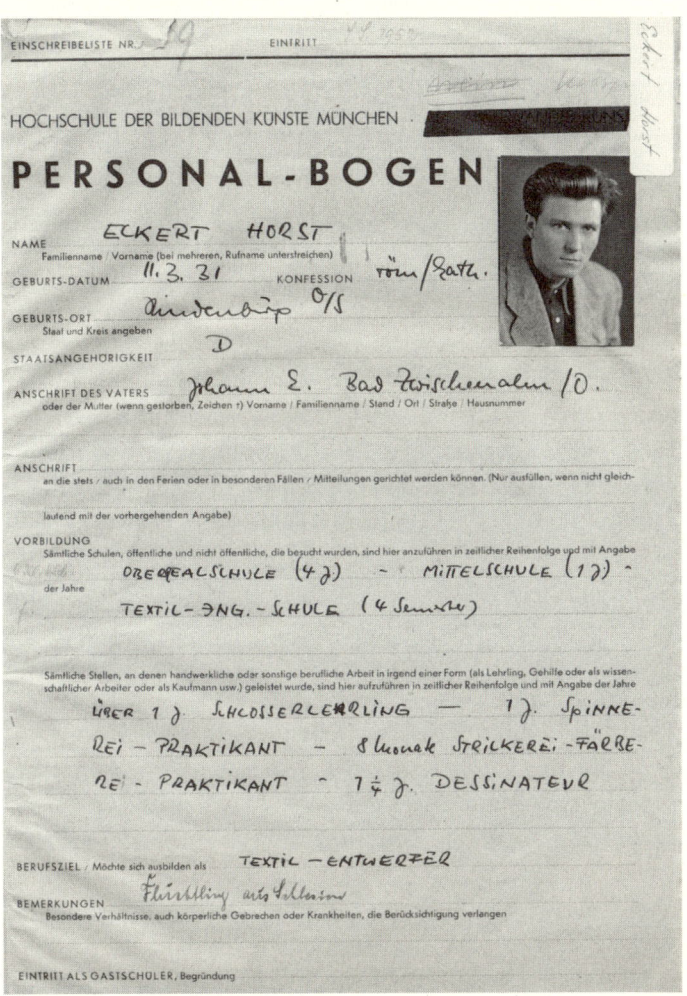

Ein wahrhaftiges Finale fand die Sache allerdings 1956, als er an der Akademie ein Gemälde vorlegte, das eine nackte rothaarige Frau und einen jungen Mann zeigte. Bei der Darstellung handelte es sich um Eleonore Zimmerek aus Bielszowice (die Vorlage für die spätere Protagonistin aus dem

Roman »Sandstrand«) und Horst selbst. Das ehrwürdige Komitee fand das Bild obszön.

»Es war nicht im Sinne des Professors Ernst Geitlinger. Er malte abstrakt. Ich sollte auch abstrakt malen. Gegenstandslos. Es gibt nur wenige gegenstandslose Frauen. Nackte Frauen habe ich damals noch nicht abstrakt verstanden. (...) Ein Bild soll ja Freude bereiten, und nackte Frauen sind eine Freude.«

Nach Jahren wird er zugeben, von Professor Geitlinger viel gelernt zu haben. Der wichtigste Satz, den Janosch von ihm gehört hatte, war:

»Wissen Sie, diese ganze Malerei und Kunst ist Scheiße. Es reicht, wenn man einen roten Fleck auf eine Leinwand malt, und dieser Fleck verschönt die Wand. Mehr muss nicht sein. Wenn ich diesen Rubens sehe, wird mir übel – wozu dieser Aufwand!«[7]

VII

Nach dem misslungenen Versuch, an der Akademie zu studieren, kehrte Janosch zu seinem gelernten Fach zurück und arbeitete die nächsten zehn Jahre freischaffend als Tapetendesigner bei der Marburger Tapetenfabrik. Er malte die Entwürfe und bekam sogar eine eigene Kollektion, die »Galaxis 2000«.

Von 1955 bis 1958 arbeitete er außerdem als freischaffender Zeichner für Druckstoffe in einer Textildruckerei in Mering bei München. Zu Hause in München machte er die Entwürfe und lieferte sie dann in Mering ab. Er bekam ein Monatsgehalt von eintausend D-Mark.

Janosch lebte damals in der Nähe von Schwabing und fuhr auf seinem alten Motorrad herum. Abends nach der Arbeit verbrachte er die Zeit in Kneipen in der Leopoldstraße und betrank sich vor Frust. Neidisch beobachtete er die hübschen Mädels, die mit den Künstlern und Schriftstellern zusammen waren. Gerne ging er in eine Bar in einer Holzbaracke, um Jazz zu hören.

Ein berüchtigter Besucher dieses Lokals war ein gewisser Carlos, der Sohn des portugiesischen Konsuls. Er war immer »total verdreckt, bekifft, besoffen, er hatte die Syphilis und eine offene Narbe von einem Messerstich im Bauch«.

Carlos erfreute sich bei den jungen Damen großer Beliebtheit – wenn er kein Geld mehr für seinen Weinbrand hatte, war er bereit, die Mädels auf den Strich zu schicken, damit sie ihm Geld für die Kneipenrechnung brachten.

»Diese Mädels waren meistens aus den sogenannten guten Häusern – und sie machten das. Die Revolution blühte schon damals in den guten Familien. Sie pennten in den Baracken auf blutbeschmierten, verdreckten Matratzen.«[8]

Eines Abends lernte er in der Kneipe »Nachteule«, wo er gerne immer mal herumsaß, ein Mädchen kennen. Die Angeschickerte setzte sich plötzlich zu ihm, stellte sich als Chris vor und begann ihm zu erklären, wie man schreiben sollte.

»Und ich hörte ihr zu. Sie war besoffen und lebte offensichtlich mit einem Schriftsteller zusammen, sonst hätte sie das alles nicht so formulieren können, dass ich es begriff. Ich weiß nicht mehr, was sie sagte, aber ich ging nach Haus und schrieb dann genauso, wie sie es gesagt hatte, in dieser Nacht meine erste Geschichte. Die hieß ›Wie ich litt‹. Darin litt also ich als ein Maler, dessen Bilder keiner kaufte.«

Und wie er litt!

»Ich hatte mich seit zwölf Jahren ernsthaft bemüht, zu malen – richtige große Kunst zu schaffen. Ich hatte gearbeitet – gearbeitet und gelitten. Denn ich wusste ja: Jeder große Künstler muss leiden. Vielleicht wissen Sie das selbst. Und ich litt! Ich war damals ein großer Künstler – weiß Gott –, ich war einer, am Leid gemessen. Aber ich hatte nie etwas verkauft.

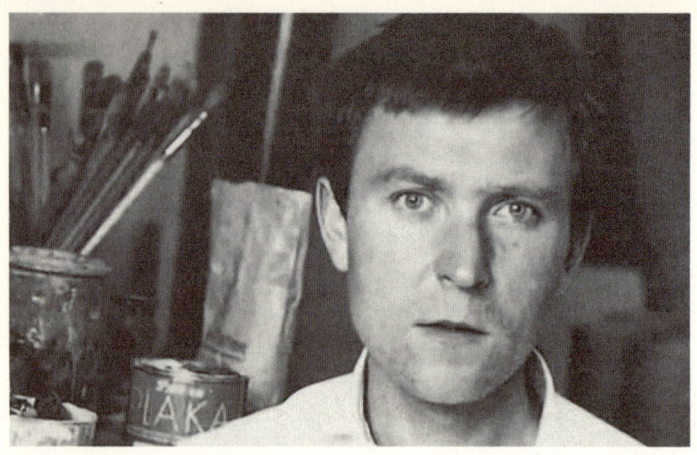
Janosch als junger Maler.

Und da kam es über mich: mich kotzte alles an. Alles. Die Kunst, das Leben, das Leiden – alles. Denn für wen sollte ich malen? Für mich? Ich brauchte keine Bilder. Ich nicht. Ich hatte ja genug davon. Ich brauchte Hosen und eine neue Flasche Raphael-Wein.«[9]

Schon der erste schriftstellerische Versuch gelang. Janosch schickte die Kurzgeschichte mit einer Zeichnung an »Die Zeit«, die den Artikel für 110 D-Mark kaufte; später zogen die »Süddeutsche Zeitung« und das satirische »Pardon« nach. Für eine Veröffentlichung bekam Janosch zwanzig bis vierzig Mark. So war er doch gezwungen, trotz allen Stolzes als publizierter Autor und Illustrator, weiterhin zu jobben. Er fand eine Stelle bei der Stoffdruckerei Thorey bei Augsburg, musste monatlich vier Entwürfe abliefern und bekam dafür tausend Mark.

Manchmal arbeitete er wochenlang überhaupt nicht, lief in der Landschaft herum und saß in Schwabing auf der Leopoldstraße. Später würde er seine Arbeitsweise so beschreiben: »Mir fällt viel auf langen Autostrecken ein, dafür habe ich ein Tonbandgerät. Falls ich arbeite, arbeite ich sehr. Ich stehe dann bei gutem Wetter um 6 Uhr auf und arbeite bei Vollmond bis 3 Uhr nachts. Aber im Sommer stehe ich beispielsweise auch um 6 auf.«

Thorey vertraute ihm irgendwann bei einem Glas Wein an, dass er am liebsten ein Leben wie sein Mitarbeiter führen würde; doch weil er sich das nicht erlauben konnte, war er bereit, sein Geld in ihn zu investieren – damit Horst frei sein konnte.

»Was für ein vernünftiger und guter Mensch«, würde ihn der Künstler später in seinem Essay »Von dem Glück, als Herr Janosch überlebt zu haben« loben.[10] Dieser Arbeitsvertrag ermöglichte es ihm, in der Gegend herumzustreunen und dem freien Leben zu frönen. Endlich hatte er Geld! Damals kostete ein Glas Vermouth 1,10 D-Mark, und so gönnte er sich öfter einen. Beinahe jeden Tag ging er in seine Lieblingskneipe »Gisela«, wo eine befreundete Bardame arbeitete. Es war eine schöne Zeit.

»Ich ging jeden Tag in die Nachtlokale und poussierte mit einer Bardame. Eigentlich grauste es mich vor ihr, sie hatte Haare an den Beinen. Aber ich bekam dort Alkohol kostenlos.«

Dank seiner Arbeit konnte er sich bald ein gebrauchtes Auto leisten, einen Opel mit Schiebedach (der ihn später zu dem Buch »Auto Ferdinand« inspirieren würde). 1956 fuhr er nach Südfrankreich, um sich der Kunst, der Inspiration und den schönen Frauen hinzugeben. Er kam in Saint Tropez an (kurz vor dem legendären Besuch von Brigitte Bardot, die dort mit Roger Vadim »Und immer lockt das Weib« drehte). Der Kurort war noch nicht von wohlhabenden Touristen belagert, stattdessen war er sehr beliebt unter der europäischen Jugend, die sich als Existentialisten und Beatniks stilisierte.

Janosch mietete sich ein Gartenhäuschen, das einer alten Frau gehörte, von der er später erzählte, dass sie einen großen

Hintern hatte und meistens fast nackt herumlief – mit nichts als einer Schürze am Leib. Für eine kurze Zeit wohnte er auch in einem Zelt auf dem Campingplatz von Saint Tropez und verbrachte dort eine wichtige Zeit mit seinesgleichen, die ebenso ihren Platz in der Welt suchten. Sie feierten dort jeden Tag ein Fest, tranken Wein, aßen Fisch, schwammen im Meer. Die Vorliebe für solche Gastmähler wird er bis heute behalten und die »Kunst des Essens« feiern.

Er malte immer noch und wartete auf Mädchen, die bereit wären, sich auf den jungen Künstler einzulassen. Später würde er Folgendes schreiben:

»Das Wichtigste für mich war immer die Freiheit – soweit sie möglich ist. Machen können, was ich will. Kein Zwang; schon Blumen gießen zu müssen, ist mir zu viel Zwang. Ein Haus bedienen, nicht wegfahren können, weil der Hund Futter braucht. Und schon gar eine Frau, die dich nicht gehen lässt, aber auch nicht mitkommen will. Kinder – du musst einen idiotischen Job ein Leben lang ausüben, weil sie ernährt werden müssen. Alles undenkbar und für mich gleichbedeutend mit Kerker, wenn nicht gar Tod.«[11]

Kapitel 5

Am Anfang war das Pferd Valek

*»Wenn es mir anfangs bei dieser Arbeit
um nichts weiter ging, als davon zu leben,
engagierte ich mich jetzt.«*[1]

I

Bereits 1956 begann Janoschs schriftstellerische Tätigkeit im Feuilleton. Nach der Geschichte für »Die Zeit« schrieb er auch Artikel für eine Autozeitschrift und veröffentlichte Erzählungen und Illustrationen in der »Süddeutschen Zeitung«. Seit August 2013 erscheint jede Woche eine Zeichnung um seine Alter-Ego-Figur Wondrak im »ZEITmagazin«.

1959 beschloss er, sein Glück im Schreiben von Büchern zu versuchen. Er griff nach einem Telefonbuch und klingelte bei dem erstbesten Verlag an:

»Ich rief dort an, die Sekretärin sagte: ›Sie brauchen nicht zu kommen, wir brauchen keine Autoren mehr.‹ Ich fuhr aber sofort hin.

Später sagte mir der Verleger Lentz: ›Die Sekretärin sagte: Da draußen steht ein Verrückter, den müssen Sie sich angucken.‹

Dann haben wir beide ein wenig Kognak getrunken. Und besoffen sagte er:

›Mach mal ein Buch. Ich bezahle aber kein Honorar.‹«[2]

Als Anzahlung gab Lentz ihm die halbe Flasche Kognak mit. Der Deal war besiegelt. Den Weinbrand hat Janosch zu Hause ausgetrunken und sich sofort an die Arbeit gemacht.

Es sollte ein illustriertes Kinderbuch werden. Lentz, offensichtlich von der Persönlichkeit des jungen Mannes beeindruckt, schlug ihm vor, ein Buch zu machen, das »die Kinderbuchtanten erschrecken« sollte.

»Er meinte, in mir diese Clownerie gesehen zu haben, und wir besoffen uns ganz schön zusammen.«[3]

Janosch sagt heute, dass er Georg Lentz seine schriftstellerische Tätigkeit verdankt.

»Dass ich Bücher schrieb, kam daher, dass mein erster Verleger Georg Lentz sagte: ›Was der im Kopf denkt, das ist so absurd, dass er das aufschreiben muss.‹«

Am Morgen war das Büchlein über das Pferd Valek fertig. Janosch legte sich zwei Stunden aufs Ohr und lief dann zum Verlag.

»Wir machen das!«, entschied Lentz. Um Kosten zu sparen, ließ er das Buch von Studenten der Akademie der Schönen Künste in ihrer Druckwerkstatt herstellen. Und so erschien über Nacht Janoschs erstes Buch: »Die Geschichte von Valek dem Pferd«. Es war die Geschichte von einem weißen, befremdlichen, einsamen und traurigen Pferd, das siebzehn Tage am Grab seines Freundes, des Soldaten und Kanoniers Wanja Valeska, weinte. Das Pferd stand am Grab und trauerte – so lange, bis der kleine Zigeunerjunge Jarosch des Weges daherkam. Sein wunderschönes Spiel auf der Geige (»so schön, dass alle noch mehr weinen mussten und noch ein bisschen trinken mussten«)[4] bezauberte Valek dermaßen, dass er dem Jungen in stockdunkler Nacht folgte. Die beiden neuen Freunde verschwanden ins Unbekannte ...

Die Inspiration für das Buch entstammt einer wahren Geschichte aus Hindenburg:

»Mein Vater ging mit 12 Jahren in die Grube zum Arbeiten. Er wurde lungenkrank und arbeitete dann in der Donnersmarckhütte über Tage.

Mit 15 wurde er dann Fuhrmann bei einer Frau, die besaß ein Pferd. Das Pferd hieß Valek, und wegen diesem Pferd nannte man die Frau ›Valeska‹. Sie hatte es auf dem Schlachthof gekauft, dort konnte man Schlachtpferde billig kaufen. Es wurde nur das Fleisch bezahlt.

Dann kaufte mein Vater mit 18 selbst so ein Pferd und einen Wagen und wollte Fuhrunternehmer werden. Das Pferd war aber wieder halbtot und konnte keinen Wagen ziehen. Er hatte sich an den Namen gewöhnt und nannte ab da jedes Pferd Valek. Ich denke, das kommt von Wallach. Er putzte das Pferd mit brauner Schuhwichse und blies ihm Pfeffer unter den Schwanz, dann bewegte es sich etwas mehr, als wäre es gesund und jung.«

Als das aufgehübschte Pferd jedoch die in es gesetzten Hoffnungen nicht erfüllte, verkaufte es Johann Eckert für zweihundert Reichsmark, die er dann in einen kleinen Laden investierte.

Janosch schrieb die Geschichte und malte die Illustrationen. Der naive, wie von Kinderhand gezeichnete Valek nahm den Stil seiner zukünftigen Kinderbücher vorweg.

»Das, was fehlt, könnte ich gar nicht malen«, erklärt der Autor.[5]

Die Auflage betrug 100 Stück, wovon 15 Stück verkauft und 65 verschenkt wurden. »Die Geschichte von Valek dem Pferd« hatte einige kritische Rezensionen, manche schimpften über die »Unverschämtheit«, ein solches Buch auf den Markt zu bringen. Doch Lentz sagte enthusiastisch: »Besser ein Geschrei als gar nichts«.[6]

Letztlich endete der erste Versuch, sich im literarischen Bereich zu behaupten, bescheiden: Janosch erhielt vom Verlag siebzig Mark und musste weiterhin für die Textilfabrik Stoffmuster entwerfen.

II

Bei einem ihrer Saufgelage fragte Lentz seinen neuen Autor, wie er nun als Künstler heißen wolle, denn beide waren sich einig: Der Name Horst Eckert klang öde.

»Er fragte mich, wie ich heissen will, und ich sagte im seligen Halbrausch ›Janosch‹. Und dann schuf er eine Legende über mich. Haarsträubend schöne Geschichten über mich. Alle erlogen – aber wir machten ein Buch.«[7]

Eine von den Geschichten war: Als Horst ins Büro seines zukünftigen Verlegers kam, wartete dieser auf einen gewissen Janosch. Die Sekretärin meldete Horst versehentlich als diesen an. Georg Lentz hatte zu dem Zeitpunkt schon ein wenig Whisky getrunken und hielt ihn für den gewissen Herrn. Als der Besucher sagte, er heiße Horst Eckert, befiel beide ein Grauen vor diesem Namen, und sie beschlossen, dass der Autor Janosch heißen solle. Der echte Herr Janosch tauchte irgendwann später wieder auf, doch das Pseudonym existierte da bereits.

Nach einer anderen Anekdote, die Janosch nicht dementiert, verdankt er den Namen dem Fehler eines Setzers, der den polnischen Vornamen Janusz in einen für die Deutschen verständlicheren verwandelte. Wie dem auch sei: Janosch hatte sich endlich von dem verhassten Horst befreit. Nur der Eintrag in seinem Pass erinnerte ihn manchmal noch an den unseligen Namen.

Georg Lentz führte seinen neuen Freund in die halbintellektuellen Künstlerkreise Münchens ein, die bald zu seiner Trinkgesellschaft wurden. Von da an führten sie ein aufregendes Bohemien-Leben. Janosch erinnert sich, dass sein Verleger ihn als ein »wahnsinniges Unikum« betrachtete, einen wahren Exzentriker.

»Wir tranken viel Alkohol und suchten in den Kneipen Mädels, welche sich uns opferten. Der Lentz bekam jede, die er wollte, weil er viel schöner war. Und intelligenter. Ich bekam keine einzige. Ich war noch voll katholisch verblödet. Ich wusste nie, wie man das alles so macht.«

Über Georg Lentz wird er später sagen:

Janosch in Frankreich, 1959.

»Er war ein Erfolgsmensch, und ich ein Versager.«[8]

Im »Gastmahl auf Gomera« wird er hinzufügen, dass Janoschs Legende eher seinem Verleger zuträglich war, der damit den Frauen imponierte. Ihm selbst kam es nicht wirklich zugute.

Um sich über Wasser zu halten, zeichnete er weiterhin, teilweise sechzehn Stunden am Tag. 1960 zog er an den Ammersee und baute sich dort ein eigenes Atelier, wo er tagelang zeichnete – und trank. Nach München fuhr er, wenn es nötig wurde, mit dem Zug.

Alkohol wurde zu seinem täglichen Gefährten. Er trank, um sich Mut zu machen, und glaubte, sein Strich werde dadurch kühner. Manchmal, wenn er dachte, dass er kein Geld mehr zum Leben hätte, durchforstete er die Stellenanzeigen – um kurz darauf wieder zu zeichnen und zu trinken. Es war ein Versuch, dem Unheil zu entkommen. Er trank auch, um das Gefühl des Versagens und der Unseligkeit in sich zum Verstummen zu bringen; auch dann, wenn ihm die Hände so sehr zitterten, dass er den Bleistift kaum noch halten konnte.

Im Georg Lentz Verlag würde er noch zwei weitere Kinderbücher herausbringen: »Das kleine Schiff« und »Der Josa mit der Zauberfiedel«. Josa ist der Sohn eines Köhlers, ein kleiner Philosoph in Kindergestalt. Er hat Angst, die Vorstellungen seines kritischen Vaters nicht erfüllen zu können. Der kann seinen Sohn nicht motivieren, im Gegenteil: Er wirft ihm vor, er sei zu klein und nicht stark genug, was den Jungen sehr betrübt.

Dabei macht Josa »Reiche ärmer und Arme reich, Schwache stark und Starke schwächer«. Sein bester Freund ist ein Vogel, der ihn tröstet, ihm in der Not hilft und ihn unterstützt: »Es braucht nicht jeder ein Köhler zu werden.« Er schenkt Josa eine kleine Zauberfiedel und lehrt ihn, darauf zu spielen. Nach sieben Tagen schon kann der kleine, schmächtige Junge in den Dörfern und Städten spielen, und alle, die seine Musik hören, werden groß und stark. Wenn das Lied rückwärts gespielt wird, werden Leute wie der böse, gierige König winzig wie eine Laus, die auf Nimmerwiedersehen in einer Fußbodenritze verschwindet.[9]

Mit seinem Zauberinstrument reitet Josa auf dem Rücken

1962 auf Ibiza.

einer Riesenameise bis ans Ende der Welt, bis er endlich sein Traumziel erreicht – den Mond. Und auch der Mond wird größer oder kleiner, je nachdem, was Josa spielt.

Janosch wird später erzählen, wie das Buch entstanden ist: »Ich war beim Zeichnen und Schreiben besoffen. Whisky. VAT 46. Ich habe nur automatisch aufgeschrieben, was aus dem Alkohol kam. Nichts gedacht. Es wurden 100 Stück verkauft, der Rest verramscht.«

Erst nach vielen Jahren wurde das Büchlein neu entdeckt. Die Geschichte wurde zu einem Klassiker der Kinderliteratur. 2011 lud das Puppentheater in Erfurt zu einer Premiere der Inszenierung von »Der Josa mit der Zauberfiedel« ein. Das Buch wurde vom Verband deutscher Musikschulen mit dem Kinder-Medienpreis »LEOPOLD« ausgezeichnet und ist sogar als Hörbuch erhältlich. Das alte Volkslied »Guter Mond, du gehst so stille« bildete für den Komponisten Wilfried Hiller den Rahmen für Josas Geschichte.

Bald nach Erscheinen von Janoschs Kinderbüchern ging der Georg Lentz Verlag pleite, und so war der Autor gezwungen, sich einen neuen Verleger zu suchen.

III

Onkel Popoff, der fliegen kann und mit Bienen und Vögeln irgendwo bei Bobrek lebt; das ehrgeizige Auto namens Ferdinand, dem andere Fahrzeuge helfen, auf den Gipfel eines Berges zu kommen, und als es herabstürzt, holt ihn ein hilfsbereites Pferdchen vom Grund eines Sees; ein kleines Krokodil, das von zu Hause wegläuft: Das sind die neuen Helden aus Janoschs Büchern.

Sie alle erschienen beim Münchener Parabel Verlag, der dem Schriftsteller von einem Buchhändler empfohlen worden war. Die Geschichte »Das Auto hier heißt Ferdinand« wird zu Janoschs erstem größeren Erfolg. Im Zuge dessen hatte der Verlag auch die früheren Texte übernommen, »Das kleine Schiff« und »Der Josa mit der Zauberfiedel«. Diesmal erreichte die Geschichte von dem kleinen Fiedler eine Auflage von 122 000 Exemplaren. Ein Jahr später wird das kleine Auto im Büchlein »Ferdinand im Löwenland« bis nach Afrika gelangen.

1975 hatte Parabel genau 21 Titel des Autors in seinem Programm.

Der Erfolg gab dem Künstler ein neues Selbstbewusstsein. Er verhandelte mit den Verlegern, bestimmte über seine Verträge. Er arbeitete auch mit dem berühmten polnischen Illustrator Józef Wilkoń, mit dem er zusammen das äußerst populäre Kinderbuch »Die Löwenkinder« herausbrachte.

Er malte in Gouache- und Tempera-Technik, in lebendigen, kräftigen Farben, an die er sich noch vom Rummel seiner geliebten Tante Guste erinnerte. Bei den Themen und in den bevorzugten Figuren legte Janosch schon in seinen ersten Texten einen Hang zum Skurrilen und Kauzigen an den Tag. Seine Vorliebe galt seit jeher den Schelmen und Lügenbolden, den Sonderlingen und Außenseitern, die sich eine eigene Welt erschufen. Stets war in ihnen etwas von Janosch selbst –

von dem schmächtigen, empfindsamen Jungen, der einst am Zaun stand und der gelernt hatte, das Recht für sich arbeiten zu lassen. Diese Figuren waren eine Anleitung für sein eigenes Leben:

»Ich habe alle Eigenschaften meiner Verwandten geerbt. Ich habe aber die Auswahl. Ein Schmuggler zu sein, wäre mir kein Problem. Schriftstellerei ist ein ausgewählter Ausweg und eine Notlösung, und nicht so gefährlich, wie ein Dieb zu sein.«

Später fügt er hinzu:

»Ich würde meinen Charakter so erkennen: Von der Veranlagung her wäre ich Anarchist, Partisan, im äußersten Notfall würde ich auch ein Dieb sein, aus Hunger, aber das kam nur einmal vor, 1945. Schmuggeln wäre mir kein moralisches oder religiöses Problem.«

Das Kinderbuch »Komm nach Iglau, Krokodil«, in dem ein kleines Krokodil vor seinem tyrannischen Vater wegläuft und Zuflucht in einem freundlichen Zoo findet, lässt an die Lebensgeschichte des Autors denken.

Janoschs schelmische Geschichten wurden immer populärer. In den 70er Jahren begann sich die Kinderliteratur durch die Plädoyers für eine antiautoritäre, liberale Erziehung zu verändern. Die preußische Disziplin mit ihrer Strenge und Autorität wurde von Phantasie, Freude und Spontanität verdrängt. Es entstanden neue Verlage wie Beltz & Gelberg, und hier fand Janosch in Hans-Joachim Gelberg den Lektor, der wie Georg Lentz sein Ausnahmetalent erkannte. Für Gelberg hatten Janoschs Bücher eine ganz eigene Tonlage und einen eigenen Reiz.

Sie hatten sich im Verlag von Georg Bitter in Recklinghausen kennengelernt, mit dem Janosch bei der Ausgabe von »Cholonek« zusammengearbeitet hatte. Gelberg beschloss, den Autor für sich zu gewinnen. Es gelang ihm erst nach langer Überredung – Janosch sträubte sich, denn er hatte in Georg Bitter endlich einen zuverlässigen und ehrlichen Verleger gefunden. Doch Gelberg imponierte ihm mit seinem ansteckenden Enthusiasmus und großen Engagement.

So kam er 1971 zu Beltz & Gelberg und berichtet darüber: »[Es war ein Verlag], der sich sehr einsetzte, der engagiert war, mich auch mitriss. Wenn es mir anfangs bei dieser Arbeit um nichts weiter ging, als davon zu leben, engagierte ich mich jetzt. Die Geschichten bekamen einen Sinn, ich hatte ein Anliegen.«[10]

Beltz & Gelberg blieb er die darauffolgenden zehn Jahre verbunden.

Die neuen Zeiten verlangten nach neuen Erzählungen. Literaturkritiker und Pädagogen diskutierten die Märchen der Gebrüder Grimm, die ihrer Meinung nach eine Frischkur benötigten.

Gelberg vertraute diese Aufgabe Janosch an. 1972 erschien eine Parodie der Kinder- und Hausmärchen von Jacob und Wilhelm Grimm unter dem Titel »Janosch erzählt Grimms Märchen«. Der Autor erzählte 54 Geschichten neu – ziemlich frech, mit satirischem und ironischem Unterton, mit einer aktuellen Moral und moderner Handlung, widerborstig und dennoch zu Herzen gehend. Eben janoschmäßig.

Er überwand die Konventionen; seine neuen Helden fielen komplett aus dem Rahmen: Hans, der im Krieg ein Bein verloren hat, meint dennoch, er habe Glück im Leben; die schlauen Gänse verhandeln geschickt mit dem Fuchs, um nicht gefressen zu werden; und weil niemand Frau Holle helfen will, die mit der gerechten Verteilung von Regen und Schnee auf der Welt beschäftigt ist, herrschen nun Überfluss und Hungersnot, Mord und Totschlag.

Die Geschichten wurden in die heutige Zeit versetzt, und so bekam die alte Tradition des Märchenschreibens einen neuen, eigenen Ausdruck und Klang. Janosch ließ ein verzerrtes, ironisches Bild des biedermeierlichen Märchentons entstehen und erinnerte an das ursprüngliche, nicht literarisch geglättete mündliche Erzählen. Manche Bewahrer des Grimm'schen Werkes kritisierten die Texte als respektlosen Umgang mit der Tradition, akademische Folklore-Kenner griffen sich an die Stirn angesichts dieses Sakrilegs.

Viele Kritiker des Buches haben dem Autor vorgeworfen, dass er zu stark in die Handlung eingegriffen habe und die eigentlichen Märchen nur noch fragmentarisch zu erkennen seien – und dass das, was geändert oder hinzugefügt wurde, kein Gewinn sei.

Seine Fans wiederum vertraten den Standpunkt, Janoschs Märchen seien spontan, bildhaft, einmalig und unnachahmlich. Janosch sei in seinem Stil nun mal einzigartig. Sie waren hingerissen: Genau solche wilden, kompromisslosen, schrägen Geschichten hätten die Grimms seinerzeit in den deutschen Dörfern gesammelt, bevor sie literarisch bearbeitet wurden.

Janosch selbst sah in seinen Bearbeitungen weder Ironie noch Tradition. Sein Ziel war es, nicht zu moralisieren, sondern eine »Anleitung für ein glückliches Leben« zu geben. Die Theorien und Ideologien, die seinem Märchenbuch zugeschrieben wurden, waren nicht seine Intention. Er ist kein Pädagoge und Psychologe, betont er, und daher wurde dieses Buch auch nicht mit einer dreifach pädagogisch und wissenschaftlich geprüften Botschaft versehen. Er selbst kommentiert es wie folgt:

»Solche komplizierten Gedanken kommen bei mir nicht vor. Ich bin nur ein einfacher Mensch. Also, ich denke nicht darüber nach, was ich mache. Keine Kritik, keine Tradition. Alles ist nur ein Spiel. Ohne Sinn. Fußball hat auch keinen Sinn. Und das Leben hat auch keinen Sinn.«

Als er danach gefragt wurde, welche Botschaft seine Bücher verbreiten sollten, antwortete er geradeheraus:

»Lasst euch nichts gefallen. Die meisten Eltern muss man nicht verehren, wenn sie saufen. Glaubt nicht den ›Erwachsenen‹.«

Am ehesten sichtbar wird diese Philosophie in einem nicht so bekannten Buch, das allerdings Janoschs Lieblingsgeschichte ist: »Hallo Schiff Pyjamahose«.

Darin wird die Geschichte eines kleinen Mädchens erzählt, das mit seiner Tante Janina in Paris lebt. Das Mädchen hat ein Spielzeug: ein winziges Schiffchen. Das Minischiff taugt nichts, es kippt gerne um oder treibt kieloben dahin. Verärgert schmeißt das kleine Mädchen es auf dem Heimweg über die Mauer am Kai. Und wem fällt das Ding vor die Füße? Zwei urgemütlichen alten Clochards, Pupule und Pomidore. Die beiden Müssiöhs, wie der Autor sie nennt, zaubern das winzige Schiff groß und machen das Mädchen glücklich.

Die Lebensmaxime der beiden Clochards, die – zufällig oder nicht – an Janosch selbst erinnern, ist:

»Besser ein Wein und keine Sorgen, als ein Wein und Sorgen.«[11]

Und oftmals sind es gerade solche subversiven, nicht-pädagogischen Bücher, die einen festen Platz im Herzen der Kinder einnehmen.

Kapitel 6

Plötzlich hat er verstanden, wie das Leben ist

*»Für Cholonek brauchte ich 41 Flaschen Gordon's Gin.
Sie standen vor dem Haus, als das Buch fertig war,
habe ich sie gezählt. Ich kam dann mit Lebervergiftung
in eine Klinik.«*

I

In der Pause zwischen dem Schreiben immer weiterer Kinderbücher, die in einem wahnwitzigen Tempo entstanden, entschloss sich Janosch, sein eigenes Schicksal in Form eines »Erwachsenenbuches« literarisch zu bearbeiten.

Es war das Jahr 1970. Janosch ging zu dem von einem Bekannten arrangierten Treffen mit einem potentiellen neuen Verleger und verließ das Münchener Café Schmidt, nachdem er ihm sein ganzes bisheriges Leben erzählt hatte.

»Schreib es auf und schick es mir«, sagte Georg Bitter, nachdem er sich die Geschichte über das Leben in einem Grubenhaus angehört hatte, über den Kohl und das Kartoffelkraut, über den Katholizismus, über das Arbeiterleben in armen Stadtteilen, über die Nachbarn – die primitiven und die unschuldigen – und darüber, was Hitler und der Krieg in ihm angerichtet hatten.

Janosch kehrte zurück in sein Haus am Ammersee, bevorratete sich mit Gordon's Gin – und begann zu schreiben. Nach legendären 41 Flaschen war das Manuskript von »Cholonek oder Der liebe Gott aus Lehm« fertig.

Kurz nach Erscheinen des Romans erzählte Janosch dem Journalisten Valentin Polcuch von »Welt des Buches«, wie er abwechselnd trank und schrieb, einen hob, sich Notizen machte, weitertrank, weiterschrieb, alles immer wieder neu auf der Schreibmaschine abtippte – bis er schließlich eine Sehnenscheidenentzündung in den Fingern bekam.[1] Trotz der physischen Schmerzen wurde die Arbeit an »Cholonek« zu einer qualvollen, aber doch wirksamen Psychotherapie:

»Plötzlich habe ich ungefähr verstanden, wie das Leben ist«, denkt Janosch an diese Phase zurück.

Hans-Joachim Gelberg, sein Freund und späterer Verleger, erinnert sich daran, dass der Schriftsteller tagsüber den Text korrigierte und nachts abtippte, insgesamt angeblich elf Versionen. Gelberg half ihm dabei, indem er die Fragmente der unterschiedlichen Versionen mit Klebestreifen aneinanderheftete. Nach diversen Anläufen akzeptierte Janosch schließlich Version Nummer vier. Das Ende der Arbeit am Roman feierten sie mit einem Sauna-Besuch, wo sie in Dampfschwaden über den Entwurf des Leineneinbands für »Cholonek« debattierten.

Janosch fielen in jenem Moment die alten blaukarierten Küchenhandtücher seiner Heimat ein, die es früher in Bergarbeiterfamilien gab. Gelberg erzählt:

»Am nächsten Tag durchkämmten wir mehrere Stunden lang München auf der Suche nach diesen Handtüchern, bis wir in einem Geschäft für Berufsbekleidung fündig wurden und ich unserem Hersteller ein Exemplar als Muster mitbringen konnte. Die so entstandene Leinenausgabe des Romans ist mir heute noch die liebste – auch als Dokument einer Freundschaft, die damals sehr eng war.«[2]

Die erste Ausgabe von »Cholonek oder Der liebe Gott aus Lehm« erschien 1970 im Georg Bitter Verlag in Recklinghausen. Der Einband bestand aus einem guten alten Geschirrtuch, sogar mit einem gestopften Loch. Es war eine ungewöhnliche Idee. Die Einbände weiterer Ausgaben von »Cholonek« werden bereits typisch janoschmäßige Gestalten zieren: üppige Bräute mit gemäßigt intelligentem Gesichtsausdruck und junge, doch bereits vom Leben geschaffte Bräutigame mit keck gezwirbeltem Schnurrbart.

»Cholonek oder Der liebe Gott aus Lehm« spielt in den dreißiger, vierziger und fünfziger Jahren des 20. Jahrhunderts und endet, als die Rote Armee in Polen einmarschiert und die deutschen Bewohner Schlesiens in den Westen vertrieben werden. Diese historischen Ereignisse werden allerdings nur nebenbei erwähnt; das Buch ist nicht als historisch-dokumentarischer Roman zu lesen, vielmehr als eine Art Autobiographie.

Janosch schildert in dem Roman das Leben mehrerer Familien, die in einem Grubenhaus (familok) in der Oschlowskistraße 3 in Poremba (damals einem Stadtteil von Hindenburg) wohnen. Dieses Bergarbeiterdorf ist der Schauplatz eines unaufhörlichen Stroms von Lebensgeschichten, Gedanken, Träumen, Vorstellungen und Tragödien, die rund um einige Hauptfiguren ausgebreitet werden. Der Autor beschreibt in »Cholonek« die Schlesier als primitive Menschen, Säufer, Opfer der Geschichte, als ein zwischen Polen und Deutschland gespaltenes Volk. Sie bilden das »Mischvolk«: halb Polen, halb Deutsche, Juden und Halbjuden, sowie andere, die von unbestimmter Herkunft sind.

Die Familien Schwientek und Cholonek sowie ihre Nachbarn und Bekannten gehören als Polen zu einer verachteten Minderheit. Wenn Stanik (der Vater des kleinen Cholonek) in der NSDAP seine deutsche Staatsangehörigkeit beweisen muss, scheitern die Nachforschungen schon in der Elterngeneration:

»Die Mutter war aus Bielschowitz, der Vater war aus Panewnik. Frühere Staatsangehörigkeit? Beide polnisch. Da brauchte er gar nicht weiterzuforschen.«[3]

Das schwere Leben und Schicksal der Oberschlesier wird mit Anekdoten, Dialogen, Aphorismen und Erzählungen im Plauderton aus der Sicht einer Straßenfeger-Gattin dargestellt – der Frau Schwientek, einer schlauen und herrischen Markthändlerin, die sich zu Höherem berufen fühlt. Frau Schwientek schwadroniert über die eigene Familie, Nachbarn und berichtet von den Skandalen in der Dorfgemeinschaft.

Der Roman ist voller Humor, schwarz wie der schlesische

Boden, versetzt mit schlüpfrigen und makabren Witzen, tierischen Trieben und pseudoreligiöser Scham. Es ist zugleich ein tragisches, aber auch lustvolles Buch: Es zeigt einerseits das Schicksal einfacher Schlesier, die der Geschichte die Stirn bieten, andererseits bildet es ein buntes Gemisch menschlicher Schwächen ab.

In der Oschlowskistraße wohnen ganze Familien und mehrere Generationen unter einem Dach. Die Menschen hier bilden einen Clan, eine Gemeinschaft, in der Solidarität, gegenseitige Unterstützung, aber auch Missgunst und Heuchelei herrschen.

Die Familie Schwientek wohnt in einem typischen Haus in einer Siedlung in Oberschlesien, »wo alle Häuser nach Schema F gebaut wurden – rote Ziegelwände, zwei Stockwerke mit jeweils vier Mietparteien, ohne Unterkellerung das Ganze und oben das Dach flach und mit Teerpappe gedeckt, was am billigsten war«.[4]

Die Figuren des Romans werden, ebenso wie deren Lebensbedingungen, ausnahmslos als abstoßend beschrieben:

»Die Leute im Parterre hausten wie die Tiere. Die Frau Schwientek sagte immer, wer sich nicht leisten kann, anständig zu leben, hat sich das so verdient.«[5]

Und der Erzähler bemerkt lakonisch:

»Leider gehen manchmal die besten Leute durch Bazillen drauf.«[6]

Da die Häuser von der Grubenverwaltung bewirtschaftet wurden, hatten alle Hausbewohner die Pflicht, alle zwei Jahre die Hausflure zu streichen, und zwar in roter Farbe. Das sollte vor Wanzen schützen. In der Oschlowskistraße gab es einmal im Monat einen Waschtag, für die ganze Straße verpflichtend:

»Wer sich ausschloss, von dem wusste man gleich, was er für ein Mensch war.«[7]

Jede achte Familie in Poremba hatte einen Garten, den sie hingebungsvoll pflegte. Hier stand meistens eine solide Laube, wo man Kräuter zog und Tauben hielt. Wenn man gute Beziehungen zur Gartenverwaltung hatte, konnte man den Garten einer verstorbenen Person übernehmen. Es war ein Fluchtort und beliebter Treffpunkt der Männer (Schwientek, Sajons, Jankowski, Bronkowski und andere), wo mal der eine, mal der andere eine Flasche Bier ausgab. Hier konnten sie sich vor ihren Frauen verstecken, die ihnen zu viel quasselten und andauernd eine Arbeit für sie hatten:

»Wassertragen, umgraben, der Teufel sollte sie holen.«[8]

Zu ihrer Unterhaltung fingen die Bewohner von Poremba Vögel (da sie kein Geld für ein Radio oder Grammophon besaßen):

»Wenn man einen Singvogel fangen will, reicht so eine kleine Falle. Braucht man aber ein Mittagessen, braucht man eine größere Falle. Hühnerfangen geht noch anders.«[9]

Es war eine beliebte und verbreitete Beschäftigung für alle Musikliebhaber und Naturfreunde. Fast jede Familie hatte im Käfig vor dem Fenster einen Stieglitz oder einen Zeisig, um sich an seinem Gesang zu erfreuen. Manche, wie der Galonski, machten das Vogelfangen zu einem rentablen Beruf. Auch der Stanik ging jeden Sonntag Fallen auslegen. Vogelfangen und die Suche nach einem guten Platz für die Falle waren aber eine schwere Kunst, denn man musste die Vögel mit Gefühl fangen, wie der Schuster Grziwotz erklärte.

Die Bedürfnisse von Janoschs Helden sind auf ein Minimum eingestellt, oft reduziert auf rein biologische Funktionen. Diese Menschen sind beschränkt, gierig, vulgär, ohne Kultur. Die zahlreichen Feiern bilden den Rhythmus ihres Lebens: die Geburt von Adolf Cholonek, seine Taufe, die Hochzeit seiner Eltern, die Verlobung von Tekla und Detlev, das Begräbnis von Borowski, die Kommunionsfeiern und die Festtage wie das Ablassfest oder das Schlachtfest. Diese sind eine Gelegenheit, um sich mit der Verwandtschaft und den Nachbarn zu treffen.

Die Hochzeit von Choloneks Eltern musste gut organisiert werden, mit viel Essen (drei Gänse, achtzig Klöße, zwei kranke Hühner, Nudelsuppe, vier Bleche Kuchen usw.), Schnaps, Bier und Musik, damit die Menschen noch dann darüber sprechen, »wenn schon längst keiner mehr lebt«. Frau Schwientek lud sogar Staniks Eltern zu der Hochzeit ein, obgleich sie meinte:

»Sie sind so einfache Leute, dass man sich vor den anderen im Hause schämen muss.«[10]

Schließlich bat sie die Tochter, die Schwiegereltern in die kleine Stube zu bringen, damit sie keiner sieht, »falls noch bessere Leute kommen sollten«. Die schlaue Frau Schwientek hatte die Hochzeit bewusst auf einen Tag gelegt, an dem Staniks Brüder Nachtschicht hatten und nicht kommen konnten, sonst hätte ihr Trinkdurst sie viel zu viel gekostet. Als der Vater Cholonek ihr seine ersparten fünf Mark für die gute Bewirtung überreichte, nahm sie das Geld ohne zu zögern an und steckte es in den Schlüpfer.

»Für die Kinder macht man alles gerne. Da gibt man sein Letztes dafür. Ich hatte ja hohe Kosten mit der Feier.«[11]

Ein großer, wichtiger Feiertag in Poremba war das Schlachtfest. Dieser Tag war eine Art Kostprobe der Gastfreundschaft, Freigebigkeit und Gier der Menschen und ermöglichte es, sie »in verschiedene Kategorien aufzuteilen. Da waren zuerst die, die sich allein mit Fleisch und Wurst in der Wohnung einschlossen und alles selber fraßen. (…) Dann gab es die Sorte Leute, die sofort nach der Schlachtung ein großes Fest machten, wozu die ganze Straße kam.«[12]

Bei diesen Festen wurde Harmonika gespielt, es wurde Polka getanzt und Graupen- und Semmelwurst gegessen sowie ordentlich gepichelt. Der Erzähler kommentiert die Stimmung wie folgt:

»Sechs von zehn Kindern in der Oschlowskistraße wurden nach Schlachtfesten gezeugt, das ist kein Wunder.«[13]

Zum Frühstück aßen die Bewohner der Siedlung gewöhnlich Brot mit Zwiebeln und zu Mittag Kartoffeln, Kraut und Hühnerklein, das vom Markt übrig war, oder Knoblauchsuppe mit altem Brot und Bratkartoffeln. Es war eine Welt der Gerüche: Janoschs Schlesien riecht nicht nur nach Bratkartoffeln, Knoblauchsuppe, Zwiebeln, Tabak, Sacharin, Seife, Feld und Regen, sondern auch einfach nach Menschen.

Man behauptete, anhand des Geruchs gleich den Charakter eines Menschen erkennen zu können. Die Mutter von Lehnchen Heiduck beispielsweise warnte ihre Tochter vor einem gewissen Brzuch, der sich als Baron vorstellte, aber nach Karnickelfutter roch. In Wirklichkeit war er ein von der Polizei gesuchter Halunke und Dieb.

Typisch für die Gegend war der Geruch nach Petroleum, das von vielen als Waschmittel gegen Läuse verwendet wurde. Andere Heilmittel, mit denen man Mücken, Wanzen, Läuse und manche Krankheiten bekämpfte, waren Spiritus, Sprühfix, Nivea-Creme, Knoblauch, Zwiebeln und sogar Sauerkraut. Diese Mittel hatten, nach Tante Hedel und Frau Schwientek, eine Wunderwirkung.

Janoschs Schlesien ist auch voller Geräusche:

»Über weite Gegenden konnte man hören, wie die Leute lachten, wie die Maria Skuttek sich zankte, wie der Ogurek mit seiner Frau schimpfte, wie das Schwein von Knossala im Stall quietschte, der Antek Gluch auf dem Kamm und Michatsch auf der Hohner Ziehharmonika spielten. (...)

Alle Fenster standen offen, tausend Schwalben schrien in der Luft und jagten Fliegen. Unten auf der Straße wälzten sich die Kinder rum und hauten sich, aus den Wohnungen hörte man die Töpfe klappern und die Leute Polnisch sprechen.«[14]

Um diese Atmosphäre zu genießen, stützten sich manche mit den Armen auf die Fensterbank und fluchten, beobachteten die Kinder auf dem Hof, plauderten oder guckten einfach auf die Oschlowskistraße. Jede Familie kannte die andere gut und wusste, wann der Mann betrunken nach Hause kam, seine Frau prügelte oder Sex mit ihr hatte. Man wusste, was beim Nachbarn gekocht und gebacken wurde.

Es gab keinen Platz für Geheimnisse und Intimität. Die Bewohner von Poremba bildeten eine Gemeinschaft, die ihre Zeit beim Waschen, Putzen, Essen und Alkoholtrinken und bei verschiedenen Feierlichkeiten zusammen verbrachte.

In der Oschlowskistraße wohnten einfache Menschen, sie kannten keine bessere Welt und waren nicht besonders anspruchsvoll. Als aber Mickel als junge Mutter zum Opfer von Spott und Gerede wird, träumt sie von einer »vornehmeren Gegend«, weit weg von Poremba. Sie hat ambitionierte Pläne und phantasiert von einem besseren Leben für sich und ihr Kind. Mickel will später für den Sohn eine Erzieherin bestellen, damit er Französisch, Rechnen und Klavierspielen lernt. Als Mickel und Stanik endlich in eine neue, bessere Wohnung ziehen, möchte sie, dass ihr Kind keinen Kontakt mehr mit der polnischen Sprache hat:

»Aber mach, Mama, dass das Kind nicht mit Leuten zusammenkommt, die Polnisch sprechen! Lern ihm kein Wort Polnisch, sag ich dir! Ein Kind muss immer gleich von vornherein die richtige Erziehung genießen, sonst kann das nichts werden.«[15]

Äußerst wichtige Bestandteile des Lebens in Poremba waren die Frömmigkeit und die Kirche. Der Glaube war allerdings auf das Notwendigste beschränkt: auf die Messe am Sonntag und das Aufhängen eines Schutzengel-Bildes über dem Bett, oder aber auf die Frisur, wobei der Scheitel bei einem getauften Kind auf die linke Seite gekämmt sein musste. Die Kirche war nicht der Ort, an dem man die Gläubigen in Gedanken und im Gebet versunken sah, sondern der Ort, an dem man sich in neuen Kleidern zeigen konnte. Hier herrschte aber eine bestimmte Hierarchie: Je wohlhabender man war, einen desto besseren Platz hatte man in den Bänken. Im Tun der Leute lag diesbezüglich pure Heuchelei. So sagte die Frau Schwientek zu ihrer Tochter:

»Wenn du mal könn' solltest, Mädel, mach, dass du dir ein' Chorplatz in Camillus nehmen kannst, ich zahl' dir die Hälfte aus meiner Tasche zu. Dort sitzen bloß feinere Leute. Die ganzen Geschäftsleute und die Lehrer und die von der Stadt, die Oberen.«[16]

Der Roman zeigt den Grenzlandcharakter der Region Oberschlesien, speziell des Niemandslandes an der deutsch-polnischen Grenze. Schon in der Eröffnungsszene lesen wir, dass Stanik Cholonek »bis Polen hätte sehen können, wäre es noch hell gewesen. Dort war gleich die Grenze.«

Janoschs Buch wird von einem spezifischen Mischvolk bewohnt, die Menschen heißen Wieczorek, Mrosek, Katschmarek, Sajons oder auch Wienschitz, Neugebauer und Hübner. Wer Pole sein wolle, sollte über die Grenze gehen, hieß es. Mit dem Geld, das man »beim Kaiser« verdiente, konnte man die Scharnafka überqueren und in Polen einen Monat gut leben.

Als Stanik Cholonek 1933 in die NSDAP eintreten will, belehrt ihn sein Freund Pelka, dass er zunächst einen Nachweis seiner deutschen Abstammung vorbringen müsse:

»Weil, ham sie gesagt, Stanislaus und Cholonek, das is mehr polnisch.«[17]

Der Roman ist eine eigene, besondere Vision von Oberschlesien. Janosch erzählt in »Cholonek oder Der liebe Gott aus Lehm« auf burleske Weise von Gewalt und Bigotterie, Liebe und Hass, Leben und Tod, und den großen, politischen Veränderungen. Das alles ruft bei ihm Nostalgie hervor:

»Schön war das hier, und man konnte sich auf die Erde setzen und sich vor Freude ins Hemd weinen.«[18]

II

Janosch wird oft wiederholen, dass alles, was er in »Cholonek« beschrieben habe, die reine Wahrheit sei. Und dass die Menschen damals in den Grubenhäusern von Hindenburg-Poremba genauso gelebt hätten wie in der fiktiven Oschlowskistraße. Die einzige Geschichte, die er nicht verifizieren kann, was er auch zugibt, ist jene über den Minarek aus Scheskowitz: Die Geschichte über einen Schlawiner mit Holzbein, der mit seinen Kumpanen Wetten abschloss, dass er das Bein unter eine vorbeifahrende Tram legen würde. Eine Weile geht es gut, aber dann schiebt er eines Tages – um die Wette und somit sein Bier nicht zu verlieren – das gesunde Bein unter die Räder. »Und aus war's«.[19]

Ob diese Anekdote, die ihm sein Vater erzählt hatte, wahr ist, kann Janosch nicht sagen. Sicher ist jedoch, dass er in »Cholonek« viele Motive aus seinem eigenen Leben eingeflochten hat und dass ihm die eigene Familie als Vorbild für die literarischen Figuren gedient hat. Es war vielleicht nicht alles schmeichelhaft, aber sehr authentisch und getreu abgebildet. Die Großmutter Maria Godny war ein Vorbild für Frau Schwientek, die despotische Hausfrau, die das ganze Grubenhaus fest in der Hand hatte und für ihre komischen Lebensweisheiten berühmt war: »Von nichts kommt nichts«, »Alles kommt, wie es soll« oder »Wer alle Finger hat, ist von vornherein gleich besser dran«.

Der gutmütige, naive Großvater Paweł wurde verewigt als der alte Schwientek. So wie sein Vorbild verschwindet dieser ebenfalls gerne durch ein Loch im Zaun in die Kneipe, um für eine Weile in seinem Säufer-Himmel zu schweben, und genauso wie Paweł wird Schwientek von seinem Kameraden singend auf einem Handwagen nach Hause gekarrt, wo bereits die vor Wut rasende Ehefrau wartet. Und genauso wie dieser war Schwientek auch Machorka-süchtig:

»So wie jeder andere Mensch atmete, ein-aus, ein-aus, so rauchte der Schwientek die Pfeife. Hatte er das nicht, musste er an der gewöhnlichen Luft ersticken wie ein Fisch, den man aus dem Wasser nimmt. Für ihn war alles Tun auf der Welt sinnlos, aber die Sinnlosigkeit war schön.«[20]

Stanik Cholonek und seine Frau Mickel – also der Schwerenöter und Überflieger in seinen Lackschuhen und seine snobistische Ehefrau – hatten viel von Janoschs Eltern. Der Autor selbst hatte sich die Rolle von dem unseligen Cholonek Junior zugeteilt, der den Namen Adolf bekommt, »dass er es später gut hat«.

Das Kind leidet, von den Eltern in elegante Kleidung gezwängt, gequält von seinen Schulkameraden – bis es schließlich von jenen gesteinigt wird, die ihm in der Schule die Wurstbrote neideten.

»Cholonek wird in der Geschichte getötet – Cholonek bin ich –, ich wurde nicht getötet, denn keiner von den Steinen traf mich. Die Realität in Zabrze war für mich schlimmer als diese Geschichte!«, wird Janosch später zugeben.

Die Schwienteks, die Choloneks und ihre Nachbarn sind ein grotesk beschriebenes Lumpenproletariat, gerne mit Ambitionen in Richtung Bürgerlichkeit.

»Die wahre Eleganz ist ganz schlicht, auf Hohlsaum gearbeitet und hochgeschlossen«,[21] verkündet Mickel Cholonek, außerdem duftet sie nach Kaloderma-Seife, wie der Spitzel und Lackaffe Detlev Hübner und dessen Familie, bei denen »alles von Kaloderma« war.

Janoschs Poremba ist eine mal groteske, mal grausame Welt. Den alltäglichen Kummer der Existenz versüßen sich die armen Arbeiter mit Alkohol und Machorka, hin und wieder mit den Schlachtfesten, denn »Essen und Trinken macht lustig«, und in der Zwischenzeit huren sie auch gerne herum.

Der Publizist und Oberschlesien-Kenner Michał Smolorz wird sich bei der Neuausgabe von »Cholonek oder Der liebe Gott aus Lehm« 2011 an seine Empörung erinnern, die ihn bei der ersten Lektüre des Romans überfallen hatte:

»Gestalten von versoffenen, widerlichen Primitivlingen ohne jegliches moralisches Rückgrat, die fressen, kopulieren, aufeinander neidisch sind, einander quälen. Auf den Seiten des Buches dominieren Figuren mit Anzeichen von Debilität in den Gesichtern, in den Gesten und ihrer Sprache – seien es die fiesen Weiber, deren fette Brüste auf den Fensterbänken aus den Ausschnitten hervorquellen, seien es die männlichen Missgestalten, die nach billigem Bier stinken.«[22]

Die Bewohner der Oschlowskistraße leben unter miesen Bedingungen, sie sind derb, gierig und vulgär. Wie es 1970 Hans-Hermann Kersten, Rezensent der »Frankfurter Allgemeinen Zeitung« schrieb, in Anerkennung dessen, dass »Choloneks« absurder Humor zeigt, was dieses Leben in den Menschen auslöst:

»Man braucht diese Haltung wohl, wenn man sich über die Aussichtslosigkeit der eigenen Lage hinwegtäuschen will, und, als gute Katholikin, Sozialkritik nicht kennt. Was will man machen? ›Obrigkeiten, Behörden, übernatürliche Mächte mischen sich von oben in alles ein, kommandieren herum, machen, was sie wollen, und unten der Mensch ist machtlos.‹ (…) Da zeigt es sich denn: Den kleinen Leuten geht es nicht gut, aber sie sind auch nicht gut, stoßen sich, wo möglich, an den bedrängten Juden gesund und bieten, auf unterster sozialer Stufe, den Anblick menschlicher Beschränktheit im konzentrierten Gleichnis.«[23]

Die Oberschlesier sind bei Janosch Menschen, denen das Schicksal einen grausamen Streich gespielt hat, indem es sie auf dieses Niemandsland geworfen hat, wodurch sie selbst ein Niemandsvolk geworden waren, ein Kuckucksei unter den Nationen.

Das historische Pech lehrt sie das Durchhalten, den Opportunismus: Jeder kombiniert und organisiert, wie er kann, und sobald er etwas erreicht und es besser hat, verachtet er die anderen. Wie Frau Schwientek sagt: »Wer sich nicht leisten kann, anständig zu leben, hat sich das so verdient.«

Solche Menschen – kleinlich und lächerlich, vom Schicksal verlacht, ständig unsicher, permanent auf der Hut – konzentrieren sich nur auf eines: das Überleben. Aus diesem Grund fällt der Populismus in jener Region auf fruchtbaren Boden, und als in Deutschland Hitlers Regime aufkommt, rekrutieren sich unter den Bewohnern Hindenburgs zahlreiche Kollaborateure. Wenn jemand Angst um sein Leben hat, wird er schnell zu einem Neophyten und kann sich anpassen, wenn die Situation es von ihm verlangt. Im Roman sind es der Pelka, der höchstwahrscheinlich auf dem damaligen Hindenburger Oberbürgermeister Max Fillusch basiert, sowie der Hübner, der als Erster das braune Hemd anzieht. Sie sind überzeugt, dass die Mitgliedschaft in der NSDAP ihnen Vorteile bringen kann. So krempeln sie gleich die Ärmel hoch:

»Der Pelka hatte dem Stanik gesagt, dass sie die Juden auslöschen wollten, und dass dann die Polacken drankämen, danach alle aus Poremba, die keine reine Weste hätten, und dann die ganze Welt.«[24]

Nachdem »Cholonek oder Der liebe Gott aus Lehm« in Deutschland erschienen war, konnte Herbert Hupka, der damalige Präsident der Landsmannschaft Schlesien, seine Empörung nicht verhehlen. Er fand, dass der Roman die Oberschlesier in einem schlechten Licht darstelle. Janosch zufolge wollten manche Oberschlesier gar nicht, dass man wusste, was sie für Menschen waren; in der Partei sollten »die schlimmsten Schweine« gewesen sein; es gab Landsleute, die als Erste in die Freikorps eintraten.

Herbert Hupka meinte auch, dass der Autor die Oberschlesier als Dummköpfe darstelle, doch Janosch konterte:

»Das stimmt nicht, ich bin selber so.«

Viel positiver als die Landsmannschaft reagierte die Presse. Janosch wurde vom »Spiegel« und der »Frankfurter Allgemeinen Zeitung« gelobt. Der Rezensent der »F.A.Z.« meinte, dass einer der besten deutschen Kinderbuchautoren nicht nur ein ausnehmendes satirisches Talent bewiesen habe, sondern dass Janosch Schlesien als einen neuen Ort auf der Landkarte der deutschen Literatur verankert habe. Über Oberschlesien wurde in den siebziger Jahren noch nicht viel geschrieben.

1975, als Janosch für seinen ersten »Erwachsenenroman« mit einiger Verspätung den Literaturpreis der Landeshauptstadt München bekam, erschien das Buch »Die erste Polka« von Horst Bienek, einem Schriftsteller aus dem benachbarten Gleiwitz/Gliwice, das sich in den Trend autobiographischer Literatur über Oberschlesien einfügte. Janosch kannte seinen Namensvetter, sie waren lange befreundet.

»Bienek kam aus einem kultivierten Haus, gute Möbel in der Familie, und er hatte studiert, er war mehr ein Deutscher. (…) Bienek konnte kein Polnisch.«

Ihre Nachkriegsschicksale verliefen vollkommen unterschiedlich: Horst Bienek, ein Schüler Bertolt Brechts, gelangte wegen »antisowjetischer Hetze« in ein Arbeitslager in der Sowjetunion. 1955 kam er im Zuge einer Amnestie frei.

In Deutschland galt er als kontroverse Persönlichkeit: zum einen wegen seiner homosexuellen Neigung, zum anderen wegen seiner Überzeugung, dass Deutschland schuld daran war, Schlesien verloren zu haben.

Janosch vermutete, dass diejenigen Oberschlesier, die »Cholonek« kritisierten, sich lieber mit den Gestalten aus Bieneks Romanen identifizierten.

»In manchen oberschlesischen Oberschichten gehörten die polnischen Personen mehr zu einer anderen Sorte Mensch. Jeder glaubte von seiner Sorte, sie sei besser. Unter besser versteht man: höher gestellt, mit Kultur versehen. Heutige Oberschlesier dieser höheren Sorte erkennen sich in den Darstellungen Bieneks wieder. Das kann man sich so einrichten. (…)

Wir waren sogar gut befreundet, der Bienek und ich, und keiner störte sich daran, dass der andere zu einer anderen ›Rasse‹ gehörte. Er hieß auch Horst und hatte kein Problem damit. Für mich ist der Name eine unzerstörbare Beleidigung. Ich kann hier nicht erkennen, wer von uns beiden das bessere Leben hatte. Die bessere Herkunft vor Gott hatte ich. Nach meiner Meinung. Bei uns roch es nach der Scharnafka, und bei ihm vielleicht nach Kuchen.«

Janosch hatte die Bücher des Gleiwitzers gelesen, denn er wollte wissen, wie jemand schreibt, der in der Nachbarstadt gelebt hatte. Doch er meint, die Bücher allesamt vergessen zu haben, weil sie offenbar nicht wichtig genug für ihn waren, als dass er sie sich hätte merken wollen.

III

In Polen erschien die Übersetzung von »Cholonek« rasch, bereits 1974. Für die Übersetzung zeichnete Leon Bielas verantwortlich. Der Übersetzer übertrug den Roman bravourös und bewahrte die einzigartige schlesische Mundart. Die deutsche Version des Schlesischen übertrug er ins Polnisch-Schlesische und behielt den Geist des Absurden, des Primitiven und der düsteren, bedrohlichen Groteske bei.

Der Roman erschien im Śląsk Verlag in einer Auflagenhöhe von 20 000 Exemplaren. Auf dem Cover prangte ein sonderbares »Familienbild«, mit Aquarellfarben gemalt: aufgetakelte Männer, üppige Frauen, ein SA-Offizier in einer Uniform, und schließlich der unselige kleine Adolf, verschreckt und desorientiert.

Die Illustrationen für »Cholonek« übernahm der berühmte

polnische Zeichner Andrzej Czeczot, dessen quasi-primitiver Strich hervorragend mit dem Stil des Romans zusammenspielte.

Wie es das Gerücht will, soll sich Zdzisław Grudzień, genannt »Cysorz«, für die Veröffentlichung eingesetzt haben – der bei vielen Oberschlesiern verhasste Erste Sekretär der kommunistischen PZPR-Partei in Katowice. Grudzień war kein Freund des Schlesischen: Das alte Giszowiec, das er als »zu deutsch« befand, hat er mit Plattenbausiedlungen bebaut, einen Teil der Schlesischen Universität ließ er nach Sosnowiec übersiedeln, und er war der Meinung, dass die Region streng dem zentralen Regime unterworfen werden sollte.

Angeblich sollte »Cholonek« das Gegengewicht sein zu der Vision eines unberührten, heldenhaften, märchenhaften Oberschlesiens wie in den Filmen von Kazimierz Kutz. In Kutz' Film »Sól ziemi czarnej« gehen sieben Brüder mit ihrem Vater, wie ein Mann, zum Zweiten Schlesischen Aufstand. In »Perła w koronie« streikt der mutige, tapfere Bergarbeiter Jasio gegen die Schließung der Grube; und zu Hause wartet auf ihn die schöne und gute Ehefrau Wichta mit zwei lebhaften Jungs. Die von der Industrie zerstörte Landschaft, die Schornsteine, die Halden, sind malerisch-romantisch, wie aus einem Bild des magischen Realismus. Kutz' Filme bejubeln die Idee der Heimat, auf die ihre Bewohner aufrichtig stolz sind.

Michał Smolorz schrieb in der »Gazeta Wyborcza«, dass Kutz' Kino das Selbstbewusstsein der Oberschlesier aufgebaut hätte, die nun glaubten, engelhaft zu sein. Dieser Einstellung gegenüber stand der derbe, gnadenlose Roman von Janosch. Statt eines Familienidylls wie in »Perła w koronie« zeigte Janosch in »Cholonek« den alten Poderwa:

»Er nimmt beim Mittagessen den Schuh von seinem Fuß ab und haut ihn der Frau auf den Kopf. Jetzt tut ihm das leid, weil sie seitdem stottert.«[25]

Oder er erzählte von Ogurek, der seinen Sohn mit einem

Stock erschlägt, als dieser ihn um dreißig Pfennig für Haarpomade bittet.

Eine zweite Auflage von »Cholonek« erschien erst 1990, zur Zeit des kommunistischen Regimes. In der neuen Ausgabe strich die Zensur alle Passagen weg, in denen der Autor die Untaten der russischen Soldaten in Oberschlesien schilderte. Dadurch kam es im Buch zu einem Sprung von der Kriegswirklichkeit zu dem Wohlstandsleben der Protagonisten in Deutschland – mit lediglich einem kleinen Ausflug in die Phase des Nachkriegs-Chaos.

In Deutschland lebt Stanik Cholonek in der Nachbarschaft von »lauter Millionären« und besitzt eine Fernsehantenne, die es ihm erlaubt, »bis aus Honolulu alles zu empfangen«. Zwar hat er in Wirklichkeit keinen Fernsehempfänger dazu, doch »die Leute brauchen nich alles zu wissen«.[26]

Janosch erlaubt sich – trotz seiner negativen Meinung über die Bewohner der Oschlowskistraße – einen Hauch Verständnis und Zuneigung für die Bevölkerung der Stadt. Dadurch kann der Leser den Eindruck bekommen, es sei sinnlos, irgendjemanden zu bemitleiden – denn sogar die ordinären, bigotten Kollaborateure und geldgierigen Emporkömmlinge wurden nicht zur Rechenschaft gezogen, und sie hatten es im Leben zu etwas gebracht.

Michał Smolorz wird in seiner Rezension in der »Gazeta Wyborcza« schreiben, dass sich wegen »Cholonek« in Warschau ein bestimmtes Schlesier-Bild konsolidiert habe: eines schlichten, primitiven Menschen. Es kursierte auch ein Gerücht, dass dieser Roman eine Satire auf die Regierung von Edward Gierek, des Ersten Sekretärs der Polnischen Vereinigten Arbeiterpartei PZPR, sei.

»Ich weiß, dass sich manche Leute aus dem sogenannten kulturellen Warschau von drastischeren Szenen gestört fühlen«, erzählte Jerzy Illg, der Chef des Verlages Znak (bei dem die polnische Originalversion dieser Biographie und Janoschs polnische Ausgaben erschienen sind). »Auf all diese Salonhündchen muss dieses Buch eine entsetzliche Wirkung haben. Als ›Cholonek‹ herauskam, lebte ich gerade in Katowice, doch ich fühlte mich dort fremd. Ich war kein Oberschlesier, ich sprach den Dialekt nicht. Zusammen mit anderen Hippies trafen wir uns auf dem Dachboden bei dem Buddhisten Andrzej Urbanowicz, dabei war Katowice der letzte Ort auf Erden, wo so etwas geschehen konnte! Alleine unsere bunte Kleidung löste entsprechende Reaktionen bei der arbeitenden Bevölkerung aus: ›Dem würde ich in den Hintern treten! Was ist das für ein Abessinier, Missionar, Jonas, was ist das für ein Prophet!‹ Die gesamte Bibel wurde mir um die Ohren gehauen!

Ich habe mich dort nicht wohl gefühlt, daher widerte mich ›Cholonek‹ ein wenig an. Erst später habe ich seine perverse Schönheit zu würdigen gelernt. Du lachst, aber es ist ein gruseliges Lachen, wie bei Jerofiejew – denn wenn du dir bewusst wirst, worüber du eigentlich lachst, packt dich das Grauen.«[27]

IV

Kurz nach dem Erscheinen der polnischen Übersetzung von »Cholonek« begann in der Presse eine lange, über zwei Jahre währende Debatte. Es ist nachvollziehbar, warum das so war:

Zabrze, noch dreißig Jahre zuvor deutsches Hindenburg, wurde nun offiziell zur »schlesischsten aller schlesischen Städte« auserkoren, oder, wie es General de Gaulle bei seinem Besuch 1967 in Schlesien gesagt hatte, zur »polnischsten aller polnischen Städte«.[28] Der Warschauer Vertrag zwischen der Volksrepublik Polen und der BRD über die Oder-Neiße-Grenze wurde 1970 geschlossen. Angesichts der Politik des »Piasten-Schlesiens«, nach der ehemalige deutsche Ostgebiete als ursprünglich polnisch vermarktet wurden, mussten ethnische Komplikationen in den Hintergrund gestellt werden.

Zunächst sollte Wilhelm Szewczyk im Vorwort zur ersten Ausgabe Poremba als einen »erzpolnischen Stadtteil« bezeichnen, wobei man sich bei der Lektüre des Buches streiten könne, ob es ein Grund sei, stolz darauf zu sein. In den Rezensionen versuchten Polen, Deutsche und Schlesier »Choloneks« Thematik für ihre Zwecke einzuspannen. So wurde das Buch zum Werkzeug eines politischen Streits um ethnische Zugehörigkeiten.

Unabhängig von dem Sturm in der Presse war »Cholonck oder Der liebe Gott aus Lehm« bei den Lesern populär. Beliebt war das Buch vor allem in den achtziger Jahren unter den politischen Gefangenen aus der oppositionellen Bewegung der »Solidarność«: Die Häftlinge gaben es untereinander weiter, und jeder hatte nur 24 Stunden, um es durchzulesen.

Der Publizist der Zeitschrift »Zarys«, Edward Kozak, erinnert sich, dass er gleich nach Erscheinen zehn Exemplare des Romans gekauft und unter seinen Freunden verteilt hatte. Der ehemalige Bergarbeiter Emanuel Majnusz berichtete in einem Interview, dass er fast fünfzig Kilometer hatte fahren müssen, um das Buch zu bekommen: »Ich habe es gelesen und mich herrlich amüsiert!«[29]

Derweil beschloss Janosch, das Honorar für die polnische Ausgabe für einen guten Zweck zu spenden:

»Ich bekam niemals einen Złoty Honorar von Choloneks polnischer Ausgabe. Der erste Übersetzer schrieb mir, beim Verlag liegt ein sehr hoher Millionenbetrag für mich bereit. Ich gab dem Verlag die Anweisung, das ganze Geld an Waisenkinder in Zabrze zu verteilen. Eine Frau aus Zabrze schrieb mir, man hätte davon 100 Wohnungen für Waisenkinder aus dem Kamillus-Waisenhaus gekauft: Die Kinder bekommen diese Wohnungen geschenkt, wenn sie das Waisenhaus verlassen.

Ich traf später in Glogau eine Frau, die sagte, sie habe das Geld an das Waisenhaus ausgezahlt, und die sich als Tochter des Übersetzers vorstellte. (…) Ich fragte bei Kamillus an und wollte so eine Wohnung sehen. Sie sagten: ›Nichts. Wir haben niemals von dem Geld gehört …‹

Ich schrieb an den Übersetzer, er sagte, das Geld sei an das Kamillus-Waisenhaus gezahlt worden. (…) ES GING UM SEHR VIEL GELD.

Kein einziger Verlag bezahlte jemals einen Złoty an mich.«

V

Der titelgebende »liebe Gott aus Lehm« gehört im Roman dem Gresok, einem armen alten Mann, der mit seiner taubstummen Frau in einer winzigen Stube im Zollhaus am Teich lebt. Gresok ist ein »Gottesnarr«, naiv, gütig und von anderen Menschen misshandelt. Er verdient sich seinen Lebensunterhalt mit Kohlenaustragen, wofür ihm die Bewohner mal ein paar Pfennige, mal etwas zu essen oder eine Flasche Schnaps geben. Manchmal stellt er etwas an, um ins Gefängnis gesteckt zu werden, denn dort gibt es wenigstens Brot. Der freundliche arme Mann lebt am Rande der Gesellschaft, und obwohl er von allen ausgelacht wird, ist er dennoch akzeptiert.

Erst in Hitlers Nazideutschland wird er zu jemandem, der kein Recht hat, weiterzuleben. In einer der wenigen nichtgrotesken Szenen des Buches werden Gresok und seine gutmütige, treue Ehefrau von SA-Männern zu Tode geprügelt und sterben nebeneinander.

Janosch wird mir in einer E-Mail vom Oktober 2012 anvertrauen:

»Für mich ist der Schwerpunkt dieser Geschichte der Gresok, ich denke, dass ich die Geschichte hauptsächlich aufschrieb wegen Gresok. Wegen seinem Gott aus Lehm. Zu dem er auch betete. Falls es Gott gibt, dann war Gresok sein Sohn. Niemand kannte seinen Vornamen, es gab keine Dokumente.

Gresok war mein Lieblingsmensch in diesem Leben.

Und ich denke: ›So ein Mensch müsste ich sein können.‹

Nicht der Mensch Gresok mit diesem Schicksal (das wäre furchtbar!), sondern nur so ein Mensch mit so einer Seele.«

Der echte Gresok war ein friedlicher Mensch, der immer zufrieden war und sich über Kleinigkeiten freuen konnte. Doch die Welt war nicht gerecht zu ihm. Und am meisten quälten ihn jene, die sich für gute Menschen hielten. Trotz seiner Gottesfürchtigkeit ließen sie ihn beispielsweise nicht in die Kirche hinein:

»Gresok ging nicht in die Kirche. Einmal hatte er es in seinen zerlumpten Kleidern versucht und hinten allein und laut gesungen. Man führte ihn hinaus.

Die Katholiken könnten froh sein, wäre so einer unter ihnen. Viele von den Nazis, die Gresok und solche Menschen töteten, waren katholisch.

Ich glaube, dass er viel gebetet hat, zum Himmel oder zu etwas, was er nicht kannte. Ich meine, er fühlte sich nicht gut genug, um Gott zu (er)kennen. Er wusste, dass er nicht alles versteht.«

Und Janosch fügte hinzu:

»Nichts ist erfunden.

Es gab ihn wirklich. Man könnte ihn noch im Einwohnerregister von 1938 finden. Wenn meine Großmutter Essen übrig hatte, welches sie hätte wegwerfen müssen (verschimmelt oder das Brot war zu hart), stellte sie es dem Gresok vor die Tür:

›Der kann das noch essen.‹

Für mich war das sehr schlimm.

Er war immer glücklich und konnte sich unendlich freuen. Die Deutschen haben ihn (wie es in dem Buch steht) getötet.«

Kapitel 7

Der Weg nach Panama

*»Man könnte darüber nachdenken, ob Dalí
ein Scharlatan ist, weil er das spielt; weil er intelligenter
ist und ein Spiel spielt. Oder ist er nur blöde. Ich glaube,
dass er nur blöde ist.«*

I

Die pädagogisch nicht wertvollen, wenig märchenhaften Geschichten, in denen die Helden Steuern zahlen oder kaputte Leitungen im Keller reparieren mussten, in denen die Läuse Menschen hatten und nicht die Menschen Läuse, wo die elektrische Großmutter von einem Elektriker vor dem elektrischen Wolf gerettet wurde, trafen genau die Stimmung und den Nerv der Zeit. Und so wurde Janosch als Autor und Zeichner immer populärer.

Doch es hatte auch einen Misserfolg gegeben: 1973 erschien »Die Globeriks«, einige Bände eines Taschenbuch-Comics. Der Name bezog sich auf die Bildergeschichtenserie »Globi«, den Schwerpunkttitel des schweizerischen Verlags und Auftraggebers. Die Serie war aber kein Erfolg für den 42-jährigen Schriftsteller, die Comics wurden eingestampft. Dennoch hatte sich Janosch in den siebziger und achtziger Jahren weltweit einen bekannten Namen gemacht, und seine Arbeit hatte ihm auch Preise eingebracht.

Seine Tage und Nächte verbrachte er in seinem Haus im Dorf Greifenberg am Ammersee, schreibend, zeichnend und trinkend. Immer wieder fuhr er nach München, wo er in das Leben der Bohème eintauchte:

»Ich saß in einer Kneipe im Englischen Garten in München, trank viel Bier und erfand die Geschichten. Und dichtete auch Gedichte mit Bier. Löwenbräu. Damit ist das Dichten ein Kinderspiel. Ich suchte danach ein Mädelchen und brachte sie nach Haus. Zu mir nach Haus. Die Sonne schien wie verrückt.«

Fotos aus jener Zeit zeigen Janosch als Hippie in pseudofolkloristischen Lammfellmänteln und offenen Hemden, mit einem üppigen Schopf und einem charakteristischen Schnurrbart, mit dem er ein wenig wie sein Urgroßvater Jacob Piecha aussieht. Er sitzt auf einer Bank vor seinem Haus in Greifenberg oder auf einer Wiese, zwischen hohem Gras, fern von menschlichen Behausungen.

Wenn auch mit einer gewissen Distanziertheit, so gehörte der Schriftsteller zu den Münchener Künstlerkreisen und pendelte zwischen seinem abgelegenen Haus am Ammersee und dem Nachtleben in Schwabing. Selbst hielt er sich für einen Hippie:

»Ein Hippie ist ein friedvoller Mensch, der sich mit Marihuana volldröhnt und nicht arbeiten will und sagt: ›Der Mensch wurde nicht für Arbeit und Krieg geboren.‹«

Dem österreichischen Journalisten Matthias Dusini vom Magazin »Falter« wird er 2006 bei einem Interview anlässlich seines 75. Geburtstages (das den bedeutsamen Titel »Der Mensch ist eine Sau« trägt) erzählen, dass die Jugendrevolten der sechziger Jahre an ihm vorbeigegangen seien:

Sie waren in den Nachkriegsjahren in München. Waren Sie 1962 bei den Schwabinger Krawallen dabei, die der Beginn der Jugendrevolten in der BRD waren?

Nein. Ich wohnte außerhalb und musste jeden Tag 16 Stunden zeichnen, um mich über Wasser zu halten. Ich bekam damals für die ersten acht Bücher im Lentz-Verlag insgesamt siebzig Mark.

Hatten Sie mit den Münchener Kommunarden zu tun? Und haben Sie mit den durchaus humorvollen Anfängen der militanten Linken, etwa den Umherschweifenden Haschrebellen, sympathisiert?

Hier gilt die gleiche Antwort: Ich musste arbeiten wie ein Schwein. Sympathisiert habe ich wohl; auf dem Dorf, wo ich wohnte, hielt man mich für einen dieser Leute. Am meisten

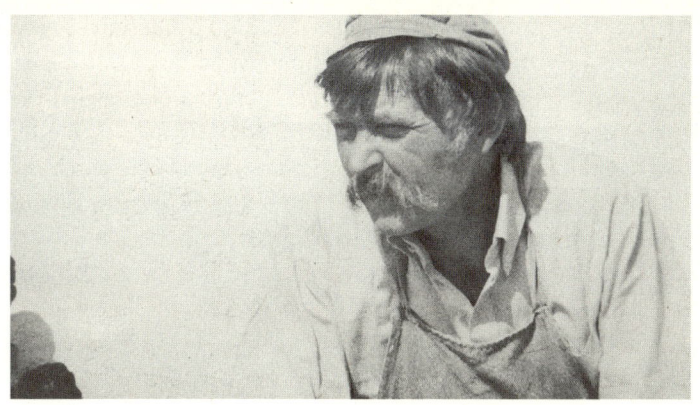
Janosch in seiner Hippie-Zeit, am Ammersee 1979.

hat mich die Sexrevolte interessiert. Das eine oder andere Mädel aus diesen Kreisen fiel mir dann auch zu. Sie kamen diese vierzig Kilometer zu mir aufs Land, in dem Glauben, ich sei Mitglied mit Glied der Revolution. Andere durften ja nicht frequentiert werden. Gekifft habe ich leider nicht. Also nicht richtig.«[1]

Tatsächlich hielt er Abstand zu den radikalen Bewegungen, nachdem die Tochter eines seiner Bekannten sich der Kommune »Friedrichshof« angeschlossen hatte, einer radikalen sektenartigen Gruppierung, gegründet von dem Wiener Aktionskünstler Otto Muehl.[2] Dort wurde sie Opfer von sexuellen Übergriffen.

Die ersten Erfolge als Autor ließen Janosch an dem großstädtischen Leben Gefallen finden. Das München der siebziger Jahre (teilweise wegen der Modernisierung aufgrund der Olympischen Spiele von 1972) schloss bald zu Berlin und Hamburg auf, die Hauptstädte der westdeutschen Jugendkultur. Der Einfluss von Giorgio Moroder und der Disco-Epoche führte dazu, dass sich München allmählich verwandelte: Die Stadt des Oktoberfests wurde zu einem Zentrum für

Musik, Kino und Mode. Moroders Studio »Musicland« hatte den Ruf, das beste in Europa zu sein, und so kamen Künstler wie die Rolling Stones oder Led Zeppelin regelmäßig in die bayerische Hauptstadt. In Clubs wie dem »Big Apple« oder dem berühmten »Blow-Up« spielten Jimi Hendrix, Pink Floyd und die ersten Stars des Krautrock wie Can oder Amon Düül. Dort wurde die Münchener goldene Jugend gesichtet, die langhaarigen Jünglinge und die Models in knallengen Schlaghosen.

Doch diese teutonische Gitarrenmusik kam Janosch nicht besonders interessant vor; schon immer hatte er eine Vorliebe für Jazz gehabt. Die in der BRD stationierten GIs brachten den New-Orleans-Sound nach München. Janosch frequentierte die bekannten Clubs »Domicile« oder »Hotclub« (der vom Anwalt und Jazzliebhaber Ernst Knauff gegründet worden war).

Der exklusive »Hotclub« im Keller des »Paulaner« zog die lokale Boheme und die reiche Jugend an. Immer wieder wurde dort Arndt von Bohlen und Halbach gesichtet, ein Erbe der Stahldynastie Krupp – dieser skandalumwitterte Millionär begleitete gerne die Rolling Stones auf ihren Drogentrips nach Marrakesch und starb schließlich 1986 an Krebs, vollkommen verschuldet.

Auch Gunter Sachs frequentierte den »Hotclub«, der bekannte Fotograf und Playboy, Freund von Andy Warhol und Ex-Mann von Brigitte Bardot. Janosch sah ihn öfter auf einem Barhocker sitzen und beobachtete neidisch, wie dieser beinahe jede Nacht mit einer anderen schönen Frau im Club auftauchte. Er bewunderte den Jet-Set-Fotografen und träumte heimlich davon, wie er zu leben. Diesem Ziel kam er am nächsten, als er sich in einer von Sachs' eleganten Boutiquen ein Jackett kaufte.

Der »Hotclub« war für Gratis-Konzerte der besten Jazzmusiker bekannt, von denen Janosch am liebsten Sidney Bechet hörte (obwohl er, wie er später zugeben wird, bei seinen Songs nie geweint hatte) – und Titi Winterstein, bei dessen Musik seine Seele jubelte.

Titi Winterstein, ein hervorragender Geiger, war ein Rom und einer der bedeutendsten Vertreter des sogenannten »Sinti-Swing«. Seine Familie hatte wie durch ein Wunder den Holocaust überlebt. Als er zum ersten Mal im »Hotclub« spielte, war er gerade mal 17 Jahre alt. Seine Musik erinnerte Janosch manchmal an gewisse Episoden seiner Hindenburger Kindheit:

»Mein Vater ging immer mit mir auf die Zigeunerwiese. Er spielte dann vor den Zigeunermädels den Affen. Er parfümierte sich und strich sich Pomade ins Haar und machte ein sehr blödes Gesicht. Zu Haus tobte dann seine Frau und sagte ›du Schwein‹ zu ihm.«

II

Wenn die deutschen Hippies genug vom Lärm der Großstadt hatten (deren Atmosphäre Kraftwerk so treffend auf dem Album »Autobahn« resümiert hatten), stiegen sie in ein Auto oder einen Bus und fuhren in den Süden.

Ein bevorzugtes Ziel war damals Franco-Spanien, das im Tourismus eine Einnahmequelle entdeckte. Während die Spanier erbarmungslos von Generalissimus Franco regiert wurden, erholten sich die westeuropäischen Urlauber an ihren schönen Stränden. Um ausländische Besucher anzuziehen, schaffte die Regierung die Visapflicht ab und baute zahlreiche Hotels an den Küsten. Die nach Sonne lechzenden Touristen aus dem Norden buchten günstige Reisen und erfreuten sich an den extra für sie errichteten Urlaubsorten an der Costa Brava oder Costa Dorada.

Das entspannte Leben, die Sorglosigkeit, die Sonne und die paradiesischen Landschaften von Gomera, Teneriffa und vor allem Ibiza lockten wiederum das Hippie-Volk. Sie fuhren in den Süden, um dort ein Leben in der Natur zu führen. Viele von ihnen siedelten sich auf einer der Inseln an, um als Bauern oder Handwerker zu arbeiten.

Nicht ohne Bedeutung war die künstlerische Tradition des Landes. Um nahe an der Kunst zu sein, reiste auch Janosch 1974 (zum Ende der Diktator-Ära hin) nach Spanien. Er kam in das Fischerdorf Cadaques, wo Salvador Dalí seine Jugendjahre verbracht hatte. Der Schriftsteller übernachtete dort am Strand, angelte, machte sich ein Feuer und briet seine Fische. Er hat aber auch das Haus des berühmten Surrealisten besucht. Über den kontroversen, selbstverliebten Maler äußert sich Janosch jedoch nicht besonders positiv:

»Ich halte nichts von Dalí und nichts von seiner Kunst. Ich besuchte sein Haus, weil ich das kennen muss, wovon ich gar nichts halte. Ich könnte kein Ketzer sein, wenn ich mich nicht intensiv mit der Katholikenkirche beschäftigt hätte. Na gut: Man kann sich vor manchem grausen, ohne es zu kennen. Ist bei mir aber anders. Weil ich Jesuitenschüler bin. Man könnte darüber nachdenken, ob Dalí ein Scharlatan ist, weil er das spielt; weil er intelligenter ist und ein Spiel spielt. Oder ist er nur blöde. Ich glaube, dass er nur blöde ist.«

Nach Spanien wird Janosch noch oft zurückkehren. Er hatte sich in das Land verliebt. Eines Tages fuhr er einfach so zum Münchener Flughafen und kaufte sich ein Ticket nach Ibiza. Die lockere, sorglose Atmosphäre auf der Insel, das gute Klima und die Möglichkeit, dort billig zu leben, zogen ihn an.

Er mietete sich eine Wohnung von einer sonderbaren alten Dame namens Jutta von Sethe, die ein Geschäft mit Kunstwaren besaß. Sie liebte es, nackt über den Strand zu reiten. Meistens verlangte sie von dem Schriftsteller kein Geld.

Janosch verbrachte die Tage mit Baden, Fischen, Spazierengehen (wenn es nicht zu heiß dafür war) und beim Trinken mit seinem Freund Peter, einem Münchener Architekten.

Eines Tages im Café, bei einem Glas Cuba Libre, kam ihm die Idee zu einer Geschichte über einen Bären, einen Tiger und ihre Sehnsucht nach zu Hause ...

III

Janosch wird sehr produktiv und sehr erfolgreich. In Deutschland entstehen neue Geschichten, seine Erfindungs- und Schöpferkraft erreicht ihren Gipfel.

In den Geschichten »Die Maus hat rote Strümpfe an« (1978) und »Das Leben der Thiere« (1981) mischen sich nostalgische mit modernen Akzenten und Lebensweisheiten aus der Welt der Menschen und der Tiere. Die ungetrübte Freundschaft von Menschen und Tieren, ihre Einsamkeit, ihre Sorgen, ihre Probleme und die Augenblicke des Glücks bilden die wesentlichen Momente der Handlung. Die Geschichte von der Maus mit den roten Strümpfen stand auf der Auswahlliste zum Deutschen Jugendliteraturpreis und wurde mit der Goldenen Plakette der Biennale der Illustratoren 1979 in Bratislava ausgezeichnet.

1976 erschien die erste Anthologie mit den Erzählungen für Kinder: »Das große Janosch-Buch«. Kleine und große Kinder erleben schöne, phantasievolle und geheimnisvolle Abenteuer mit dem mutigen Hansel Pfefferle, der in seinen Vorstellungen den wilden Löwen besiegte, dem ehrgeizigen Auto Ferdinand, mit der schlauen Maus und mit dem kleinen Schiff Pyjamahose in der großen Stadt Paris, mit dem Besenbinder mit dem unpassenden Namen Antek Pistole, den Bewohnern des Landes Margarinien, mit Onkel Popov schließlich, der ein bisschen fliegen kann. Die Helden zeigen ihre Schwächen und Stärken, sind authentisch und wahrhaftig. Dieser Klassiker versammelt Janoschs beste, teils bekannte, teils ganz neue Kindergeschichten, Märchen, Abzählreime, Erzählungen und Bilderbuchgeschichten.

Mit dem fulminanten Erfolg des Bestsellers »Oh, wie schön ist Panama« schaffte Janosch 1978 seinen endgültigen Durchbruch – zwanzig Jahre nach Erscheinen seines ersten Buches. Bevor Janosch diese Geschichte schrieb, war Panama kaum jemandem ein Begriff. Er selbst kam darauf, als er im Radio eine Reportage über Manuel Noriega hörte, den berüchtigten südamerikanischen Machthaber und Drogenboss. Das Land, das von Noriega aufgrund gefälschter Wahlen regiert wurde, schien Janosch ein Symbol für absolute Anarchie – sein Panama als Traumland hat jedoch mit dem realen Staat nicht das Geringste zu tun.

Die warmherzige Geschichte über den Bären und den Tiger, zwei Freunde, die eine nach Bananen duftende Holzkiste finden und sich auf die Suche nach dem geheimnisvollen Panama machen, um nach zahlreichen Abenteuern schließlich nach Hause zu kommen, wurde zum Beginn der »Marke Janosch«.

Diesem Erfolgsbuch folgten zahlreiche Bände über die zwei Freunde: »Komm, wir finden einen Schatz« (1979), »Post für den Tiger« (1980), »Ich mach dich gesund, sagte der Bär« (1985) oder »Tiger und Bär im Straßenverkehr« (1990), in denen sich der kleine Bär und sein Freund, der kleine Tiger, gemeinsam mit dem Erwachsenenleben auseinandersetzen müssen. Der etwas naive Strich verbindet sich mit dem Lob der Freundschaft und des Lebens in der Natur, mit charakteristischem Humor und Janoschs Lebensphilosophie: Je einfacher du lebst und je weniger du brauchst, desto glücklicher bist du.

Die beiden Freunde wohnen zusammen unter einem Dach, in einem gemütlichen Häuschen am Fluss, sorgen fürs Essen (indem sie Pilze und Pflanzen sammeln oder fischen), kochen, putzen die Wohnung, unterstützen sich bei Krankheit und Problemen – finden aber auch Zeit für Spaß und Erholung. Die märchenhafte Welt von Bär und Tiger ist durchaus modern: Es gibt darin Platz für Autos, Motorräder, Sonnenbrillen, Gummistiefel; der kleine Tiger fährt Fahrrad, der kleine Bär träumt von einem aufblasbaren Boot. Die ergreifende Schlichtheit dieser Geschichten und ihr herrlicher, eigentümlicher Humor wurden zu einem Erfolgsrezept: Alleine »Oh, wie schön ist Panama« wurde über eine Million Mal verkauft.

In seinen Kinderbüchern konnte Janosch endlich er selbst sein. Darin zeigt er sich als ein etwas kindischer, ein wenig naiver Außenseiter, ohne sich der Ablehnung durch Kritiker und andere Autoritäten aussetzen zu müssen. Jenen, die an ihm gezweifelt hatten, allen voran den Professoren der Münchener Akademie der Schönen Künste, hatte er es gezeigt: Es stellte sich heraus, dass genau jener spezifische Stil, mit dem zitternden, ungenauen Strich, auf einmal Beliebtheit erlangte. Wie Janosch öfter selbst zugegeben hat, habe er nie behauptet, zeichnen zu können:

»Ich male nur bei anderen ab – das ist bei kleinlicher Auslegung auch Diebstahl. Wird aber nicht bestraft, wenn man einen ganz kleinen Strich anders malt, z.B. auf dem Original hat eine Jacke 4 Knöpfe – ich male aber nur 3 Knöpfe. So ähnliche Prozesse gab es schon. Straffreier Ausgang.«

In seiner Kindheit hatte niemand, einschließlich ihm selbst, sein künstlerisches Talent erkannt. Janosch erinnert sich lediglich an ein Bild von Hänsel und Gretel mit einem krummen Arm sowie einige Skizzen mit nackten Frauen, die er als Kind von Fotos abmalte, die Viktor Sachnik (sein Taufpate) seinem Vater vorbeibrachte. Diese Bilder sind ihm vor allem deswegen im Gedächtnis geblieben, weil der wütende Vater ihn dafür ordentlich verprügelt hatte.

In der Familie gab es so gut wie keine künstlerische Begabung, dafür oft Probleme mit der Entwicklung – nach Janosch eine Folge der häufigen Schläge auf den Kopf. Ein solches Schicksal war seinem Onkel Wilhelm widerfahren, der – von seinem Vater schlimm verprügelt – nie wieder das Stottern und Zittern seines Kopfes losgeworden war.

Unter den Künstlern war Janoschs Vorbild Paul Klee, mit dem ihn die Vorliebe für reine, klare Grundfarben verbindet. Wie Janosch behauptet, mag er Klee vor allem deswegen, weil dieser auch nicht zeichnen konnte. Er fühlt sich auf keinen Fall als der »graphische Spitzenreiter«, als der er mal bezeichnet wurde. Im Gegenteil: Janosch selbst findet seinen Stil »infantilistisch«.

In seinen Geschichten ist ein überaus leichter Übergang von der Erwachsenen- in die Kinderwelt spürbar. Worauf dieses für viele Autoren unerreichbare Kunststück beruht, erklärt Janosch wie folgt:

»Ich habe die Kinderwelt nie verlassen und die Erwachsenenwelt nie erreicht. Das ist keine ›Kunst‹, das ist ein psychologischer Unfall. Psychiater können das erklären.«

Später, als das Veralbern von Journalisten zu seiner Gewohnheit wird, wird er der »Bild« gegenüber behaupten, sein IQ sei 56:

»Ich weiß so gut wie nichts, Bildung: null. Allgemein gutes Benehmen, Essen mit Besteck, die Hauptstadt von Estland – alles null. Ich fiel bisher durch jede Prüfung, das ist echt wahr, heiliger Schwur. Schon den Satz ›Ich weiß, dass ich nichts weiß‹ verstehe ich nicht. Wenn ich wüsste, dass ich nichts weiß, dann wüsste ich ja etwas – dass ich nichts weiß.«[3]

IV

Heute sagt Janosch: »Ich habe mit der Kunst angefangen, weil ich dachte, dass es eine leichte oder gar keine Arbeit ist. Ungefähr so wie Klee zeichnen, dachte ich, könnte ich auch. Das war kein Irrtum. Eine andere Arbeit könnte ich erst recht niemals ausführen. Jetzt vielleicht als Chauffeur, aber ab 80 darf man hier (auf der Insel) nicht mehr Auto fahren. Als Schlosser hätte ich vielleicht leben können, aber ich fand 1945 keine Arbeit als Lehrling. Jetzt brauche ich keine neue Arbeit mehr zu lernen, das Leben ist schon vorbei.«

V

Die künstlerischen Erfolge wird er mit seiner Gesundheit bezahlen. Nach Jahren meldete sich seine alte Leberentzündung, die er weiterhin mit Whisky, Gin und Bier genährt hatte. Alkohol, der ihm jahrelang erlaubte, den Schmerz der Existenz abzutöten und wie in Trance zu arbeiten, wurde vom Treibstoff zu Gift. Hinzu kam eine Nierenkrankheit, die Janosch beinahe mit dem Leben bezahlt hätte.

Mit 49 Jahren brach er komplett zusammen: Magen, Speiseröhre und Nieren waren schwer geschädigt. Eine schwere, nicht geglückte Operation trieb ihn körperlich an den äußeren Rand des Lebens.

Nach der Operation schrieb er »Sandstrand«, einen weiteren »Erwachsenenroman«, dessen Protagonist wiederum eine Alter-Ego-Figur ist. Es ist ein Buch voller Reflexionen über die Auseinandersetzung mit Gott und dem Leben. Der 48-jährige Karl und seine Partnerin, die 23-jährige Elia, reisen nach Italien, auf der Suche nach Liebe und Glück. Wegen einer alten Kriegsverletzung leidet Karl an starken, chronischen Schmerzen – die jedoch auch ihre Vorteile haben: Sie ermöglichen dem Mann eine gewisse Distanz zur Außenwelt und erlauben ihm, dennoch das Leben zu genießen. Karl wird vom Echo dieser Verletzungen geplagt, die er sich – ähnlich wie Janosch – während des Krieges zugezogen hatte, doch sie lehren ihn eine stoische Herangehensweise an die Welt.

Doch auch ein weiteres Buch (das obendrein nicht besonders enthusiastisch aufgenommen wurde) genügt nicht, um ein Trauma zu überwinden; schon gar nicht dann, wenn man das Gefühl hat, dass man am Ende seines Lebens angekommen sei.

»Ich wollte weggehen von diesen Orten. Es war Zeit zum Sterben.«

Als »Sandstrand« 1979 erschien, arbeitete Janosch mit mehreren Verlagen zusammen, doch die selbständigen Verhandlungen mit ihnen allen begannen ihn zu überfordern. Verträge und Vereinbarungen, Formalitäten mit dem Finanzamt, Gespräche mit den Journalisten, schwankende Gesundheit, die Alkoholsucht, schließlich die immer wiederkehrenden Dämonen der Kindheit – all das bestätigte Janosch in der schon länger währenden Überzeugung, dass es an der Zeit sei, die bisherigen Orte zu verlassen.

An einem Punkt seines Lebens arbeitete er mit sage und schreibe 32 Verlagen und vier Zeitschriften zusammen, die alle etwas anderes von ihm wollten. Der überlastete, erschöpfte und desorientierte Künstler beschloss, zu verschwinden.

»Die Katzen gehen auch weg, wenn die Zeit dafür kommt.«

Er verkaufte einen Teil seiner Möbel und das bescheidene Häuschen am Ammersee (das heute von hohem Gras überwuchert immer noch dasteht). Den Rest seiner Habe warf er auf einen Scheiterhaufen und zündete ihn ohne viel Bedauern an. Die Flammen vernichteten Fotografien aus der Kindheit, mit denen so viele schlimme Erinnerungen verbunden waren;

Janosch 1980 auf Ibiza.

der Rauch trug die verhassten Andenken an die erste Kommunion fort.

»Es war ein freudiges Feuer gewesen, die Flamme stieg meterhoch, es kam mir vor wie die Bilanz eines Lebens«, wird Janosch später in »Gastmahl auf Gomera« schreiben.

Mit einer Tasche zog er los, nach Ibiza.

Es war das Jahr 1980.

Kapitel 8

Teneriffa und Der Gefangene der Tigerente

> *»Als ich dreißig war, ließ ich mir von einem Meisterschneider einen Anzug nähen. Handgenäht, sehr teuer, da war mein Weg noch nicht entschieden, und es sah aus, als müsse ich ins Bürgertum abrutschen und einen Beruf ergreifen, um nicht zu verhungern. Ich trug diesen Anzug etwa dreimal; zwanzig Jahre später gab ich ihn einem Journalisten, der sah darin prima aus. Seit damals ist mein Weg entschieden: Freiheit, kein Anzug.«*[1]

I

Auf Ibiza trank Janosch viel Wein, streifte durch die Gegend, manchmal malte er auch. Von der Insel, die er irgendwann gut kennengelernt hatte, zog er schließlich nach Gomera, die ruhiger und nicht so populär unter Touristen war. Damals gab es dort lediglich ein paar Geschäfte und die eine oder andere billige Pension, in der er abstieg.

Auf Gomera entwickelte Janosch das, was er seine Lebenskunst nennt: Er übernachtet zusammen mit Hippies, fängt Fische am Strand und stellt fest, dass sein Leben keineswegs zu Ende ist – sondern soeben begonnen hat. Er beschließt, nie wieder zu arbeiten.

Als er nach Gomera kam, war er überzeugt, auf der Schwelle des Todes zu stehen:

»Der Arzt hatte mir gesagt, dass mein Restleben begrenzt ist. Ich hatte zwei Operationen gehabt. Ich nahm eine Schwester mit und einen Vorrat an Injektionen.«

Seine Gesundheit aber wollte und wollte nicht schlimmer werden, und die herrische Krankenschwester wurde ihm immer lästiger. Janosch versuchte, sie loszuwerden, und bediente sich eines Tricks:

»Ich ließ mir ein Telegramm aus Deutschland schicken, dass ich sofort zurückkommen muss, und besorgte ihr einen Rückflug, sie wollte aber nicht weg.«

So zeigte der Künstler ihr sein Ticket, und sie stieg in den Flieger. Janosch ließ seinen vermeintlichen Rückflug verfallen – und von da an streifte er nur über die Berge, in Erwartung seines baldigen Endes. Das jedoch nicht kommen wollte.

Also packte er seine bescheidene Habe und zog erneut um. Diesmal nach Teneriffa. Er kam auf Einladung eines befreundeten Regisseurs auf die Insel, bei dem er zunächst wohnte, bevor er nach Santa Cruz zog.

Anfang der achtziger Jahre fing der touristische Irrsinn dort erst an. Die Insel sollte erst später zu einem Ort werden, an dem zahlreiche Bewohner Westeuropas billige Immobilien erwarben, um ihren Lebensabend in der Sonne zu verbringen. Zu jener Zeit wurde sie vor allem von Spaniern bewohnt. Die Zeit schien stillzustehen; zwischen den alten Haciendas sah man oft Autos aus den dreißiger Jahren.

II

In den Bergen Teneriffas fühlte sich Janosch sicher vor lästigen Kritikern, betrügerischen Verlegern, Finanzbeamten, Journalisten, Fotografen und Kamerateams. Das sind Leute, die er immer noch nicht ausstehen kann. Auf Teneriffa begann er, seinen Traum von der Unsichtbarkeit zu verwirklichen. In der Einsamkeit erlebte er und erlebt noch immer die magischen Momente des Lebens.

Er mietete sich ein Haus: eine 200 Jahre alte ehemalige Bäckerei, vom Zahn der Zeit angegriffen, ohne Strom und fließend Wasser. Da er viel freie Zeit hatte, setzte er sich gerne mit einer Flasche Wein nach draußen, saß auf einem Stein, trank, dachte nach und versuchte, seine Dilemmata in den Griff zu bekommen.

Er begann, sich für die lokalen Hundeheime zu engagieren und spendete regelmäßig für die Tiere. Zu Hunden hatte er schon immer eine besondere Beziehung. Nach seinen Worten sind Hunde seine »Lieblingsmenschen«, deswegen malt er sie auch so gerne.

Anfangs lebte er von 20 000 D-Mark, seinem Ersparten aus Deutschland. Dann ging es wieder aufwärts:

»Dann schrieb ich wieder neue Bücher, bekam neues Geld und baute 1983 mit drei Maurern ein kleines Haus. Und wurde wieder gesund und schrieb wieder neue Bücher.«

In seinem Haus konnte er sich vor der Welt verstecken und einfach leben: im Morgengrauen aufstehen, Yoga praktizieren, in der Hängematte entspannen. Angebote für Interviews und Besuche der Medien würde er immer wieder ablehnen. Er war endlich ein freier Mensch.

»Journalisten! Sie schreiben auf, was nie gesagt wurde. Verdrehen Aussagen; allein das Weglassen eines Wortes kann das Gesagte ins Gegenteil verdrehen. Sie fragen dich aus, nur, um die Antworten gleich wieder zu vergessen. Oder sie haben etwas nicht verstanden. Und gehen dann in ihre Redaktion und schreiben aus alten Berichten im Zeitungsarchiv ab, wo alles schon aus den gleichen Gründen falsch war oder seit zwanzig Jahren überholt ist.«[2]

III

Becher, Deckchen, Zahnbürsten, Thermometer mit dem Bär und dem Tiger. Die Tigerente auf Kinderkleidung, Brotdosen, Plakaten, Schulranzen. Sogar auf Wiener Würstchen. Der unglaubliche Erfolg von »Janoschs Traumstunde« im Fernsehen. Deutscher Jugendbuchpreis, Tukan-Preis, Bologna Ragazzi Award, Prix Jeunesse International, Prix Danube, Silberner Pinsel und viele Auszeichnungen mehr.

Übersetzungen in insgesamt dreißig Sprachen, darunter Chinesisch, Türkisch, Koreanisch und Finnisch. Zig Tausende verkaufter Bücher. Der Orden Manuel Amador Guerrero, die höchste Auszeichnung Panamas, als Dank für die Popularisierung des Landes in der Literatur. Fanclubs sogar in Japan – und in Deutschland eine ganze »Generation Janosch«, die mit den Geschichten von der Tigerente und all den anderen Geschöpfen aufgewachsen ist.

Obwohl es Janosch als Privatmensch gelungen war, sich in seiner Einsiedelei zu verstecken, wurde er als Autor immer mehr zu einer Marke. Mit Hilfe des Diogenes Verlags aus Zürich, mit dem er damals zusammenarbeitete, erteilte er seine Zustimmung für die Verwendung seiner Tierfiguren:

»Diese Vermarktung fing zunächst vernünftig und harmlos an. Der Verlag verkaufte alle diese Rechte an die Vermarktungsagentur Bavaria in München. (...) Die Agentur zahlte die Lizenzgebühren an den Diogenes Verlag, denn der Vertrag bestand zwischen diesen beiden und nicht mit mir. Der Verlag gab einen Teil der Erträge an mich weiter, was ich gerne annahm, denn es ist besser, etwas reich zu sein als arm.«[3]

Es ist mehr als ironisch, dass gerade die Erzählungen von einem einfachen Leben in der Natur zum Fundament eines lukrativen Geschäfts wurden.

Die achtziger und neunziger Jahre waren die Phase des größten Erfolgs des Künstlers: Jedes deutsche Kind kannte Janosch, Bär und Tiger prangten auf Tausenden von Kleidungsstücken, Spielzeugen und Haushaltsartikeln.

Die Firma Janosch film & medien AG, die sich um den Vertrieb der Marketingprodukte kümmerte, schickte dem Autor jedes neue Projekt zum Abzeichnen. Doch die Zusammenarbeit wurde mit der Zeit immer schwieriger, wie der Künstler heute berichtet.

Es kamen immer weniger Projekte bei ihm an – stattdessen tauchte die Tigerente auf immer mehr Produkten auf, eine Tatsache, die er nicht ertragen konnte. So kündigte er der Janosch film & medien AG die Zusammenarbeit auf und verkaufte seine Anteile. Jedoch hatte er es versäumt, seine Rechte an der Nutzung seiner Entwürfe zu sichern. Die Abneigung zwischen beiden Parteien besteht bis heute: Janosch ist immer noch pikiert und meint, das Opfer eines Missbrauchs geworden zu sein, wohingegen die AG zurückhaltende, diplomatische Erklärungen veröffentlicht, nach denen der Künstler freiwillig seine Rechte abgetreten haben soll.

»Die Zeit« nannte Janosch irgendwann den »Gefangenen der Tigerente«. Und in der Tat: Die Popularität des Geflügels auf Rädern wurde allmählich lästig. Die ursprünglich eher zweitrangige Heldin seiner Geschichten wurde quasi zu Janoschs Logo.

»Scheiß-Tigerente! Ich halte die für Kitsch«,[4] beschwerte sich Janosch in dem Dokumentarfilm »Da, wo ich bin, ist Panama« und fügte in einem Artikel des »Börsenblatts« hinzu: »Ich habe sie gemalt, weil, da war noch Platz auf dem Bild.«[5]

In dem berühmten Interview »Reden Sie Tacheles, Herr Janosch« für den Neue Welt Verlag 2007 versuchte er, die Frage seiner nervigen Vaterschaft zu klären:

»In den 60er Jahren waren wir eine Zeichnergruppe bei Pardon, einer Satirezeitschrift. Wir trafen uns manchmal in Frankfurt, tranken Bier und machten die Revolution der frühen Jahre. Einmal kritzelte (Friedrich Karl) Waechter eine gestreifte Ente so hin, schob mir den Zettel rüber und sagte: ›Tigerente‹. Ich sagte: ›Sieht gut aus.‹

Ich verwendete den Zettel noch für eine andere Notiz, steckte ihn in die Tasche, Tigerente abgehakt und vergessen. Als ich mein Panamabuch zeichnete, hatte ich einen Waechterkalender hängen, sah wieder die Tigerente und zeichnete sie auf eine meiner Zeichnungen.

Ich zeichnete gern bei Waechter und Ungerer ab, weil sie Genies sind. Das kann man machen, ist aber nicht ehrenhaft.«[6]

Er wird sich diesbezüglich später in einer E-Mail an mich scherzhaft auf seine polnische Herkunft berufen:

»Ich habe in ein Bild von Waechter an einer Ente von ihm

Streifen gemalt und vorgelegt. Als geborener Pole bin ich von Natur aus kriminell veranlagt. Mein Vater war im Gefängnis wegen Schmuggel. Und sein Bruder wegen Betrug unter Tage. Er hat an fremde vollgeladene Kohlenwagen SEINE Marke gehängt. Die Männer wurden bezahlt nach Anzahl der Wagen, die sie vollgeladen hatten. Er kam dafür ins Gefängnis.

Das alles hier ist die echte Wahrheit.

Die Idee war von mir. Aber die Ente mit den Rädern war vom Waechter. Ich habe auf die Ente vom Waechter Streifen gemalt, dadurch wurde sie zu einer Tigerente.

Weil der Hersteller der Tigerente damit aber Millionen verdiente, aber niemandem ein Honorar zahlte (mir auch nicht), erfand ich die Lüge, Waechter hätte die Streifen auf seine Ente gemalt und ER muss das Honorar bekommen. Er hatte keine Lust, sich mit denen zu streiten; dann war er tot. Und sein Sohn hatte auch keine Lust, sich zu streiten.«

Irgendwann nahm er auch die verbitterten Worte über seine Heldin zurück:

»Ich habe sie niemals für Kitsch gehalten, ich habe das so gesagt, weil damit Millionen verdient wurden, welche aber in der Kasse der kriminellen Janosch AG landen. Das hat mich sehr geärgert, denn es sind Millionen. Eine kleine Tigerente aus Holz kostet (hergestellt in China) 10 Cent. Verkauf: 12 Euro.«

Jerzy Illg, sein polnischer Verleger, den Janosch liebevoll den »alten Hippie« nennt, kommentiert die ganze Angelegenheit wie folgt:

»Janosch war immer ein freier Mensch, locker, kein Anzugträger. Man merkte, dass er kaum etwas brauchte. Er erinnerte mich in seiner Naivität und Leichtgläubigkeit an ein großes Kind – und es müssen massenhaft zynische Leute unglaubliches Geld an ihm verdient haben. Ich kann nicht begreifen, warum ein Schriftsteller von solchem Rang keine gute Anwaltskanzlei hat oder einen rechtschaffenen Agenten, der ihn vor solchen Abzockern schützen würde. Es würde mich nicht wundern, wenn Janosch in seinem Leben einige für ihn ungünstige Verträge abgeschlossen hätte. Ein so guter und freundlicher Mensch ist das ideale Opfer für Leute, denen bewusst wird, was sie da in der Hand haben.«[7]

IV

Janosch schrieb:

»Die Tigerente steht für das Wesen des Menschen: Der Mensch ist eine Mischung aus Tiger und Ente, manchmal überwiegt eines von beiden. Nach außen ist er ein Tiger und innen eine Ente. Manche sind eine Bestie und sehen aus wie eine Ente. Er selbst ist nicht handlungsfähig, handelt nur, wenn etwas anderes ihn bewegt.«

V

Teneriffa gab Janosch die Möglichkeit, sich von seiner Popularität zu erholen.

Am literarischen und künstlerischen Leben Deutschlands nahm er nur aus der Ferne teil. Er freundete sich zu dieser Zeit mit einem seiner Verleger an, Andreas J. Meyer, dem Gründer des Merlin Verlags.

Sie lernten sich bei der Frankfurter Buchmesse kennen, wo Janosch bei der »Literatour« bei einem Gespräch mit dem Journalisten Reinhard Hoffmeister ein lustiges Spiel spielte: Auf jede der banalen Fragen antwortete er »Ich bin der Janosch«. Mit diesem Verhalten faszinierte er Meyer, und so lernten sie sich kennen.

Janosch vor seinem Haus, einer 200 Jahre alten ehemaligen Bäckerei.

Ihr berufliches und privates Verhältnis war herzlich, obwohl sie eine gesunde Distanz wahrten.

»Janosch erwies sich als absolut verlässlicher, fairer Partner, der sich an Absprachen hielt, nichts verschenkte. (…) Nie ließ er uns im Stich, wenn es um etwas Eiliges ging. Umgekehrt erwartete er korrekte Abrechnungen und Zahlungen, war aber bereit, zu warten, wenn es nicht anders ging«, erinnert sich Meyer in »Was schön wäre … Aufzeichnungen für Janosch, zu seinem 80. Geburtstag« (2011). Janosch besuchte gerne den Sitz des Verlags in Gifkendorf bei Lüneburg, wo er einmal für Meyer eine Ente zubereitete. Er verkaufte ihm auch bei Gelegenheit einen großen alten Tisch und einen Chefsessel. Meyer besuchte ihn mehrmals auf Teneriffa, wo sie zusammen mit dem altgedienten Renault des Schriftstellers Ausflüge unternahmen.[8]

In jener Zeit machte Janosch Versuche, seine »erwachsene« Maler-Karriere zu beleben, und stellte seine Gemälde und Graphiken in Hamburg, Köln, Nürnberg und Hannover aus – jedoch ohne rechten Erfolg. Andreas Meyer vertraute ihm eines Tages beim Bier an, dass er all diese Bilder kaufen würde, wenn er nur genug Geld hätte. Der Verleger vermutete, dass sie in zwanzig Jahren bestimmt eine Million einbringen würden.

»So viel? Was für ein verdammtes Glück, dass nichts verkauft wurde!«, freute sich Janosch und beschloss, die Arbeiten aus dem Verkauf zurückzuziehen.[9]

In den Katalog des Merlin Verlags gelangten allerdings über hundert Illustrationen, darunter farbige Radierungen zu Gedichten von Charles Bukowski. Man kann sich kaum einen besseren literarischen Kumpan für Janosch denken als diesen berühmten Säufer und Schwerenöter!

Aus Interviews wissen wir jedoch, dass Janosch auch ein Fan von Ernest Hemingway, Paul Celan, Thomas Bernhard und Philip Roth ist. Sehr gemocht hatte er auch Astrid Lindgren, mit der ihn die Abneigung gegen die Medien und die Liebe zur Musik und Natur verbanden. Sie lernten sich 1993 in Stockholm kennen, wo sie für das »Merian«-Magazin interviewt wurden. Janosch schrieb über Lindgren als von einer guten Mutter, die – im Gegensatz zu ihm – eine märchenhafte Kindheit à la Bullerbü gehabt hatte.

Zu jener Zeit lernte Janosch auch Tomi Ungerer kennen, den bekannten Illustrator aus Straßburg, und freundete sich mit ihm an. Ungerer ist sein Idol, Janosch hält ihn für ein Genie:

»Ich bewundere ihn mit allem. Er ging furchtlos z.B. nach Amerika und nach Irland. Sein Charakter ist von hoher Qualität. Meiner nicht.«

Janosch hält den Franzosen außerdem für attraktiver als sich selbst. Das einzige Feld, auf dem Janosch Ungerer seiner Meinung nach schlägt, ist das Gebiss: Ungerer hat schiefe Zähne, weil er Angst vor dem Zahnarzt habe.

In den Neunzigern entstanden weitere seiner insgesamt sechs »Erwachsenenbücher«. So erschien im Goldmann Verlag der Roman »Schäbels Frau«: Darin geht es um Bernhard Schäbel, einen Soziologiestudenten, passiven Softie und Möchtegern-Macho, der von seiner wilden Anarcho-Frau Gesine betrogen und für den gemeinsamen besten Freund Rudi verlassen wird.

Verwirrt macht sich Bernhard (von dem es heißt, sein Vater sei ein Hase gewesen) auf eine Reise. Auf der Suche nach sich selbst begegnet Bernhard in einem entlegenen Dorf der Frau seines Lebens, einer schönen, sinnlichen Gastwirtin mit dem »Moreau-Blick«. Janosch erzählt hier eine spaßige, ein wenig groteske Dreiecksgeschichte, die zugleich eine Satire auf die vielen Gesichter männlicher Identität ist.

Ein besonders ungewöhnlicher Roman ist das 1975 bei Bertelsmann erschienene »Sacharin im Salat«. Hier beschreibt

Janosch einen gewissen Alex Borowski, Maschinenstricker und Biertrinker. Alex ist einsam und möchte mit jemandem über seine Probleme reden, vor allem über die Einladung zum Spaghetti-Essen von Marlene, die er nicht richtig zuordnen kann – doch niemand hört ihm zu. Alle Menschen, stellt er fest, sind nur auf sich selbst fixiert.

Es entsteht ein unendlicher Fluss von mehr oder weniger schrägen Erzählungen. Und so muss sich Alex Geschichten anhören über Frauen, Jesus, Sozialismus, über das Marinieren von Hunden und über das Leben im Allgemeinen. »Sacharin im Salat« wurde von der Kritik gut aufgenommen, ist jedoch ein wenig in Vergessenheit geraten.

Zwischen Janosch und den Verlagen liegen die Wasser des Atlantiks. Es ist ihm lieber, keine Gäste zu empfangen, er hat gern seine Ruhe, fährt seit mehr als zwanzig Jahren immer noch mit demselben Auto, steht mit der Sonne auf und lehnt die vielen Einladungen und Auszeichnungen ab, weil ihm diese peinlich sind:

»Mir ist es am liebsten, wenn mich keiner wahrnimmt.«

Janosch hat einen engen Freundeskreis und viele Fans, allerdings auch viele Gegner, darunter Verleger, Behörden, Journalisten – und einen Politiker. Der ehemalige bayerische Ministerpräsident Edmund Stoiber warf ihm 2007 vor, ein »falscher Prophet« zu sein, und meinte, man dürfe nicht zulassen, dass Janosch mit seinen antireligiösen Zeichnungen und Kommentaren »Zugang zu unseren Kinderzimmern« erlange.

Stattdessen müssten Kirche, Gesellschaft und Politik »an einem Strang ziehen« und den Kindern »Orientierung, Werte und Religion« vermitteln, wie Stoiber bei einer Rede in Berlin verkündete. Der Grund für Stoibers Attacke war die weitverbreitete, provokative Zeichnung mit dem Titel »Taufe«. Auf dem Bild sieht man einen Pfarrer, der einem Täufling mit dem Hammer ein Kreuz in den Bauchnabel treibt.

Stoibers Kritik empfand der Zeichner als eine große Freude, denn danach gab es eine starke Nachfrage bei der religionskritischen Giordano-Bruno-Stiftung, in deren Beirat er sitzt. Und er antwortete Stoiber und unterschrieb »Mit saufröhlichen Ketzergrüßen, Ihr Janosch«.[10]

Am 10. April 2010 kündigte Janosch im Rahmen einer Ausstellung im Günter-Grass-Haus in Lübeck an, keine weiteren Bücher mehr schreiben zu wollen. Er habe dazu keine Lust, behauptete er – der wahre Grund war wohl die Tatsache, dass aufgrund der unklaren rechtlichen Situation sein Honorar an die Janosch film & medien AG fließen würde.

»So dumm müsste ich also sein«, kommentierte er.

Mir sagte er:

»Seit 10 Jahren habe ich keinen Kontakt mit meinen Verlagen und weiß seitdem nichts über meine Bücher. Ich bekomme keine Informationen, kein Honorar.«

Heute lebt er vor allem von den zahlreichen Ausstellungen in ganz Deutschland und widmet sich nur noch der bildenden Kunst. Doch trotz seines Ruhestandes als Autor bleibt Janosch aktiv und engagiert sich bei zahlreichen Projekten.

Als kleiner Junge befreite er stets die Vögel, die sein Vater in der »klapiczka« gefangen hatte. Es war eines der wenigen Dinge, für die ihn der Vater nicht bestrafte. Doch das Leiden der Vögel und das Gefühl der Verantwortung für familiäre Vergehen ließen Janosch nicht in Ruhe. So engagierte er sich 2007 bei der »Spatzenkampagne« der Deutschen Wildtier Stiftung.

Wie es in der offiziellen Pressemitteilung der Stiftung heißt:

»›Der Spatz ist mein Lieblingsvogel‹, begründet der beliebte Zeichner und Kinderbuchautor Janosch sein Engagement für die Spatzenkampagne der Deutschen Wildtier Stiftung. (…) Warum der Spatz stark bedroht ist, will die Stiftung vor allem Kindern zeigen und konkrete Hilfe für den Schutz des kleinen Vogels organisieren. Für die Spatzenkampagne zeich-

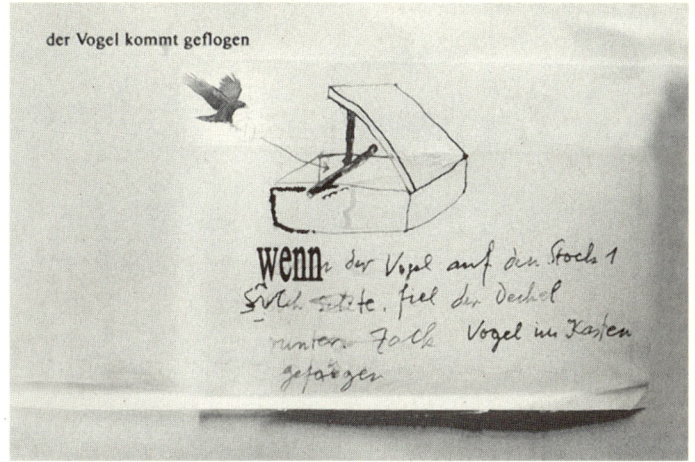

Janoschs Zeichnung einer »klapiczka« – einer Vogelfalle, wie sie sein Vater benutzte.

nete Kinderbuchautor Janosch einen ganz besonderen Spatzen. ›Ich hätte gerne einen Spatz, der freiwillig zahm ist und der in meiner Bude herumfliegt und sich dann auf meinen Bleistift setzt‹, erklärt er.«[11]

Mir erzählte er in einer E-Mail:

»Vögel zu retten ist meine Aufgabe, von Gott befohlen. Mein Vater fing Vögel mit einer Falle, ich bin den Vögeln eine Wiedergutmachung schuldig« – und malte eine schematische Darstellung der Funktionsweise einer »klapiczka« auf einen Zettel. Heute hängt auf der Terrasse seines Hauses in San Miguel ein großer Käfig, in dem viele bunte Vögel leben – allesamt aus Holz und Ton.

Der Herbst des Lebens wurde für Janosch zu einer Zeit der Abrechnungen. Er flickt die Löcher aus seiner Kindheit und versucht, vergangenes Übel wiedergutzumachen.

»Weil ich eigentlich keine Kindheit hatte, muss ich sie jetzt ständig nachholen«, meint er.

Janosch mit seinen Holz- und Tonvögeln auf der heimischen Terrasse.

Er engagiert sich auch für die Nachsorgeklinik Tannheim in Baden-Württemberg, die sich um die Rehabilitation von Familien mit krebs-, herz- und mukoviszidosekranken Kindern und Jugendlichen kümmert.

»Ich lag als Kind einmal kostenlos in einem Waisenkinderkrankenhaus, weil wir nicht krankenversichert waren und kein Geld hatten. Mein Vater hatte alles versoffen.«

Weil ihm die Hilfe für benachteiligte Kinder am Herzen liegt, engagierte er sich in den letzten Jahren in weiteren Projekten, beispielsweise auch bei BILD hilft e.V. und bei »Ein Herz für Kinder«. Und so wird das Bild von Janosch als einem vermeintlichen Menschenfeind ad absurdum geführt ... Selbst kommentiert er bitter:

»Ich bin gar kein Misanthrop. Nur wenn ich die Hunde meines Nachbarn sehe, explodiert in mir etwas. Ich sehe einen Mann auf der Straße liegen, und alle gehen vorbei. Nur der Misanthrop Jot fährt ihn ins Krankenhaus. Ich bin Utopist, ja. Wobei ich weiß, dass meine Utopie nie in Erfüllung gehen kann, weil der Mensch sich dafür nicht eignet. Engel könnten sie vielleicht verwirklichen.«[12]

Kapitel 9

Der wilde Hase läuft durch Zabrze

»Ich bin weder Deutscher noch Pole. (...) Ich habe kein Staatsgefühl. Ich finde es blöd, wenn einer stolz ist wegen seines Geburtsortes. Österreicher möchte ich auch nicht sein. Immer auf die Berge klettern müssen. Eigentlich möchte ich gar keiner sein, mich nicht festlegen müssen. Ich bin ja Fisch im Sternzeichen, und der hat auch keine Beine. Wenn es nötig ist, schwimmt der ins trübe Wasser, und man findet ihn nicht mehr.«[1]

I

Eine Szene aus einem Dokumentarfilm: Janosch kehrt in den Ciupkaweg zurück. Heute ulica Piekarska im oberschlesischen Zabrze. Er weist auf das letzte Haus auf der linken Seite – und dort auf die Wohnung im zweiten Stock. Da wurde er geboren. Im Treppenhaus bemerkt er ein Hufeisen, das seit der Vorkriegszeit in einer Stufe steckt, und in der Wohnung der Großeltern zeigt er, wo sich der Herd befand. Im Hof weist er auf die Stelle, wo das Toilettenhäuschen stand. Er erinnert sich, wo die Familie Knossala wohnte und wo Jerzy Janoschka lebte, der später seine Tante Mikla geheiratet hat.

Dann zeigt er auf den Weg, der ihn in die Welt hinaus geführt hatte – und schlägt vor, aus den Ziegelsteinen des »familok« ein neues Rathaus zu errichten. Und er sagt, dass er aus Sehnsucht nach seiner alten Heimat nach Polen gekommen sei.

Im Studio des Fernsehsenders »Telewizja Katowice« läuft die Aufnahme des »Klub Janosch«, einer Kindersendung mit dem Bären und dem Tiger. Janosch kommt kurz zu Besuch, um sich danach mit seinen Lesern zu treffen. Die massenhaft versammelten Fans bringen ihm polnische und deutsche Ausgaben des »Cholonek« zum Signieren.

»Dzień dobry Państwu, przyjacieli i nieprzyjacieli« (Guten Tag, Herrschaften, Freunde und Unfreunde), begrüßt sie Janosch in seinem lustigen Polnisch. Begleitet wird er von seiner Frau Ines, dem befreundeten Verleger Andreas J. Meyer und dem polnischen Verleger Jerzy Illg von Znak. Janosch lernt den Oberbürgermeister von Zabrze, Roman Urbańczyk, kennen, der verspricht ihm, einen polnischen Pass zu besorgen – da Janosch untröstlich war, als Pole keinen Pass zu besitzen, weswegen ihm niemand seine Staatszugehörigkeit glauben würde.

Es ist der 19. August 1993.
Janosch besucht seine Heimatstadt das erste Mal nach 47 Jahren.

Andreas J. Meyer wird sich so erinnern:
»Alles war gut organisiert, das Fernsehen des Senders Katowice sollte an der Grenze bereitstehen, um unsere (...) Delegation vom Grenzübergang an zu begleiten. Aber zur Freude und Genugtuung Janoschs ging alles schief.

Wir hatten in Görlitz übernachtet, von wo aus zwei Grenzübergänge nach Polen in Frage kamen. Die verabredete Uhrzeit stimmte, aber das Kamerateam wartete vergebens am einen Übergang, während wir am anderen enttäuscht und ungefilmt aus unseren Autos stiegen. Die nun nötige Kontaktaufnahme war schwierig, weil keiner von uns des Polnischen und am Telefon in Katowice niemand so recht des Deutschen oder des Englischen mächtig war. (...)

Nach einer Weile entschlossen wir uns, ungefilmt Richtung Katowice weiterzufahren. Unterwegs schlug Janosch vor, eine Rast einzulegen, und wir bogen auf einen Landweg ab, lagerten uns bei wohltuender Sonne am Rand einer Wiese, wunderten uns über einen riesigen Traktor, wie wir einen solchen in Polen nicht erwartet hatten, und tauschten ein freundliches Kopfnicken mit dem Traktorfahrer aus. (...) Die Unternehmung setzte sich auf unvergessliche Weise fort und war ein einziges großes Fest.

Ganz zum Schluss fand auf Einladung des Bürgermeisters von Katowice ein festliches Dinner statt, und das war die letzte Gelegenheit für Janosch – der sich bisher immer vor dergleichen gedrückt hatte –, sich mit ein paar Worten für all die ihm und uns entgegengebrachte Gastfreundschaft zu bedanken. Ich beschwor ihn, das sei nun wirklich unerlässlich. Er sträubte sich lange, aber schließlich erhob er sich und sagte mit vergnügtem Lächeln im schönsten Wasserpolnisch nur ein Wort:

›Bedankowatsch!‹

Alle waren hingerissen.«[2]

Janosch besuchte Polen anlässlich der Veröffentlichung der polnischen Ausgabe von »Oh, wie schön ist Panama«. Der Krakauer Verleger Jerzy Illg entdeckte den Künstler bei einem seiner Besuche auf der Frankfurter Buchmesse, woran er sich wie folgt erinnert:

»In dem Städtchen, in dem wir wohnten, war ein ganzes Schaufenster einer Buchhandlung Janosch gewidmet. Bücher, Poster, Hausaufgabenhefte, Becher, Bleistifte: alles Bär, Tiger, Tigerente, in allen Formen und Größen. Mir wurde bewusst, dass es sich dabei um einen ganzen Industriezweig handelte. So wurde mir das Ausmaß dieses Phänomens klar – und ich dachte mir, dass man sich in Polen doch schon immer für Menschen interessierte, die von hier stammen und in der Welt Berühmtheit erlangten. Ein solcher Schlesier aus Teneriffa ist doch eine sensationelle Erscheinung!

Es gelang mir, einen ersten Text über Janosch in der ›Gazeta Wyborcza‹ anlässlich des Erscheinens von ›Panama‹ zu veröffentlichen; denn uns war schnell klar, dass wir Janosch auf dem polnischen Markt zuerst mit diesem Titel würden vermarkten müssen. Mit meinem Enthusiasmus steckte ich nicht nur die damalige Redaktion der ›Gazeta‹ an, sondern auch Telewizja Katowice. (…)

Janosch überraschte mit seiner Haltung, die Kinder ernst zu nehmen, ihnen keinen didaktischen Schwachsinn auf-

Janosch kehrt in den Ciupkaweg zurück.

zudrücken und offen mit der bitteren Wahrheit umzugehen, dass das Leben auch mal gemein sein konnte. Diese Andersartigkeit war sicherlich einer der Aspekte seines Erfolgs.«[3]

Ein Teil der »Panama«-Auflage wurde als Preis bei der Sendung »Klub der Tigerente« verteilt. Im Kattowitzer Sender wurde Janosch von zwei Meter großen Figuren des Bären und Tigers begrüßt, und das ganze Studio war nach dem Vorbild seiner Zeichnungen eingerichtet.

Die regionale Beliebtheit des Künstlers gelangte jedoch nicht aus dem Süden in die Hauptstadt. Im Warschauer Staatsfernsehen wurde der Vorschlag, Janoschs Sendungen ins Programm aufzunehmen, relativ kühl aufgenommen.

»Ich habe mein Möglichstes getan, um das Warschauer Fernsehen zu überzeugen, ›Janoschs Traumstunde‹ zu erwerben, eine Sendung, die ja auf der ganzen Welt bekannt war. Doch Frau Direktor Mazurek erschlug mich regelrecht mit der Nachricht, diese Filme seien bereits im polnischen Fernsehen gezeigt worden. Doch auf Wunsch der Zuschauer wurden sie wieder aus dem Programm genommen, denn sie hätten niemandem gefallen! Sie verhöhnten ja diese zuckersüße Disney-Ästhetik, an die die Kinder gewöhnt waren. Janosch und die aus den löchrigen Schuhen der Figuren hervorschauenden nackten Zehen passten da nicht hinein«,[4] erinnert sich Illg.

Nach »Oh, wie schön ist Panama« brachte der Verlag Znak alle Kinderbücher über den Bären und den Tiger heraus, in der Übersetzung von Emilia Bielicka; danach Texte in einigen Anthologien, und schließlich 2011 eine neue, unzensierte Version von »Cholonek oder Der liebe Gott aus Lehm« (der mittlerweile zu einem gesuchten Titel in Internet-Bücherbörsen geworden war).

II

Ohne jemandem Bescheid zu sagen, machte sich Janosch zu einsamen Spaziergängen durch Zabrze auf. Er war nach eigenen Worten:

»… so aufgeregt, dass ich wie ein wilder Hase herumlief. Ich konnte nichts mehr denken. Und das Herz lief auf 124 Schläge. Es gab kein Hotel, ich schlief dann in Königshütte in einer Herberge. In der Nacht träumte ich alles in Polnisch und konnte es nicht verstehen, weil ich nicht Polnisch verstehe. Das war hochinteressant. So als ob ich 3 Stunden in einem Buch polnisch lese und nicht verstehe.«

Viele Gebäude, an die er sich erinnerte, standen immer noch so da, als wäre keine Zeit vergangen: die Grubenhäuser in der ulica Piekarska mit dem gepflasterten Hof, die Holzkirche St. Hedwig, die Schule in der Sandsiedlung, das Hotel »Admiralspalast« (nun allerdings heruntergekommen und »Monopol« genannt).

Zwischen den bürgerlichen Gründerzeithäusern und den modernistischen Bauten, dunkel vor Kohlestaub, waren Plattenbauten entstanden. Überall waren Labyrinthe aus Einkaufspassagen zu sehen, auf denen bunte Werbung prangte – Anzeichen, dass sich Polen Richtung Westen wandte, obwohl in Schlesien bereits die Anzeichen für den Untergang der Industrie spürbar wurden. Über die löchrigen Straßen rasten die winzigen Fiat 126p und ihre jüngeren Brüder Cinquecento, sieche Wartburgs und Trabis, alte Volkswagen mit neuem Innenleben und kastenförmige altgediente Mercedes.

Über den Straßen thronte das »Dom Muzyki i Tańca« (Haus für Musik und Tanz), das Symbol des neuen Zabrze, das – wie um die polnische Identität zu bekräftigen – mit einem Flachrelief von General de Gaulle und seinem Zitat über die polnischste aller polnischen Städte verziert war. Die Stadt selbst war nicht viel anders geworden, befand Janosch, nur die Menschen waren anders. Doch er traf auch in der ehemaligen Jäschkestraße eine alte Nachbarin, die zu ihm sagte:

»Der Hannek war immer ein kleiner Gauner. Bei ihm kaufte ich gar nichts, er hatte mir mal eine Rolle Zwirn verkauft und vorher die Hälfte abgewickelt.«

Bei einem seiner Ausflüge wurde Janosch von Rolf Rietzler begleitet, einem Redakteur des »Spiegel«. Zusammen besuchten sie den Ciupkaweg, doch Janosch war enttäuscht, dort keine vertrauten Gerüche mehr vorzufinden: Knoblauch, Machorka, Toiletteneimer, gekochter Kohl ...

»Ohne die Gerüche sind das nur noch Kulissen für mich«, vertraute Janosch Rietzler an und erzählte:

»Ich werde nie vergessen können, wie das alles durcheinanderroch: die Knoblauchsuppe, der Presstabak, die Pulleimer, das Kraut, das auf dem Ofen stand, die Latrine auf dem Hof.«[5]

Jetzt, in den neunziger Jahren des 20. Jahrhunderts, hatten die Grubenhäuser Toiletten in den Wohnungen; die Flure, in denen sich damals das nachbarschaftliche Leben abspielte,

Janosch signiert »Cholonek« in seinem Atelier, Oktober 2013.

waren schmaler gemacht worden; es wurde weniger gekocht, und vor allem drängten sich in den Wohnungen keine Dutzend Menschen mehr auf einmal.

In der ehemaligen Wohnung von Maria und Paweł Godny lebte nun ein junges, kinderloses Ehepaar. Sie kochten keinen Kohl, die ehemals von Machorka gelben Wände hatten sie mit Tapeten beklebt und moderne Möbel gekauft. Die beiden verstanden kein Wort Deutsch, und als sie den Namen des Besuchers erfuhren, fragten sie ratlos:

»Wer ist denn das?«

III

Janosch spricht nur »trocheczku« (ein »bissenchen«) Polnisch; manchmal bringt er Polnisch und Russisch durcheinander. Für einen Ketzer kann er sich ganz fromm begrüßen (»niech będzie pochwalony« – »gesegnet sei er«), doch seine größte Begabung liegt in den Schimpfwörtern und Schweinereien.

»Aber nun das famose Wort PIERRON.

Es war das Urwort und Unwort unserer Sprache und bedeutet alles. Die ganze Welt ist ›ein verfluchtes Pierronstwo‹. Waldemar war ein kleiner Pierron von Junge, eine Semmelwurst ist ein Pierron von Wurst; Hitler war zuerst eine pierronalische Zukunft und dann ein pierronalisches Schwein.

Und ein kleiner Pierronek ist ein lieblicher kleiner Mensch. Man liebt ihn sehr. Pierroniä ist ein leicht sündiger Fluch und ein Pierronczik ist ein noch kleinerer Pierron als der Pierronek. Das ist für einen westlichen Menschen schwer zu begreifen, damit wird man geboren. Allein von dem Wort kannst du leben. Ein pierronalisches Leben ist ein Leben, das zählt, also dem Lebenden etwas hergab, egal in welche Richtung. Hatte ich so ein Leben? Aber ja! Hatte es nicht fast jeder auf dieser Welt?

Fragtest du einen, wie es geht, konnte er antworten:

›Pierronalisch‹ – und du wusstest Bescheid. Fehlte dir ein Wort in deiner Rede, konntest du sagen: ›Von links kam dann so ein Pierronstwo …‹

Das hätte auch eine Lokomotive sein können.«[6]

IV

»Polen ist ein Heimwehland«, schrieb Janosch in »Polski Blues« – dem anderen Erwachsenen-Bestseller in Deutschland neben »Cholonek oder Der gute Gott aus Lehm«.

1991 erschienen, erzählt es die Geschichte des polnischen Regisseurs und Emigranten Staszek Wandrosz, der sich mit Freunden von Frankreich nach Polen aufmacht, um dort sein Jugendidol zu finden, den in den 50er Jahren legendären Jazz-Trompeter Zdenek Koziol, der nun als Steve Pollack berühmt ist.

Sie finden ihn in Kuźnice, einem von Gott und den Menschen verlassenen Dorf in der Nähe von Kielce, über dem ebenfalls der graue Trauerschleier von Janoschs Oberschlesien hängt. Wieder ist es Janosch gelungen, ein authentisches Bild der Wirklichkeit zu zeichnen, was er sich wie folgt erklärt:

»Wenn ich ein Buch schrieb, trank ich Wodka. Wenn ich Wodka trank, verabschiedete sich mein Alltagsverstand und aus mir sprach ein heiliger Geist. Ich war nie der Autor.«

Dieses Polen von Janosch ist einladend, aber spezifisch: primitiv und karg, mit einem Geruch nach Erde, Zwiebeln und morschem Holz.

»Es roch nach Fusel, Kartoffeln, Äpfeln und Lehm.«

Die Bauern, bei denen Staszek unterkommt, geben ihm Brot zu essen und Rhabarberwein zu trinken – verlangen dafür allerdings Westwaren wie Strumpfhosen, Kaffee und Socken. Als die Gastgeberin von den Besuchern daraufhin eine Flasche Parfüm bekommt, kippt sie sich sofort die Hälfte davon unter die Achseln.

Die Bewohner von Kuźnice benutzen statt Toilettenpapier Rhabarberblätter und kommen aus dem Staunen nicht heraus, dass in Kielce das Wasser aus der Wand kommt, wenn man einen Hahn aufdreht. In diesem Buch ist Polen ein Land schlichter Menschen und mangelnder Hygiene:

»Jetzt verstand ich immer mehr, warum ein Pole mit der ersten Dusche bei seiner Geburt das ganze Leben lang auskam. (...) Bei der Geburt passte der Pole noch in einen Blecheimer, später nicht mehr. Und das bestimmte wohl sein Leben: rein in 'n Eimer, raus aus dem Eimer. Und aus.«[7]

Janosch beschreibt in »Polski Blues« nicht nur die Reise und die Begegnung seiner Protagonisten mit Polen, sondern seine eigenen, wehmütigen Kindheitserinnerungen:

»Machorka war für mich Heimat, ich war in einer Großfamilie aufgewachsen, neun Personen in einer Küche und einer unbeheizten Schlafkammer, die Wände im Winter vereist und nur in der Küche ein Ofen. Ich wurde im Machorkarauch geboren (...) Machorka, Knoblauch, Zwiebeln – das reicht für lebenslanges Heimweh. An dem Heimweh kannst du krepieren, człowiek.«[8]

Das Buch gewann die Herzen der deutschen Leser, die großes Interesse an dem exotischen Land ihrer östlichen Nachbarn zeigten – die sie bisher nur mit Gastarbeitern und Autodieben assoziierten. Was sie in dem Buch bekamen, war Janoschs Polen, das östlich des Flusses Scharnafka liegt und primitiv, jedoch liebenswert ist. Diese Vision, wenn auch weit von der Wahrheit über das Land entfernt, ließ »Polski Blues« lange Monate auf den Bestsellerlisten bleiben.

Nach diesem Roman wird Janosch in Deutschland nicht nur als Autor der Kindergeschichten über Bär und Tiger bekannt sein. Bald wird er wieder zu seinen schlesischen Themen zurückkehren und ein neues Buch vorlegen, das nun nach »Cholonek oder Der liebe Gott aus Lehm« und »Polski Blues« die sogenannte »Schlesische Trilogie« vervollständigt.

1994 erscheint »Von dem Glück, Hrdlak gekannt zu haben«, ein weiterer Roman nach seinen Kindheitserinnerungen. Der Roman spielt in den dreißiger Jahren im oberschlesischen Kohlerevier, in der Kleinstadt Chlodnitze, wo man »Gott im Himmel anbetet und auf Erden den Schnaps«.

Die oberschlesische Siedlung in der Zeit zwischen den zwei Weltkriegen wird von ähnlichen Typen bewohnt, die wir aus »Cholonek« kennen und die auf Janoschs Verwandten basieren. Rudolf Mainka, ein selbstverliebter Sadist, erhält die Eigenschaften von Johann Eckert und seine Frau Else die von Hildegard Eckert. Else-Hildegard wird in diesem Buch allerdings teilweise freigesprochen, denn obwohl sie ihrem Kind Leid zufügt, tut sie es nur aus Dummheit:

»Dass sie nur nicht wusste, was sie tat. Denn sie maß den Schmerz an ihrer Hand und nicht auf seinem Kopf. Und sie lebte doch nach den Geboten Gottes, und da kommt das

Schlagen eines Kindes nicht vor. Nur die Eltern müssen geehrt werden. Nicht die Kinder. Else konnte nicht unterscheiden zwischen richtig und falsch. Hätte es ihr einer gesagt, sie hätte anders gehandelt.«[9]

Trotz all des Leids wird ihr Sohn vor dem Tod begreifen, dass er ihnen gegenüber keinen Groll mehr hegt, denn »man hatte auch sie in die Irre geschickt«.[10]

Janosch versucht hier noch mal, seinen »verfluchten« Namen zu entzaubern: Der Sohn von Rudolf und Else bekommt die Vornamen Norbert Fürchtegott, die in einer Familie von ehemals armen, ambitionierten Primitivlingen lächerlich pathetisch klingen.

Doch der wahre Protagonist des Romans ist Hrdlak, der bettelarme Tagelöhner mit dem Klumpfuß.

»Janosch hat wieder einmal eine Geschichte für Erwachsene erfunden – glücklicherweise. Hrdlak, der Held seines neuen Romans, lebt am Rand von Chlodnitze, einem Nest im oberschlesischen Bergbaugebiet, in einem alten Pferdestall und verdient sich sein Brot als Tagelöhner. Er wird ausgenutzt und lässt sich ausnutzen; trägt zum Beispiel der alten Dziuba das Essen für die Hochzeitsfeier der ältesten Tochter hinterher und schwitzt und schuftet, ohne es von der Frau gedankt zu bekommen. Und doch hat Hrdlak Freunde, hat Menschen im Dorf, die ihm gern begegnen. Der Mann der Frau Dziuba gehört dazu, der ihm am Hochzeitsabend Bier und Wurst bringt, dessen Nachbar Bunzinger und schließlich sogar die Jungen, die seine Heimstatt verwüsten wollten. Als Hrdlak überraschend auftaucht, bringt er sie ohne Worte zur Räson, schaut sie nur an, legt ihnen die Hand auf den Kopf und hat fortan Ruhe. Eine schöne Geschichte. Zu schön, um wahr zu sein? – Vielleicht, vielleicht auch nicht. Wer weiß schon genau um die Wirkung von Menschen«, schrieb Sabine Ebel in der »Berliner Zeitung«.[11]

Der arme weise Mann, ein Fremder unter Fremden, ein

Wesen aus einer anderen Welt, verschwindet schließlich eines Tages, indem er mit seinem Hund die geschlossene deutsch-polnische Grenze überschreitet. Hrdlak, der göttliche Narr, wird so dem tragischen Schicksal entkommen, das sein Vorbild Gresok in »Cholonek oder Der liebe Gott aus Lehm« ereilte. Und ähnlich wie bei jenem, versucht auch hier der Autor, denjenigen Menschen Gerechtigkeit zukommen zu lassen, denen sie stets verweigert wurde.

V

»Ganz Uskow war katholisch: die Leute, die Häuser, die Bäume, die Steine, und was nicht katholisch war, war des Teufels«,[12] schrieb Janosch 1992 in seinem Theaterstück »Zurück nach Uskow oder eine Spur von Gott oder der Hund von Cuernavaca«, das er bei seinem ersten Besuch 1993 dem Stadttheater in Zabrze geschenkt hatte. In dem Stück erinnert sich Steiner, ein alter Steinmetz, an sein Leben und überlegt, warum es ihm nicht gegeben ist, in Frieden zu sterben. Wie bei Janoschs Romanen, hat auch hier der Protagonist viel vom Autor, und die Erzählung ist durchsetzt mit Fakten aus seiner Erinnerung. Das titelgebende Uskow ist natürlich das alte Hindenburg. Vor allem jedoch ist »Zurück nach Uskow« eine Tirade gegen die katholische Kirche, das Manifest eines Ketzers.

Und ebendies wurde zum Hindernis im neuen, religiösen Polen, zur Zeit des Pontifikats von Johannes Paul II. Das Theaterstück sollte von einem Priester ins Polnische übersetzt werden, der – nach dessen Lektüre empört – die Aufführung in Zabrze verbot.

»Es geht um meine katholische Zerstörung der Seele. Ich habe der Stadt Zabrze angeboten, ihr die Nutzungsrechte zu schenken, sie haben abgelehnt, weil es gegen die Kirche geht«, erzählt Janosch heute und erklärt, es ginge in dem Stück um die Diskrepanz zwischen den Leitgedanken des Christentums und der Praxis der katholischen Kirche.

Der Direktor des Zabrzer Theaters, der zuvor sein Entzücken über das besondere Geschenk nicht verhehlen konnte, änderte unerwarteterweise seine Meinung. So war das Monodrama nach der offiziellen Meinung »sehr interessant, aber nur an eine kleine, intellektuelle Zielgruppe gerichtet«, und wurde in Zabrze nie gezeigt.

In Deutschland wiederum wurde das Ein-Personen-Stück gleichzeitig in vier Städten aufgeführt und entfesselte einen Sturm an Emotionen. Janosch hörte irgendwo die Anekdote, wonach Zuschauer durchs Theater rannten und aufgebracht schrien: »So ist es! Genauso ist es!«

2004 wurde Janoschs Buch »Cholonek oder Der liebe Gott aus Lehm« als Theater-Adaption am Korez-Theater in Katowice inszeniert, wobei das Haus für Deutsch-Polnische Zusammenarbeit aus Gliwice Koproduzent war. Das Stück wurde äußerst positiv rezensiert und wurde auch vom Publikum begeistert aufgenommen und als etwas Einmaliges bezeichnet. Im selben Jahr erhielt »Cholonek« den prestigeträchtigen Preis der Goldenen Maske in den Kategorien »Schauspiel des Jahres« und »Beste weibliche Rolle«. Bis heute wird es ununterbrochen auf den Brettern des privaten Korez-Theaters sowie in anderen ausgewählten schlesischen Theatern und Kultureinrichtungen aufgeführt. Korez präsentierte das Stück außerdem bei Festivals in Stuttgart 2006 und Wien 2008.

Co-Regisseur und Darsteller des Stanik Cholonek, der bekannte Schauspieler Robert Talarczyk, erinnert sich, dass er das Buch erstmals in den achtziger Jahren gelesen hatte – um immer wieder zu ihm zurückzukehren. Nach seiner Meinung zeigte »Cholonek« eine andere Vision Schlesiens als die, die in den Schulen gelehrt wurde. »Es war eine Erzählung, in der zum ersten Mal authentisch schlesisch gesprochen wurde, sehr ursprünglich und echt.«[13]

Die Helden des Dramas – Schwientek und seine Frau, Stanik und Mickel, Tekla und ihr Verehrer Detlev mit der schicken Welle – hatten Talarczyk und sein Kollege Neinert an einen Tisch gesetzt, mit einem weißen »byfyj« (Buffet) im Hintergrund, alles original alt-schlesisch.

»Am wichtigsten war es, die ganze Geschichte mit ihren zahlreichen Figuren zwischen Tisch und Buffet anzusiedeln. Die Darstellung des Makrokosmos eines Romans in dem Mikrokosmos einer Familie«,[14] erklärte Talarczyk seine Herangehensweise.

Um den Tisch herum versammeln sich die Figuren und meckern über die Wanzen, feiern das Schlachtfest, erzählen sich Gerüchte, schließen Allianzen, schließlich lassen sie sich von dem Nazi-Lackaffen Detlev einwickeln, der in sich alle schwarzen Charaktere des Romans vereint. Und wie in Janoschs Roman verbirgt der deftige Humor die wahre Tragik der Menschen, die in einem Niemandsland leben müssen.

Wie Stanik Cholonek sagt:

»Jeder tritt uns in den Arsch, aber wir sind doch hier geboren. Wir sind weder Polen noch Deutsche.«

»Cholonek« am Theater war eine Offenbarung. Es war das erste Stück, das massenhaft von den »Menschen von der Straße« besucht wurde. Der Saal im Kattowitzer »Dezemberpalast« wurde regelrecht belagert; die Eintrittskarten waren lange vorab ausverkauft. Die Zuschauer lachten und weinten abwechselnd.

»Wenn es schon irgendein Zug schafft, mich nach Schlesien zu bringen, dann kann ich ohnehin schwer mit meiner Familie oder Bekannten ein Gespräch anfangen, denn sie reden nur über eines: Cholonek, Cholonek, Cholonek!«,[15] schrieb der Rezensent Jacek Rojewski.

Der berühmte Filmregisseur Kazimierz Kutz kriegte sich

vor Begeisterung gar nicht mehr ein: »Im alten ›Dezember-Palast‹ hat ein theatralisches Wunder stattgefunden, denn nur so kann man die Aufführung des Korez bezeichnen. Das Stück heißt ›Cholonek‹. Ja, es ist eine wahre Offenbarung.«[16]

Und Dariusz Kortko fügte in der »Gazeta Wyborcza« hinzu: »Wer Schlesien verstehen will, muss ›Cholonek‹ sehen.«[17]

Das Stück wird seit zehn Jahren unaufhörlich aufgeführt, mittlerweile beinahe fünfhundert Mal. Das ursprünglich schlesische Phänomen wurde immer größer und feierte in ganz Polen Erfolge, unter anderem in Danzig und Warschau – bevor es in Wien und Stuttgart begeistert aufgenommen wurde.

Im Juni 2005 sah Janosch das Stück. Im Zuschauerraum lachte er herzlich, und nach der Aufführung gratulierte er hinter den Kulissen – sichtlich bewegt – der ganzen Crew des Theaters Korez. Er hatte »Cholonek« auf der Bühne mit tiefer Rührung und großer Zufriedenheit aufgenommen, wovon seine enthusiastischen Kommentare in Gesprächen nicht nur mit den zahlreichen interessierten Medien, sondern auch mit den Schauspielern zeugten. Er meinte, es sei ihnen gelungen, die Atmosphäre des alten Oberschlesien einzufangen, so wie es war. Sogar das Vertiko sei genauso eines gewesen wie bei seiner Großmutter Maria Godny in der Kochstube.

VI

Eine Filmszene: Ein Flugzeug mit Janosch an Bord landet in Krakau. Mit der Filmcrew fährt der Schriftsteller nach Zabrze. Er besucht den Ort, an dem bis vor kurzem noch die Grubenhäuser gestanden haben, und betrachtet die leere, von Gebüsch überwucherte Fläche, wo nun Schrottsammler herumwuseln.

Am Fluss wird ein Fest zu seinen Ehren gefeiert: Kinder tanzen, eine Volkskapelle spielt Fiedelmusik. Janosch geht zu einem älteren Mann, der ein Fahrrad schiebt, gibt ihm Zigaretten und Geld. Der erstaunte Alte dankt, versucht, etwas auf Deutsch zu sagen, schließlich setzt er sich auf den Sattel und fährt davon.

Janosch läuft die ulica Wolności entlang, besucht seine alte Schule, um endlich bei dem Kindergarten anzukommen, der nach ihm benannt ist. Dort hört er sich gerührt die Lieder über den Bären und den Tiger an, die die Kinder für ihn singen.

Mit offenen Armen in Zabrze empfangen, wird er mehrmals in die Stadt zurückkehren. Seine Besuche sind durch Filme und Fotos dokumentiert. Janosch im Kindergarten. Janosch betrachtet die übriggebliebenen Ziegelsteine von den Grubenhäusern. Janosch überreicht den Korez-Schauspielern Blumen. Janosch posiert mit Kazimierz Kutz vor einer Figur der Tigerente.

Der Schriftsteller fühlt sich wie zu Hause. Mit dem bekannten Blues-Musiker Irek Dudek übt er das Spiel auf der Mundharmonika. Er albert mit dem Filmemacher Kutz herum und schlägt ihm vor, einen Film über den Schlesier zu machen, der Amerika entdeckt hat: namens Kolumbiorz oder Kolumbowski.

Am Tag darauf besucht er auch Krakau, auf Einladung seines polnischen Verlages Znak. Jerzy Illg erinnert sich:

»Als uns seine antikirchliche Obsession bewusst wurde, hatten wir Angst, er würde irgendwelche Dinge erzählen, die uns in eine peinliche Situation bringen könnten. Aber er äußerte sich gar nicht zu diesen Themen. Nur als er mit Kindern im Garten des Goethe-Instituts saß und die Journalisten ihn ausfragten, konterte er auf die Frage, warum er Kinderbücher geschrieben habe: Ich habe Geld für Wodka gebraucht. Aber er kann Journalisten ja nicht ausstehen und foppt sie gerne.«[18]

Der Janosch-Kindergarten in Zabrze.

Auf Einladung des Hauses der Deutsch-Polnischen Zusammenarbeit, des Verlages Znak sowie des Goethe-Instituts in Krakau war Janosch 1993, 1996, 2005 und 2008 nach Oberschlesien und Krakau gekommen. Während dieser Besuche hatte er nicht nur die Gelegenheit, seine begeisterten Leser zu treffen, sondern auch die Preisträger des Janosch-Preises »Cegła z Gazety«. Diese Auszeichnung wird seit 2005 jährlich an Personen verliehen, die die kulturelle Identität Oberschlesiens pflegen und die Region berühmt machen. Dabei geben die Leser der »Gazeta Wyborcza« ihre Stimme für einen von einer Jury vorgeschlagenen Kandidaten ab. Der Preis besteht aus Ziegelsteinen von Janoschs Geburtshaus, das 2005 abgerissen wurde. Auf Initiative der Redakteure der Zeitung wurden diese Ziegel aus der Fassade gemeißelt, von Janosch signiert und von Schülern einer Kunstschule mit Szenen aus dessen Büchern bemalt.

Bei jedem Besuch in Zabrze verzichtete der Autor auf

einen offiziellen Stadtrundgang mit einem Historiker und ging lieber alleine in die Stadt, um nach den Spuren seiner Kindheit zu suchen. Er verließ frühmorgens das Hotel, wobei er die Journalisten austrickste, die stets um die Ecke lauerten, und blieb bis zum späten Nachmittag weg. Auf den Straßen von Zabrze wurde er von niemandem behelligt, obwohl er mit seiner großen, kräftigen Gestalt auffällt. So tauchte er einfach in der Menge unter.

Diejenigen, die ihn gesehen und erkannt hatten, erzählten später, dass seine Aufmerksamkeit den Gresoks und Hrdlaks galt. Er schenkte ihnen Geld und hin und wieder setzte er sich zu einem Stadtstreicher, um mit ihm zusammen dazuhocken und zu schweigen ...

Der stellvertretende Oberbürgermeister von Zabrze, Krzysztof Lewandowski, war erstaunt von dem hervorragenden Gedächtnis des Künstlers. Janosch (»ruhig, gelassen, stets lächelnd, schlicht in seinem Denken und Tun«, wie sich Lewandowski an ihn erinnert) kannte all seine Hindenburger Wege noch sehr gut und brachte Fakten ans Licht, die die gegenwärtigen Bewohner der Stadt nicht kannten. Als Lewandowski ihm als Geschenk eine Graphik der »Adlerapotheke« in der Bahnhofstraße überreichte, verkündete Janosch, dass er das Haus sehr wohl kenne: von den verhassten Unterrichtsstunden der Marien-Kongregation der Jesuiten.

»Nur manchmal bringt Janosch etwas durcheinander. Kein Wunder: Das Gedächtnis eines Kindes ist nicht immer verlässlich. So sollte Cholonek im Guido-Wald gezeugt worden sein, in den seine Eltern statt in die Kirche gingen. Doch jeder, der Zabrze gut kennt, weiß, dass man stattdessen in den Park bei der ulica Dubiela ging, weil dieser genau gegenüber vom Gotteshaus lag. Der Guido-Wald war einige Kilometer entfernt, und so ist es wenig wahrscheinlich, dass sie extra dorthin liefen, um die Weichheit des Grases zu testen. Schlesier sind doch praktische Leute«[19], scherzte Lewandowski und fügte hinzu: »Es ändert jedoch nichts an der Tatsache, dass man ›Cholonek‹ als eine Art Reiseführer durch das Vorkriegs-Hindenburg nutzen kann. Einige Gebäude haben ihre Funktion verändert, viele haben sie behalten. Man kann jedoch ohne Schwierigkeiten die damalige Atmosphäre spüren, die so anders ist als die in Zabrze hier und heute. Die schwierige und dynamische Geschichte hat nicht nur die Landschaft, sondern vor allem den Geist der Stadt verändert«,[20] findet er.

Bartosz Wieliński, einem Journalisten, der ihn für die »Gazeta Wyborcza« interviewt hatte, soll Janosch gesagt haben:
»Ich fühle mich als ein Schlesier, das ist meine Religion. Heimat ist für mich ein Zustand in der Seele, den ich nie verlor und den ich nie verließ.«[21]

2005 sagte er bei einem Treffen mit seinen Lesern in Krakau, er würde ohne zu zögern nach Schlesien zurückkehren. Nachdem er Zabrze verlassen habe, sei er ein Landstreicher geworden, habe in verschiedenen Regionen Deutschlands gewohnt, sei durch Frankreich gewandert und schließlich auf Teneriffa gelandet. Er habe nirgendwo einen festen Wohnsitz, dürfe nicht einmal krank werden, weil er nicht krankenversichert sei. Er fühle immer mehr, dass er Zabrze nie verlassen habe, dass er zu dieser Stadt gehöre. Das Zabrze seiner Kindheit habe er ständig vor Augen.

Janosch will seine Hängematte mit Meerblick eintauschen gegen die gute alte oberschlesische Heimat! Bei dieser sensationellen Nachricht lief die bürokratische Maschinerie heiß. Aufgrund dieser Aussage wollte ihm die Stadtverwaltung einen goldenen polnischen Pass besorgen; und bald hatte man für ihn eine Vier-Zimmer-Wohnung gefunden. Der Ehrenbürger der Stadt sollte unter ihren Bewohnern leben. Im Staatsarchiv machte man schleunigst die Dokumente der Mutter ausfindig, in denen ihr die polnische Nationalität bescheinigt wurde.

Zu jener Zeit wurden die alten Grubenhäuser abgerissen. An ihrer Stelle wurde eine Schnellstraße gebaut, und die Bewohner wurden in neue Häuser in der ulica Jodłowa umgesiedelt. Dort sollte Janosch eine Wohnung zugeteilt werden, im Schnelldurchlauf, ohne Wartezeit. Schon wurden Pläne für ein neues, besseres Zabrze geschmiedet, eine Stadt der Künstler.

»Zum ersten Mal sah ich ihn auf dem Bahnsteig des PKP-Bahnhofs in Katowice«, erinnert sich Bartosz Wieliński. »Ein großgewachsener, grauhaariger Mann in einem roten Hemd stieg aus dem Zug aus Richtung Hamburg aus. Gleich kamen wir ins Erzählen, über dies und jenes. Er erzählte mir von seiner Familie und von seiner schlesischen Kindheit. Es war amüsant, wenn er davon berichtete, wie er seinem Machorka-rauchenden Großvater immer auf den Schoß pinkelte – und gruselig, wenn er sich an den nationalsozialistischen Lehrer erinnerte, der ihm mit der Vergasung drohte, weil der Junge so schwächlich war. Ich habe alles aufgenommen, daraus ist ein großartiges Interview geworden.«[22]

Janosch soll Wieliński auch gesagt haben, dass er die Schreibweise seines Namens in das polnische »Janosz« verändern würde, und meinte, dass er Teneriffa über habe und an die Scharnafka zurückkehren wolle.[23]

Plötzlich änderte der Schriftsteller jedoch seine Meinung und erklärte in einem Brief an die Stadtverwaltung, dass er verzichten möchte. Janosch rechtfertigte seine Entscheidung mit Herzproblemen und den Schwierigkeiten auf Reisen.

In einem Interview mit der österreichischen Zeitung »Der Standard« ein paar Jahre später meinte er:

»Ja, ich war dort, wo das Haus meiner Geburt stand. Aber dann wurde das Haus weggerissen vor ein, zwei Jahren, und seit das Haus weg ist, bin ich auch innerlich weg von dort.«[24]

Viele Schlesier, darunter seine Freunde, waren sehr enttäuscht, doch niemand wollte Druck auf den Schriftsteller

Der Abriss von Janoschs Geburtshaus 2005.

ausüben. Der Abriss seines Hauses fiel ironischerweise mit seinem Besuch 2005 zusammen. Die Journalisten der »Gazeta Wyborcza« versuchten, wenigstens einige Fragmente des Grubenhauses zu retten, doch die Schrottsammler waren schneller und schleppten immer mehr Überbleibsel weg. Was man von der Mauer retten konnte, wurde zu den »Janosch-Ziegeln« für die späteren Preisträger verarbeitet.

»Eines Tages erzählte ich Janosch vom Besuch deutscher Kindergarten-Kinder, die nach Zabrze gekommen waren, um die Orte seiner Kindheit zu besuchen. An der Stelle, wo in der ulica Piekarska sein altes Haus stand, begannen die Kinder in der Erde zu wühlen und Fragmente von den Ziegelsteinen aus dem 19. Jahrhundert auszubuddeln. Sie riefen dabei: ›Oh, ein Backstein, ich habe einen gefunden!‹; später nahmen sie sie als Souvenirs mit. Ich habe es ebenfalls getan und so besitze ich heute einen Ziegelstein aus Janoschs Haus, auf dem er mir sein Autogramm gab. Und so wurde ich zum Botschafter Zabrzes, dem Führer auf Janoschs Spuren durch meine Heimatstadt«,[25] erinnert sich Dariusz Walerjański, Historiker und Stadtführer – den Janosch drei Mal versetzt hatte, weil er lieber alleine unterwegs war.

VII

Wie sollen wir den berühmten Sohn der Stadt ehren?, überlegten die Bewohner von Zabrze. Eine Erinnerungstafel? Ein Saal der Erinnerung? Oder ein ganzes Haus? Ein Maskottchen der Stadt nach Janoschs Entwurf?

2007 fand eine Feier anlässlich der Verleihung seines Namens an den bilingualen Kindergarten Nummer 28 statt; der Autor war dort ein regelmäßiger Gast. Allerdings ist nun nicht nur sein Name auf dem Schild am Gebäude zu sehen: die Kinder treffen jeden Tag seine Figuren, lesen jeden Tag seine Bücher, setzen sich mit ihnen auseinander, veranstalten Ausstellungen mit den Zeichnungen von Bär, Tiger, Günter Kastenfrosch und der Tigerente oder führen ein Stück nach seinen Motiven auf. Sie schicken Janosch sogar Briefe oder kleine Geschenke nach Teneriffa.

Seit 2009 wird jedes Jahr im März der Geburtstag von Janosch in seiner Heimatstadt gefeiert. Es finden Lesungen aus »Cholonek«, Ausstellungen, Theateraufführungen, Workshops und sogar Busreisen auf den Spuren von Janosch statt.

2011, im offiziellen »Janosch-Jahr« zu seinem 80. Geburtstag, wollten die Stadtoberen dem berühmten Schlesier die Ehrenbürgerschaft Zabrzes verleihen. Es wurde ein vielfältiges Programm ausgearbeitet: Präsentation der Filme über Janosch, eine Reihe von Ausstellungen über sein Leben, Lesungen, Poster- und Buchausstellungen, Theaterspektakel und im Herbst ein großes Geburtstagskonzert unter Janoschs Teilnahme. Geplant war auch eine Publikation zum Œuvre des Autors und zu seinen Beziehungen zur Geburtsstadt.

Die polnische Besuchsdelegation überreicht Janosch die Ehrenbürgerurkunde.

Im September 2011 informierte Janosch die Stadtverwaltung, dass er wegen seines Gesundheitszustands nicht würde kommen können. Und so trat Plan B in Kraft: Eine Delegation aus Zabrze fuhr nach Teneriffa.

Dort sollte Janosch die Ehrenbürgerurkunde offiziell überreicht und ein kurzer Dokumentarfilm über die Feierlichkeiten gedreht werden. Dabei waren: der Stadtpräsident Krzysztof Lewandowski, Czesław Zdechlikiewicz vom Centrum Organizacji Pozarządowych (Zentrum der polnischen NGO) und ich als Dolmetscherin. Der Stadtpräsident brachte extra für diese Gelegenheit seinen besten Anzug mit – und der Ehrenbürger Janosch hatte ein helles Leinenhemd und eine dunkelblaue Fleece-Jacke an. Auf den Fotos von der Zeremonie, zu denen er brav posierte, sieht der Künstler frohgemut und stolz aus; in der Hand hält er das schön kalligraphierte Dokument.

So erinnert sich Czesław Zdechlikiewicz an diese Begegnung:

»Während der Vorbereitungen wurde in den hin und her

geschickten E-Mails schnell seine spezifische Wortkunst sichtbar. Womöglich haben wir die Saiten der Nostalgie in ihm angeschlagen, denn schon in seinem ersten Brief schrieb er, dass er in seiner Seele immer noch in Zabrze sei. In jeder weiteren E-Mail tauchten immer mehr polnische und deutsch-polnische Worte auf, teilweise grammatikalisch sehr amüsant. Die Briefe begannen mit ›Drogy Panie‹ (›Lieblicher Herr‹) oder ›Zakochany Pan‹ (›Verliebter Herr‹) und endeten mit der Formel ›Grussowanki‹. In einer der E-Mails hieß ich Herr Czesławkiewicz.

Während unseres Besuches auf Teneriffa fragte ich Janosch, ob er meinen Namen bewusst oder unbewusst so geschrieben habe. Und er antwortete in vollem Ernst, doch mit seinem typischen scherzhaften, kindlichen Glanz in den Augen, es sei ihm so von Gott dem Herrn diktiert worden, und was von Gott käme, sei richtig. Bis heute weiß ich nicht, wie viel typische janoschmäßige Albernheit dabei war, auf jeden Fall besitze ich heute seine eigenhändig auf Polnisch (!) verfasste Urkunde der Verleihung eines Pseudonyms, worum ich von vielen Leuten beneidet werde.«[26]

Ich verabredete mich mit Janosch für ein Treffen in seiner Hacienda. Mir wurde gesagt, dass mich am Nachmittag jemand abholen würde. Als ein geheimnisvolles Auto mit einem unbekannten Fahrer auftauchte, stieg ich ein, nervös ohne Ende. Meine Begleiter schrieben – angesichts der Panik in meinem Gesicht – das Autokennzeichen auf und machten ein Foto davon. Unsere Sorge war umsonst: Der Fahrer war der damalige Agent von Janosch.

Die Presse nannte mich einen Glückspilz, der es geschafft hatte, diese wohlbehütete Festung am Meer zu betreten.

Kapitel 10

Die schöne Frau Ines

»Wenn Ines einkaufen geht, bitte ich sie telepathisch, Käse mitzubringen. Das klappt immer.«[1]

I

Er ging nach Teneriffa, um endlich seine Ruhe zu haben – doch das Schicksal sollte ihm wieder einen Streich spielen. Denn in seiner Einsiedelei sollte der Pechvogel, der bisher kein Glück im Privatleben hatte, endlich eine Gefährtin für die guten und die schlechten Tage finden.

Sie trafen sich in einem Supermarkt. Ines, eine lächelnde Dunkelhaarige mit einem schönen langen Zopf, stand vor ihm in der Schlange. Die neunzehn Jahre Jüngere stammt aus Hamburg, wo sie Biologie studiert und über zwölf Jahre an der Universität in einem Labor gearbeitet hatte. Eine Weile war sie mit einem aus Bremen stammenden Fußballspieler verheiratet, der aber an einer Lungenentzündung gestorben war, die er sich beim Training in der Wintersaison zugezogen hatte.

Von Teneriffa hatte Ines ein Arbeitskollege erzählt, der dort ein Haus besaß. Die junge Frau assoziierte die Insel lediglich mit Rentnern, die dort in der Sonne das Dolce Vita genossen, und so schickte sie ihre Eltern auf Urlaub dahin – doch diese beschlossen, für immer auf der Insel zu bleiben. Nach einer Weile kam sie nach und tauschte die wissenschaftliche Arbeit gegen eine Mode-Boutique in Playa de las Americas, die sie mit einer Freundin führte.

Janosch erinnert sich, wie er ihr Herz erobert hat:

»Sie hat mir überhaupt nicht gefallen. Ich ihr auch nicht. Aber dann aus Mitleid hat sie mir etwas gekocht. Mir hat nie jemand aus Mitleid etwas gekocht. Ich habe ihr auch Nudeln gekocht, die haben geschmeckt, dann wollte sie jeden Tag

Janosch und Ines, 1986.

Nudeln. Was für eine Faszination!!! Wir gingen nie spazieren, wir lagen immer im Bett und standen auf, und ich kochte Nudeln.«

Sie zogen zusammen, und Ines übernahm die Aufgaben einer Hausfrau. Das meiste im Haushalt erledigen sie zusammen, vom Einkaufen und Kochen bis hin zu Angelausflügen mit dem Boot. Janosch meint scherzhaft, nur Seilspringen zu zweit sei ihnen zu schwer.

Oft hatte er die Journalisten provoziert, indem er behauptete, er würde nur in der Hängematte liegen, während Ines den Haushalt besorgte. Diese Aussagen führten dazu, dass ihn einige deutsche Medien als frauenfeindlich abstempelten. Die Situation wurde auch dadurch nicht besser, dass in seinen Büchern die meisten Protagonisten männlich sind und für Frauen wenig Platz bleibt. Der »Welt« zufolge illustriert vor allem ein Buch ganz eindeutig Janoschs Einstellung zu den Frauen: »Guten Tag, kleines Schweinchen«. Das titelgebende Schweinchen, für das der kleine Tiger den Bären verlässt, stellt sich als eine wahre Xanthippe heraus. Es fängt an, sich herrschsüchtig aufzuführen, allen zu befehlen und von ihnen zu verlangen, ihm zu Willen zu sein.

In einem Interview mit der »Welt« wird Janosch behaupten, dass seine Beziehung mit Ines genau so aussähe:

»Das machen doch alle Frauen. Die befehlen. Das ist nicht gut. Aber bei mir ist das gut. Weil meine Frau intelligenter ist als ich. Also, ich mach alles, was sie sagt.«[2]

Wenn er Ines seine Zärtlichkeit zeigen will, küsst er ihre Hand »auf der sauberen Seite«.

2003 alberte Janosch mit der »Gala«-Journalistin Barbara Zahn herum und schilderte ihr sein Leben wie folgt:

»GALA: Ihre Partnerin nennen Sie ›Frau Ines‹?

JANOSCH: Manchmal, aber in erster Linie nenne ich sie ›du da‹.

GALA: Was führen Sie für eine Beziehung mit Ines?

JANOSCH: Ich liege jeden Tag in der Hängematte und sie arbeitet.

GALA: Ist das alles?

JANOSCH: Wir sprechen nicht sehr viel, haben aber eine unglaublich tiefe, telepathische Verbindung. Ich gebe den

Hunger per Gedankenübertragung zu ihr rüber. Wenn sie zum Beispiel einkaufen geht, bitte ich sie telepathisch, Käse mitzubringen. Das klappt immer. Und wenn nicht, dann gibt es ja noch das Handy.«

GALA: Sind Sie ein Macho?

JANOSCH: Das Märchen, dass ich ein Frauenfeind sein soll, möchte ich gerne hiermit aus der Welt schaffen. Frauen sind mein Lieblingsthema. Mein Herz ist groß wie die ganze Welt. Und da ist viel Liebe drin.

GALA: Was wäre Ihr Leben ohne Ines?

JANOSCH: Total verloren. Das wäre eine Ödnis wie nur irgendwas.«[3]

II

Aus dem »Wörterbuch der Lebenskunst« von Janosch:
Frauen
Geh mir doch weg mit den Frauen! (siehe auch: *Männer*)
Männer
Geh mir doch weg mit den Männern! (siehe auch: *Frauen*)
Mann und Frau
Sollte man voreinander schützen.
Komplimente
Sind wie eine leichte Narkose der Seele. Alle sagen, sie hätten sie längst durchschaut. Und dann kommt einer damit an, und sie werden wehrlos wie in einer Betäubung. Am meisten die Frauen.
Einsamkeit (freiwillige)
Nichts ist schöner und freundlicher.
Kinder (I)
Nur Eltern behaupten verbissen, die Kindheit (ihrer Kinder) sei schön (gewesen). Über ihre eigene Kindheit denken

sie meist das Gegenteil. Oder sie geben es zumindest vor. Kindheit ist selten schön.

Kindheit (II)
Eigentum der Eltern. Erst ein Auto haben, dann ein Haus haben, dann Kinder haben. »Haben« ist das Wort, um das es geht, die Sprache verrät es.

Koitus
Falls es zur Zeugung führt, bezahlt ihn der Nachkomme. Mit 60 Jahren Mühsal, Kriegsdienst, Ohrenpfeifen, Gliederreißen, Steuern zahlen. Ein paar Sonnentage sind auch dazwischen, na, wenigstens das![4]

III

»Die Hochzeit war so: Man ging in ein Büro, so wie ins Rathaus. Drei Hochzeitspaare warteten schon und wurden gerufen. Im Büro las eine Frau eine lange Rede vor und schon waren wir verheiratet.

Zwei fremde alte Leute waren Trauzeugen, darunter ein älterer Mann. Sie haben keine Beschäftigung und machten die Trauzeugen.

Die kleine Frau ist Frau Ines. Sie sieht aus wie eine Siegerin und ist 19 Jahre jünger.

Als die Brautleute ins Büro geholt wurden, hat man den Bräutigam gesucht, weil sie dachten, ich bin der Großvater.

Ich sehe sehr polnisch aus, und etwas blöde, wie ein Fremder.

Dann gingen wir weg von dem Büro und haben die Hochzeit vergessen. Keine Feier.«

Auf dem Foto vom 17. August 2013 stellt sich Ines, gekleidet in ein helles Jackett, auf die Zehenspitzen, um den viel größeren Bräutigam zu küssen. Er kneift die Augen zusammen, verlegen lächelnd. Der Raum ist leer: Auf den Stühlen, die für die Gäste vorgesehen sind, sitzt niemand.

Nach 33 Jahren des gemeinsamen Lebens und langer Vorbereitung wurden Janosch und Ines – die einander ohnehin üblicherweise »Mann« und »Frau« nannten – tatsächlich Ehemann und Ehefrau. Eher aus praktischen als aus romantischen Beweggründen: Erst im Jahre 2013 begann Janosch an die Heirat zu denken, um die Finanz- und Vermögenslage zu ordnen. Nach langen organisatorischen Vorbereitungen flogen die beiden nach Dänemark, um dort standesamtlich zu heiraten. Die Hochzeit war sehr bescheiden, ohne Freunde, irgendwelche Kamerateams und neugierige Zeugen.

»Diese Hochzeit wird vorläufig unsere Traumhochzeit sein, weil sie nicht in der Kirche stattfinden kann, wir beide sind nicht katholisch«, vertraute mir Janosch vor der Reise nach Dänemark an. »Jedoch ist eine Hochzeit, welche nicht vor Gott in der Kirche stattfindet, im Himmel ungültig. Kommt es in so einer Hochzeit zur leiblichen Vereinigung, ist dieses jedes Mal eine Todsünde gegen das siebente Gebot.

Wir werden auf das Amt gehen so wie man z.B. auf einen Bahnhof geht. Wir werden keine andere Kleidung tragen, als wie an jedem anderen Tag. Jedoch werde ich mich vorher rasieren. Ich trage keinen Hut. Frau Ines hat keinen Schleier. Wir haben noch keine Ringe. Man kann sie auf dem Amt leihen oder kaufen.

Danach werden wir in das beste Restaurant gehen und sehr teuer und große Portionen essen. Wir kennen dort niemanden, der Gast sein könnte. Die Trauzeugen verstehen nur dänisch, deswegen werden sie vielleicht nicht mit uns essen wollen. Wir werden sie jedoch einladen. Wenn wir zwei Bettler auf der Straße sehen, werden wir sie zum Festessen einladen. Das wird der schönste Tag in ihrem Leben sein.«

Und genau so war es auch.

Das Brautpaar nach der Eheschließung in Dänemark, August 2013.

Nach der Hochzeit wollte das frischgebackene Ehepaar in die Flitterwochen fahren. Mitte September flogen sie nach Portugal.

Kurz darauf bekam ich die Gelegenheit, die glücklichen Brautleute zusammen mit einem Fernsehteam aus Katowice zu besuchen. Ich erinnere mich heute noch an das wunderbare Abendessen, das Ines auf den Tisch gezaubert hat: gebackenen Fisch mit Bohnen, Kartoffeln und Weißwein. Wir feierten auf der Terrasse, mit Blick auf die Palmen und den endlosen Ozean. Und die Lebensfreude, die in diesen Augenblicken – und in dem Wein – enthalten war, führte dazu, dass die Filmemacher immer träger wurden.

Ich erinnere mich auch an die Versuche, von Janoschs Hand einen Gipsabdruck zu nehmen. Die Masse trocknete ständig zu früh, doch Ines – erfahrene Laborantin – experimentierte immer wieder mit unterschiedlichen Proportionen, während ich Janoschs Hand in die klebrige Gipsmasse drückte. Nach drei Versuchen war der Abdruck gelungen.

Sie haben nie gemeinsame Kinder bekommen. Ines hat aus der früheren Beziehung ihre Tochter Anna, die bereits erwachsen ist und sich für den Umweltschutz engagiert. Janosch und sie haben ein gutes, wenn auch lockeres Verhältnis.

IV

Janoschs Schwiegervater, ein ehemaliger Seemann und Schiffsingenieur, der aus Danzig stammte, spielte mit 96 Jahren noch brasilianisches Bandoneon und genoss das Leben in der Sonne Teneriffas.

In der Hacienda, die ihm einst gehört hatte, leben heute die Herrschaften Janosch: hinter einer Mauer, in zwei getrennten Gebäuden, mit getrennten Schlafzimmern. Wenn sie etwas brauchen, rufen sie einander einfach.

Sie haben einen Garten voller verschiedener Gemüsesorten, von Kartoffeln bis hin zu Artischocken und Spargel. Sie sind glücklich.

Janosch hat in seinem Häuschen ein Atelier mit einem Zeichentisch, über seinem Bett hängt das Porträt von Urgroßvater Jacob Piecha. Außerdem besitzt er drei Hängematten. Die Geschichte der Hängematten erzählte er mir einmal wie folgt:

»Vor ungefähr vier Jahren wurde im Hafen südwestlich von Los Abrigos ein Wrack von einem Segelboot an Land geworfen. Am Mast war noch ein halbes Segel befestigt, aus diesem nähte ich eine Hängematte. Die Schnüre von dem Schiff waren noch sehr fest. Inzwischen hat diese Hängematte schon ein Loch, ich werde versuchen, es zu flicken, wenn ich einen passenden Stoff finde.

Die zweite Hängematte brachte ich aus Madagaskar mit. Man konnte dort auf dem Fischmarkt von den Matrosen

Janosch hat in seinem Häuschen ein Atelier mit einem Zeichnertisch ...

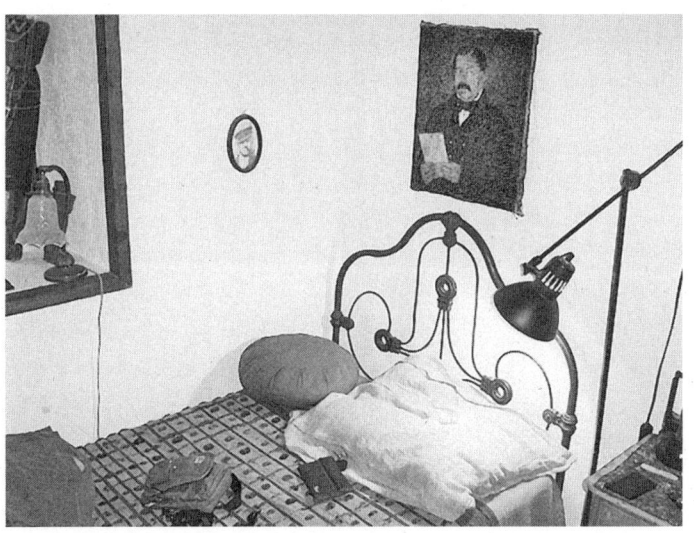

... sowie ein Bett, über dem das Porträt von Urgroßvater Jacob Piecha hängt.

manches kaufen. Diese Hängematten von Eingeborenen werden auf einem primitiven Handwebstuhl mit 70 cm Breite gewebt, breitere Webstühle gibt es nicht. Zwei Bahnen werden dann mit Hanf zusammengenäht, das reicht für eine einfache Hängematte. Auch die Schnüre sind aus Hanf, aber der Stoff kratzt sehr, wenn man sich nackt hineinlegt.

Die dritte Hängematte habe ich in Norddeutschland in einem Supermarkt sehr billig gekauft. Sie hält immer noch, die Schnüre mussten schon vier Mal erneuert werden. Solche Arbeiten mach ich selbstverständlich selbst.«

Auf meine Frage, was er jetzt am liebsten täte, antwortet er, dass er Fische und Krebse fangen ginge. Was für den Fischer ein großes Glück sei und weniger für den Krebs, kommentiert er.

Ansonsten beschäftigt er sich vor allem mit dem Sein.

»Was ich mache: Sein. Das ist eine philosophische Kunst. Man muss verstehen, was ist Sein. ›Być‹. Martin Heidegger hat das aufgeschrieben. Lesen reicht nicht. Man muss es auch verstehen. Mir ist es nie langweilig. Nur, wenn ich mit manchen Menschen zusammen bin und ich kann nicht weggehen. Aus Höflichkeit muss ich bleiben. Auch wenn ein katholischer Priester oder Bischof redet. Weil ich alles schon 100 × gehört habe. Aber manchmal höre ich sehr gern und genau zu, wenn so ein Mensch Blödsinn redet. So lange höre ich zu, wie ich es aushalte.«

V

»Wo ist Janosch?«, fragte das »ZEITmagazin« im Juli 2013.[5]

Auf dem Cover prangte die umgestürzte, auf der Seite liegende Tigerente. Der Leser bekam zwar eine Antwort, sobald er die Seite umgeschlagen hatte (dass er ab nun jede

Woche für das »ZEIT-Magazin« zeichnen würde), doch die Frage, was aus dem Künstler geworden war, trieb Deutschland schon lange um.

Der Ketzer von Teneriffa konnte sich lange nicht entscheiden, ob er nun in Rente gehen möchte oder nicht. Schon 2006 und 2010 hatte er das Ende seiner künstlerischen Karriere verkündet.

Sein letztes Manuskript ist das autobiographische »Tagebuch eines frommen Ketzers«, das bisher noch nicht erschienen ist. Janosch wollte sich nämlich nicht darauf einlassen, dass ein Lektor es bearbeitete:

»Ich schrieb den Text so, wie ich denke. In der Sprache, in der ich auch denke. Ich denke im Kopf so, wie ich den ›Cholonek‹ schrieb. Und dann schrieb der Lektor vom Piper Verlag alles so um, wie er denkt, dass ich denke. Und das ist anders. Das ist so, als würde man eine Beethoven-Musik als Walzer spielen. Ich habe mich damals so darüber geärgert, dass ich nicht damit einverstanden war, dass das Buch dort gedruckt wurde. Das heißt: So wie der Lektor (ein Deutscher natürlich) hätte ich das Buch niemals geschrieben, das ist nicht Zabrze-Denkart.«

Das erste Kapitel aus der Autobiographie wurde ins Polnische übersetzt und 2005, nach dem Besuch des Schriftstellers in Oberschlesien, in vier Teilen in der größten polnischen Zeitung »Gazeta Wyborcza« veröffentlicht. Später ging das Originalmanuskript jedoch verloren und wurde bis heute nicht gefunden.

Janosch ist heute der, der er schon immer sein wollte – ein Maler. Er lebt von den Ausstellungen und dem Verkauf seiner Werke. Seine Bilder werden von vielen Sammlern gekauft; für die Graphiken oder Radierungen muss man etwa 100 Euro bezahlen, für andere Werke bis zu 700. Für »Die Zeit« zeichnet Janosch jede Woche Herrn Wondrak, einen bärtigen

Mann mit der Statur eines Vorkriegs-Athleten, in Puschen und einem gestreiften Badeanzug (wie bei der Tigerente).

»Herr Janosch, wie lösen wir all die Weltprobleme?«, fragt das »ZEIT-Magazin« in einer Überschrift zu einer der Wondrak-Zeichnungen, auf welcher der Athlet mit einem Hammer auf einen Amboss schlägt, dass Metallsplitter nur so in die Luft fliegen. »Vermutlich ist es einfacher, die Welt neu zu erschaffen. Wondrak hat sich den Hammer gegriffen und begonnen, das Universum neu zu schmieden. Viel Arbeit, aber einer muss ja mal damit anfangen.«[6]

2013 war Janosch für »Ein Herz für Kinder« tätig: Deutschlands Ferienflieger Condor unterstützte im Rahmen einer großen Spendenaktion zusammen mit »BILD hilft e.V.« benachteiligte Kinder. Die Organisation hilft national und international Kindern in Not und fördert Kinderkliniken, Schulen, Sport- und Bildungsprojekte, unterstützt aber auch Kinder in Kriegs- und Krisengebieten.

Das Projekt sah vor, dass Janosch seine Zeichnungen für Condor gratis zur Verfügung stellte; die Fluggesellschaft beklebte eine Boeing 767 mit den Figuren der Tigerente, des kleinen Bären und des Günter Kastenfrosch.

Für die Laufzeit der Spendenaktion bis Ende 2014 wurden auch andere Condor-Maschinen bemalt, wenn auch nicht so umfangreich wie die Boeing 767: Alle anderen Flugzeuge der gesamten Condor-Flotte wurden mit Janosch-Figuren verziert. Auch der Condor-Schriftzug wurde bunt gestaltet. So machten die Protagonisten aus Janoschs Büchern auf die Charity-Aktion aufmerksam. Janosch bekam dafür kein Honorar, nur ein paar Freiflüge, auf ein Jahr begrenzt. Einen dieser Flüge nutzte er, um mit Ines zur Hochzeit nach Dänemark zu fliegen.

Janosch berichtet von der Zusammenarbeit mit Condor:

»Ich habe 4 Entwürfe abgeliefert. Die Condor hat nach Aussage des Agenten alle Entwürfe abgelehnt, dann hat ein

Mädel aus dem Büro von Condor den neuen Entwurf gemacht. Ich habe ihn erst gesehen, als er schon auf dem Flugzeug war. Der neue Entwurf widerspricht allen Regeln der Designerkunst (es gibt gestalterische Regeln, sonst bräuchte man das nicht zu studieren), er ist dilettantisch.«

Sei es aber, wie es sei: Die Hilfe war ihm wichtig.

Am 1. März 2013 erschienen bei der Deutschen Post zwei Sondermarken mit Motiven von Janosch: Marken für Postkarten zu 45 Cent mit der Zeichnung eines Segelbootes und Briefmarken zu 58 Cent mit einem Ostermotiv. Später entwarf er auch Briefmarken für die Schweizer Post, auf denen Bär und Tiger Ski fahren.

Bei Janoschs Ausstellungen wechseln sich sympathische Figuren von Bär und Tiger, Hase, Ente und Günter Kastenfrosch mit den Porträts gemütlicher schnurrbärtiger Männer mit Bauernhüten und den Akten üppiger Frauen ab – die er endlich nach Lust und Laune malen darf, ohne dass sich Kunstprofessoren echauffieren.

Es ist hier viel von für Janosch typischem Humor zu sehen, rührend in seiner albernen, naiven, manchmal derben Art: Da tauchen ein pinkelnder Bär auf und ein anderer, der eine vollbusige Frau anflirtet. Viele Bilder sind mit einem handschriftlichen Kommentar versehen, in einer verwackelten, primitiven Schrift – wie von jemandem verfasst, der erst schreiben lernt.

Das sind die Arbeiten eines Menschen, der weiß, dass er sich bei niemandem mehr anbiedern muss, und der konsequent seinen Stil schlichter, absurder Naivität durchsetzt. Heute tanzt er allen auf der Nase herum. Der ehemals angeblich talentlose Künstler triumphiert: An Janoschs Arbeiten »in deftiger, nie die Farbe scheuender Tempera- und Gouache-Technik« unterstrich bereits 1972 Horst Künnemann deren »malerische Kühnheit der Konzeption, die Fläche neu zu gestalten, auch neuartige Techniken zu optimaler Entfaltung zu bringen«.

Und Grzegorz Jędrzejowski, der 2003 die Kattowitzer Ausstellung Janoschs früher Arbeiten kuratierte, fügt hinzu:

»Er zeichnet, wie er will. Er kennt keine Blockaden, weder von einer Kunstschule noch von irgendwelchen Moden oder Tendenzen. Er setzt sich hin und malt so, wie er es für richtig hält. Und das ist großartig!«[7]

VI

Janosch im Gespräch mit dem österreichischen Journalisten Matthias Dusini:

»Ich habe hundertmal überlebt. Ich wohne auf einer Sonneninsel. Das Restgeld reicht noch über mein Ende hinaus. Man kann nur in einem Bett schlafen, 3 × am Tag essen … unterm Strich habe ich gewonnen. Ich bin gesund wie ein Waldesel.«[8]

Kapitel 11

Der Gänsehirt wartet am Fluss

*»Was machen Sie eigentlich, wenn Tiger und Bär
zu Besuch kommen?«
»Dann sage ich: Ich heiße Wondrak und bin ein Pferd –
wohin reiten wir?«*[1]

I

Als ich begonnen hatte, dieses Buch zu schreiben, hatten wir das Jahr 2011 und Janosch feierte seinen 80. Geburtstag.

Nun, da es auf Deutsch erscheint, wird er bald 85.

In diesen fünf Jahren haben wir lange Stunden geredet und beinahe 1000 E-Mails ausgetauscht. Wir waren sehr fleißig: Jeden Morgen setzte sich mein Gesprächspartner an seinen Computer und antwortete auf meine E-Mails vom Vorabend. Manchmal schreiben wir uns mehrmals am Tag. Eine Erinnerung zieht die nächste nach sich, und diese wiederum weitere; jeder Name oder Ort erinnert ihn an etwas anderes.

Er hat sich nicht vor Fragen gescheut, die für ihn schmerzhaft waren und alte Wunden öffneten. Wenn ich eine neue interessante Information fand, bestätigte er sie und fügte neue Details hinzu – oder dementierte es.

Der Korrespondenz fügte er seine Zeichnungen bei, meist mit antikirchlichem oder schweinischem Inhalt.

Zum Geburtstag schickte er mir das Porträt eines lächelnden Tigers mit der Widmung »Serdeczny Geburtstagskuski od Janoschka (Zabrze)«: »Herzliche Geburtstagsküsse von Janoschlein aus Zabrze«. Jeden Sonntag schickt er mir seine »Sonntagspredigt«.

Es hatte mich erstaunt, wie gerne er auf das Projekt einging, sein Leben aufzuschreiben – er hatte doch so schon genug vom Fotografiert-, Befragt- und Gefilmtwerden. Einem polnischen Regisseur, der ihn auf Teneriffa besuchen wollte, um einen weiteren Dokumentarfilm über ihn zu drehen, ließ er ausrichten, er sei nicht mehr am Leben.

Er schreibt mir, wie er manchmal nachts wach werde und Angst habe, als ob er gleich erschossen werden müsste – Angst davor, sich mit immer weiteren Journalisten und Filmemachern auseinandersetzen zu müssen.

»Für mich ist das eine Katastrophe, gefilmt zu werden. Man muss jedem Menschen helfen, wenn es möglich ist. Jedes Filmteam, welches hierherkommen will, geht genauso vor: Freundschaft, Mitleid, freundlich sein – alle 2 Wochen, und ich kann das nicht aushalten. Ich muss ein guter Mensch sein und für mich ist es die Hölle, wenn eine Fernsehkamera mich filmt.

Beobachtet zu werden ist für mich eine Katastrophe. Es gab früher in München Lokale, wo ich essen ging. Dort kannten mich die Leute und guckten zu, wie ich aß. Ich ging dann dort nicht mehr hin.

Ich bin schüchtern. Und ein Autist.«

Trotz seiner Abneigung gegen das Interesse an seiner Person währt unsere Korrespondenz fort. Janosch unterbricht sie nur, wenn er gesundheitliche Probleme hat. Er ist ein harter Mann, beklagt sich selten, obwohl er immer häufiger Schwierigkeiten mit dem Herzen, den Augen und seinem Gedächtnis hat.

Die alten, falsch behandelten und nicht ganz ausgeheilten Leiden setzen ihm immer wieder zu.

»Verdammt, ich muss wieder in die Klinik«, schreibt er mir, wenn eine erneute Untersuchung seines Herzens ansteht, das – von der falsch durchgeführten Narkose in der Kindheit geschwächt – sich immer wieder meldet.

Um seine Gesundheit zu stärken, sucht Janosch nach unkonventionellen Methoden: Alle zwei Wochen fährt er in die Nähe des Vulkans Teide, der seiner Meinung nach heilende Eigenschaften hat.

Er hat Angst, bald »in den Himmel zu gehen« und fügt hinzu, er müsse davor noch schleunigst Polnisch lernen, denn nach seiner Meinung spräche Gott diese Sprache. Und er befürchtet, dass ihn ein ähnliches Schicksal wie seine Verwandten erwartet: die Alzheimer-Krankheit oder der Verlust des Verstands.

»Ich kann nicht mehr alleine verreisen. Ich weiß dann plötzlich nicht, wie man das Flugzeug findet. Mein Vater hatte das auch und starb in einer Anstalt. Er suchte dort, in der Anstalt, das Haus, wo er 1921 wohnte, und der große Wahnsinn ist: ER HAT ES GEFUNDEN. Er konnte dann zeigen, wo Mierzowski und Knossala wohnten. Auch mein Großvater (Vater der Mutter) starb in einer Anstalt. Er sprach mit sich allein zu alten Kameraden, die schon lange tot waren. Eine Schwester von meiner Mutter wurde verrückt.«

Immer, wenn er zum Arzt muss, wird er von Ines begleitet, die sich alles Wichtige merkt, was der Mediziner gesagt hat.

Doch davor, dass er eines Tages wird gehen müssen, hat der fromme Ketzer keine Angst. Es interessiert ihn, wie es ist, wenn alles verschwindet. Er möchte gerne fröhlich sterben, und er fürchtet lediglich, unter Schmerzen gehen zu müssen oder in einem Augenblick, in dem er nicht glücklich ist.

Vom Glück hat er mir oft erzählt und weiß, dass er es erfahren hat:

»Glück heißt, frei zu sein. Wer nichts braucht, dem kann überhaupt nichts passieren.«[2]

II

Zum Schluss überlegen wir, die »verliebliche Angieluszka« und Janosch, welchen Titel wir dieser Erzählung geben sollen:

»Nirwana, nach Zabrze und zurück«

»Scharnafka im Blut, Machorka im Kopf«

»Der fromme Ketzer und Anarchist«

Schließlich einigten wir uns mit dem Verlag auf den polnischen Titel »Der Ketzer aus dem Grubenhaus – die Biographie von Janosch«.

»Das Buch könnte wie folgt beginnen«, schlägt Janosch vor: »In meinem Kopf bin ich immer noch in Zabrze. Nur mit den Beinen laufe ich hier herum«. Je mehr Tage er hinter sich gebracht hat, desto näher ist er seinem Ziel – in Zabrze am Fluss zu sitzen.

Weder das Haus, in dem er geboren wurde, noch die Straße, in der seine Familie gelebt hatte, existieren heute noch. Das Schlesien, das er in seinen Büchern beschrieben hat, der Miniaturkosmos – wie er seine Heimat nennt – hat sich bis zur Unkenntlichkeit verändert. Aber ist es für ihn von Bedeutung?

»Nein. Ich denke, es sind die Strahlen aus der Erde. Die waren kosmisch anders. Manchen Leuten geht es unter bestimmten Erdstrahlen besser. Elektrisch geladen.

Katzen legen sich auf solche Strahlungsorte. Dabei werden andere gerade auf solchen Strahlungen krank.«

Die positive Strahlung von Zabrze muss also bis zu der fernen Insel Teneriffa reichen. Eines Tages schrieb er mir, dass er oft mit der Überzeugung aufwache, wieder in der Wohnung seiner Großeltern im Ciupkaweg zu sein.

»Heute in der Nacht wachte ich auf und wusste meine Lebensformel. Jeder Mensch hat eine Lebensformel, die er findet oder nicht. Meine Formel ist: ZURÜCK NACH Zabrze (Mit der Seele). Zabrze heißt also ›za brzegiem‹ – ›hinter dem Fluss‹.

›Hinter dem Fluss‹ war meine Lebensformel. Und das Wasser war meine Lebensformel. Bei mir im Leben ging es immer um den Fluss und das Wasser. Ich musste immer am Wasser leben: am Ammersee und jetzt am Meer.

Ich schrieb (in ›Janosch erzählt Grimms Märchen‹) die Geschichte von dem, der über den Fluss geht, wenn er stirbt. Die Geschichte heißt DER TOD UND DER GÄNSEHIRT. Ich gehe (mit der Seele) zurück nach Zabrze in den Ciupkaweg. Und dann ist mein Kreis geschlossen. Und ich muss nicht wiedergeboren werden.«

Janosch sagte mir oft, dass er ein Wassermensch sei:

»Geboren unter dem Zeichen der Fische, braucht das Wasser wie ein Fisch. Geboren am Wasser und gestorben am Wasser, am besten an der Scharnafka.«

III

»DER TOD UND DER GÄNSEHIRT«

Einmal kam der Tod über den Fluss, wo die Welt beginnt. Dort lebte ein armer Hirt, der eine Herde weißer Gänse hütete.

»Du weißt, wer ich bin, Kamerad?«, fragte der Tod.

»Ich weiß, du bist der Tod. Ich habe dich auf der anderen Seite hinter dem Fluss oft gesehen.«

»Du weißt, dass ich hier bin, um dich zu holen und dich mitzunehmen auf die andere Seite des Flusses.«

»Ich weiß. Aber das wird noch lange sein.«

»Oder wird nicht lange sein. Sag, fürchtest du dich nicht?«

»Nein«, sagte der Hirt. »Ich habe immer über den Fluss geschaut, seit ich hier bin, ich weiß, wie es dort ist.«

»Gibt es nichts, was du mitnehmen möchtest?«

»Nichts, denn ich warte auf nichts.«

»Dann werde ich jetzt weitergehen und dich auf dem Rückweg holen. Brauchst du noch etwas, wünschst du dir noch was?«

»Brauche nichts, habe alles«, sagte der Hirt. »Ich habe eine Hose und ein Hemd und ein paar Winterschuhe und eine Mütze. Ich kann Flöte spielen, das macht mich lustig.«

Er musste immer am Wasser leben: am Ammersee und jetzt am Meer, Teneriffa, Oktober 2013.

(…)
Als dann der Tod nach langer Zeit wiederkam, gingen viele hinter ihm her, die er mitgebracht hatte, um sie über den Fluss zu führen.
(…)
Als sie an den Fluss kamen, wo die Welt aufhört, saß dort der Hirt. Und als der Tod ihm die Hand auf die Schulter legte, stand er auf, ging mit über den Fluss, als wäre nichts, und die andere Seite hinter dem Fluss war ihm nicht fremd. Er hatte Zeit genug gehabt, hinüberzuschauen, er kannte sich hier aus, und die Töne waren noch da, die er immer auf der Flöte gespielt hatte; er war sehr fröhlich. Das war schön für ihn.
Was mit den Gänsen geschah? Ein neuer Hirt kam.[3]

Doch einen neuen Janosch wird es nicht geben.

Kapitel 12

Immer Sonne und kein Gott in der Nähe –

Das Gespräch mit Janosch

Das Gespräch mit Janosch

Janosch ist kein einfacher Gesprächspartner.

»Ich erkenne keinen Sinn darin, allen Leuten zu erzählen, was ich denke oder wie ich so lebe. Deswegen bin ich sofort ›schwierig‹.«

Der Autor verweigert Interviews. Er gibt sie nicht gerne und wenn schon, dann stellt er gerne denjenigen Fallen, die nicht wachsam genug sind. Gerne ist er witzig und ironisch und würzt seine Antworten mit deftigen Aussprüchen. Gleichzeitig ist er sehr verschlossen, gar schüchtern. Und er kann Manipulationen nicht ausstehen. Journalisten kann er nicht besonders leiden, da sie nach seinen Worten Informationen verdrehen, oft etwas nicht verstehen, gerne Antworten vergessen und letztlich nur nach Sensationen suchen. Seine Abneigung gegen diese Zunft ist legendär und gefürchtet.

»Wenn der Journalist nur drei Wörter verändert, habe ich diese Aussage so nicht gemacht. Das darf nicht sein.«

Allerdings ist er auch ein Künstler und ein Zauberer, der die Menschen das sehen lässt, was er will. Soll man also alles, was er sagt, für die reine Wahrheit halten?

»Ich weiß eigentlich nicht, was ich tue. Ich denke eher, dass ich gar nichts sicher weiß. Die Wahrheit ist jeden Tag eine andere. Wenn ich heute etwas so sage, dann kann ich morgen das Gegenteil sagen, und beides ist für mich wahr.«

Weil er nicht gerne vor Publikum steht und ein wahrer Einsiedler ist, war es nicht einfach, ein Treffen unter vier Augen zu organisieren. So ist das vorliegende Interview vor allem per E-Mail entstanden. Einige Fragen beantwortete der Autor bei meinem Besuch auf Teneriffa im November 2011.

Die Fragen kamen allmählich auf, zwischen 2011 und 2014, und so führte unser Austausch in verschiedene Richtungen. Unsere Themenpalette ist breit: Janosch berichtet von seiner Kindheit in Hindenburg, von seinen Büchern, seinen Leidenschaften, seiner Lebenseinstellung, von der Kirche und natürlich von Oberschlesien.

Trotz fortgeschrittenen Alters ist Jotek sehr fit am Computer, und es ist für ihn kein Problem, Dateien anzuhängen oder Fotos und Zeichnungen zu verschicken. Auf meine Frage, wo er den Umgang mit dem Computer gelernt habe, antwortete er:

»Ich glaube, Gottvater hat mir die Kunst beigebracht, eine andere Idee habe ich nicht, ich war in der marianischen Kongregation. Ich muss alles mit dem PC bearbeiten und es dann wegschicken, anders geht es nicht.«

Ich habe seine Antworten genauestens aufgeschrieben, ohne etwas zu verändern. Als Janosch den Text anschließend gelesen hatte, war er begeistert, was in solchen Fällen selten vorkommt, und meinte, er würde alles wieder genau so sagen. Nach der Lektüre schrieb er mir eine Dankes-Mail:

»Ihr Interview ist hervorragend gut und genau so, wie ich denke. Sie sind der einzige Mensch, der meine Aussagen nicht verändert hat. Ich muss Sie 4 Stunden lang dafür beküssen!!!! Oh mein Gott!! Djenkujecznie! (so viel wie: Herzlichstbedankung!).«

Am Ende fügte er hinzu:

»Ich werde niemals mehr jemandem so viel über mich sagen!!«

Und deswegen beschloss ich, alles so zu erzählen, wie es sich tatsächlich zugetragen hatte ...

Frommer Ketzer und Anarchist
oder zurück nach Zabrze –
Janosch im Gespräch mit Angela Bajorek

Was bedeutet für Sie die Ehrenbürgerschaft der Stadt Zabrze?
Das wäre für mich die einzige Verehrung, die ich gern annehme. Weil ich immer Heimweh habe. Ansonsten ist mir jede Art von Ehre peinlich. Ich muss dann vorn auf eine Bühne gehen und mich bedanken. Ich habe nur einmal einen (deutschen) Orden (Bundesverdienstkreuz) gern angenommen, weil ich dachte, dass er aus Gold ist und ich könnte ihn verkaufen. Ist aber kein Gold.

Eine polnische Delegation aus Zabrze kommt nach Teneriffa, man will mir die Ehrenbürgerschaft von Zabrze überreichen. Ich weiß nicht, wozu ich das brauche. Vielleicht, um im Himmel vorzuzeigen.

Warum haben Sie sich entschieden, nicht nach Zabrze zu kommen? Die Stadtverwaltung wollte Ihnen einen goldenen polnischen Pass besorgen.
Ich habe in der Brust eine Batterie in einem kleinen Kasten, welche das Herz anstößt, wenn es stehenbleibt. Ohne Batterie läuft es nicht mehr. In einem Flugzeug kann die Batterie versagen und auch wenn ich an einem starken Energiefeld vorbeigehe. Dann gibt es einen Kurzschluss und dann ist Ende. Koniec. Manchmal muss ich plötzlich in die Notaufnahme, weil das Herz nicht mehr funktioniert, dann muss ich den Arzt spätestens in 1–2 Stunden erreichen. Passiert das im Flugzeug, dann muss ich nicht ins Krankenhaus, es erledigt sich von selber. Samo. Was würde man in Zabrze machen,

wenn ich dort sterbe? Man durfte früher einen Ketzer und schweren Sünder nicht auf dem Friedhof begraben, sie wurden hinter dem Zaun von der Andreaskirche ohne Priester und ohne Kreuz vergraben. Wissen Sie das? Fragen Sie doch mal die Bürgermeisterin, was man dann machen würde, wenn ich als schwerer Sünder in Zabrze sterben würde!

Man kann mir aber gern den goldenen Pass schicken. Das wäre mir eine letzte heimatliche Ehre. Man könnte auch meine polnische Staatsangehörigkeit eintragen, man findet sie dort in den Akten, sie wurde niemals beendet. Und es darf nicht drinstehen »Religion katholisch«.

In Zabrze sterben, das wäre ein himmlischer Witz, die Bürgermeisterin hatte mir gut gefallen. Ich halte sie für eine Weltbürgerin. Ein guter Christ muss hauptsächlich seine Feinde lieben.

Also muss sie mich lieben, obwohl ich Ketzer bin, bin ich verbindlich katholisch. Nehme ich einmal an. Fast jeder Pole muss katholisch sein, in Polen bekommt man dieses kostenlos, das will heißen: Der Katholik braucht dort keine Kirchensteuer zu zahlen. Deswegen sind alle Polen katholisch.

Woran oder an wen aus Ihrer schweren Kindheit erinnern Sie sich am liebsten? Wen/was möchten Sie von dieser Zeit vergessen?
Am liebsten war mir der alte Mann Gresok aus dem Buch »Cholonek«. Es gab ihn wirklich. Man könnte ihn noch im Einwohnerregister um 1938 finden. Wenn meine Großmutter Essen übrig hatte, welches sie hätte wegwerfen müssen (verschimmelt oder das Brot war zu hart), stellte sie es dem Gresok vor die Tür: »Der kann das noch essen.« Das war für mich sehr schlimm. Er war immer glücklich und konnte sich unendlich freuen. Die Deutschen haben ihn (wie es in dem Buch steht) getötet. Vergessen möchte ich alles, was ich über den Katholizismus weiß. Ich hatte eine intensive jesuitische Schulung (Marianische Kongregation) und habe

später in München lange am katholischen Christentum herumstudiert (bei Romano Guardini). Ich wollte alles wissen, weil ich mich entsetzlich vor Gott und seiner Hölle fürchtete (ich war nie sehr intelligent). Jetzt weiß ich (fast) alles über die Kirchengeschichte und die Absurdität dieser Religion. Ich halte die Kirchengeschichte für ein 2000 Jahre andauerndes Verbrechen. Da wurden Menschen lebendig verbrannt, Kulturen vernichtet (Südamerika) ... Die Nazis wurden gefördert (Hirtenbriefe des Bischofs von Breslau), ... und wie jetzt der Kindesmissbrauch abgewickelt wird – o mein Gott, wie kann da einer noch katholisch sein!! Und ganz schlimm waren die Nazis. Würde man in Polen die Kirchensteuer wieder einführen, würden mehr als 50 % der Katholiken die Religion sofort verlassen.

Wie würden Sie Ihr Leben zusammenfassen?
Ich habe es durch unzählige Wunder sehr gut überlebt und halte mich für einen Sieger. Was die Freude am Leben angeht.

Welches Bild haben Sie vom Katholizismus in Polen?
Polen ist sehr arm, denke ich. Ein Philosoph sagte: »Der arme Mensch ist ein besserer Mensch.« Ein Pole ist ein besserer Mensch. Wer im Ausland das Glück hat, einen Polen für Schwarzarbeit zu bekommen, der weiß, was ich meine. Sie arbeiten sehr viel und sehr gut für wenig Geld. Partei- und Religionsführer in den Ländern der Welt drücken die einfachen Menschen sehr nach unten. So ein Mensch freut sich dann, wenn er ein wenig Wurstbrot bekommt, z.B. im Kommunismus. Oder wenn der Pfarrer ihm seine Sünden verzeiht. Wussten Sie, dass in der Beichte die Sünden NUR vergeben werden? Das nennt man Sophistik. (Im Lexikon nachschauen!) Die Strafe bleibt bestehen. Man verschleiert durch komplizierte Reden den Sachverhalt so sehr, dass der andere ihn nicht mehr versteht. Wer die STRAFE vergeben haben will,

der muss spätestens auf dem Sterbebett einen vollkommenen Ablass erwerben. Es gibt keinen Katholiken, der das weiß. Das bedeutet, dass kein Katholik direkt in den Himmel kommen wird. Nicht-Katholiken kommen auch nicht in den Himmel. Maria ist der einzige Mensch, der mit dem irdischen Körper in den Himmel kam. Das ist so blödsinnig!!! Ist sie dort nackt? Nur noch Jesus ist dort mit seinem Leib. Wegen diesem Blödsinn bin ich Ketzer. In einer seiner letzten Reden erteilte der Papst allen anwesenden Katholiken den »vollkommenen Ablass« ihrer Sünden. Er sagte NICHT: Strafen. Das beweist doch, dass diese Auflage (der Ablass) dort immer noch gilt und die Sündenstrafen ohne den vollkommenen Ablass dem Katholiken bleiben!! Sophistik. Es kann nicht sein, dass der Papst das nicht mehr weiß!

Alles das ist ein Kaspertheater. Bereits am nächsten Tag belädt jeder Katholik sich mit neuen Sünden (kaum einer ist ohne »unkeusche Gedanken, unkeusches Begehren« – sofern er nicht 90 Jahre alt ist). Kaum einer kommt im Alltag ohne Lügen aus. Schon das freundliche Gesicht eines Autohändlers ist meist eine Lüge.

Die Mehrheit der Haupt- und Nebenfiguren in Ihren Romanen ist männlich. Die Frauen erscheinen eher im Hintergrund als Ehefrauen, die ihre Hausarbeit verrichten und weder äußerliche noch psychologische Individualzüge besitzen (außer Frau Schwientek und Dziuba). Erklärt sich Ihre Sicht der Frau aus Ihrer religiösen Vorstellung?

Ich wurde sehr gemein katholisch erzogen. Die Frau ist dort mehr eine Sünderin. Man erzählte den Kindern den Blödsinn, dass wäre Eva nicht so sündig gewesen, wären heute die Menschen im Paradies (zu lesen in der kath. Bibel). Der Mensch wird gezeugt durch (eigentlich) eine Sünde. Er wird durch die (eigentlich sündhafte Geburt) Erbsünde vom Himmel ausgeschlossen. Geboren werden ist die Ursünde.

Diese Ursünde also ist die Strafe für diese und wird erst aufgehoben durch die katholische Taufe – bedeutet aber: auf Lebenszeit katholisch zu sein, registriertes Mitglied der Kirche, wofür er (außer in Polen) zwangsweise Steuern zahlen muss. Zahlt er sie nicht, werden diese z.B. in Deutschland vom Staat zwangsweise eingezogen. Zwischen Staat und Kirche besteht diese gesetzliche Vereinbarung seit Kaiser Wilhelm. Das ist fatal!! Und ergibt kein philosophisches Verstehen. Um in den Himmel zu kommen, muss der Katholik im Augenblick des Todes im Zustand der heiligmachenden Gnade sein. Da nutzt ihm die Zahlung der Kirchensteuer auch nichts. Ich kenne in meinen 80 Jahren keinen Katholiken, der im Zustand der heiligmachenden Gnade starb. Bedenken Sie das doch bitte!!! Alle Ihre katholischen Mühen sind unnötig gewesen im Sinne der Religion!! Der im Prinzip fromme Mensch verfällt zwar nicht unfehlbar der Hölle – was er nicht sicher weiß, aber HOFFT. Sondern kommt »zur Reinigung« zunächst ins Fegefeuer. Dieses entspricht exakt den Qualen der Hölle, dauert dann aber nur ein paar Millionen Jahre – Der nicht fromme Katholik, also Sünder, kommt ohne Vergebung der Sündenstrafen direkt in die Hölle. Alles das ist so ein Blödsinn, dass man heulen könnte über die Dummheit der Leute, welche das so übernehmen.

Sehen Sie bei sich bestimmte Charaktereigenschaften/Charakterzüge der Schlesier?
Ich halte mich nicht für einen Schlesier. Alle meine Vorfahren kamen aus Polen. Ein Pole eignet sich gut als Partisan. Ein Schlesier nicht so.

Welches von Ihren Büchern ist für Sie besonders wichtig?
Zurück nach Uskow.

Ist das Schreiben für Kinder schwerer/leichter als für Erwachsene? Welche Lesergruppe ist anspruchsvoller?
Ist leichter für Kinder. Bücher für Erwachsene werden sehr hart kritisiert.

Was bedeutet für Sie Glück? Wann empfinden Sie solche Momente?
Glück ist ein Zustand im Kopf. Ich kann es fast zu jeder Zeit herstellen. Das geht mit Yoga.

Identifizieren Sie sich mit Adolf Cholonek?
Ich bin Adolf Cholonek. Mein Name Horst kommt von dem Nazi Horst Wessel. Cholonek wurde getötet. Die Szene aus dem Buch mit der Bande war mir ein Erlebnis, ich wurde von den Steinen aber nicht getroffen, ich war bald zu weit weg. Passierte in der ulica Barbórka. Der Anführer der Jugendbande hieß Josef Golek, ging mit mir in die Schule, ich hatte manchmal mein Brot mit ihm geteilt.

Woher stammen Ihre Kenntnisse über die Zeit des Kommunismus in Polen, die Sie in »Polski Blues« beschrieben haben?
Eine Naturbegabung. Ich kann manchmal wissen, was an anderen Orten passiert. Trance. Ein Fehler im Kopf. Geistesgestörte (Gresok aus »Cholonek«) konnten es manchmal. Das ist wie eine Wunde im Gehirn.

Welche Symbolik hat Ihr Gott in »Cholonek«? Warum ist er aus Lehm?
Gott machte den Menschen nach seinem Ebenbild aus Lehm. Dann muss er als Ebenbild auch aus Lehm sein, dachte ich mit meinem einfachen polnischen Verstand. Ich habe so ein gutes Gefühl zu Lehm, falls es Gott gibt. Mir stellt sich diese Frage nicht, weil ich es nicht weiß. Wenn es ihn gibt, ist es gut. Und wenn nicht – ist auch in Ordnung. Ob Ja oder Nein kann ich mir in diesem Fall nicht aussuchen.

Die Oschlowskistraße ist Ihre literarische Fiktion? Es gab auch damals keinen Priester mit diesem Namen in Zabrze.
Der Name hat keine Bedeutung, er ist nur gut, so schön polnisch.

»Cholonek« wird in Polen als ein Kultbuch und die »schlesische Bibel« bezeichnet. Wie sehen Sie das?
Hoffentlich begreifen die Leser, was die Kirche in Polen mit ihnen anstellt. Wenn Sie am Annaberg erleben, wie aggressiv der Priester seine Predigt über die Köpfe der Sünder ausschüttet, erkennen Sie die Situation zwischen oben und unten, sofern man nicht ein Opfer dieser Aggression ist.

Ihre Großmutter war Vorbild für Frau Schwientek. Wie würden Sie sie charakterisieren?
Sie war der General in der Verwandtschaft. Sehr stark und arbeitete Tag und Nacht. Sie badete nur einmal in der Woche in einer kleinen Wanne, wo sie nur den Hintern hin[ein]stecken konnte, dadurch roch sie etwas wie ein Haustier. Nach Kernseife, Sauerteig und Frau. Sie trug sehr große dicke Schlüpfer, daran war das Geld vom Verkauf von Gemüse auf dem Markt mit einer Schnur befestigt, damit mein Großvater es nicht finden konnte. An sie ging er nicht ran. Sie tötete Flöhe mit den Fingernägeln: die Laus zwischen 2 Fingernägel und dann: knack. Laus getötet. Kopfläuse sind weich und knacken nicht.

Was ist das für ein Gefühl, wenn die Kinder Ihre Bücher in die Hand nehmen und sie mit Vergnügen lesen. Wie reagieren Sie auf Kinder?
Ich habe noch keine Kinder gesehen, die meine Bücher lesen. Ich reagiere auf Kinder mit viel Freude. Ich muss sie immer am Kopf berühren.

Machen Sie noch Lesungen für Kinder/Erwachsene?
Nein. Seit 56 Jahren nicht. Ich kann nicht schnell lesen, ich ging nur sehr kurz in die Schule, ich muss immer stottern. Ich bin zu schüchtern. Und ich bin schon zu alt für alles.

Sind Sie sentimental?
Ich denke, nein.

Wenn wir die Zeit zurückdrehen könnten, würden Sie anders leben, würden Sie andere Entscheidungen treffen?
Ich würde weniger arbeiten.

Wie sieht heute Ihr Tag, Ihre Woche aus?
Immer Hängematte.

Ist die Hängematte noch Ihr Attribut? Warum bekam sie in den Medien einen Kultstatus und woher kam die erste?
Ja, aus Panama. Kultstatus – das war schon lange fällig. Es geschieht nichts ohne den Willen Gottes, auch kein Spatz …… fällt …………… vom Dach usw.

Gibt es einen Verlag, mit dessen Zusammenarbeit Sie zufrieden sind?
Mit der Zusammenarbeit war meistens alles in Ordnung. Sehr schwere Fehler gab es bei manchen nur in der Abrechnung und Zahlung des Honorars.

Wofür hat sich Ihre Mutter interessiert?
Sie hat sich mit »letzter Mode« beschäftigt. Sie wollte so »elegant« sein wie die Frauen in Berlin. Damals.

Haben Sie Geschwister?
Ja. Einen Bruder. 11 Jahre jünger. Er hat keinen Beruf, heißt Christian und lebt noch.

Ist Ihr Bruder ein Geheimnis? In keinem Interview haben Sie von ihm was gesagt? Welche Beziehung haben Sie zu ihm? Lebt er in Deutschland?
Lebt in Deutschland, ist ein armes Schwein. Ich glaube, er ist im Kopf nicht in Ordnung. Er hat seit vielen Jahren nicht gearbeitet, er bekommt Geld vom Staat und von mir. Meine Mutter sagte: »Dass er nichts taugt, hat er von der Verwandtschaft meines Mannes geerbt.« Er war noch nie krank und ich bekomme jetzt die 9. Operation. Gott sucht sich seine Leute aus, die er mit dem Hammer haut. MEIN Bruder ist für alle, die mit ihm verwandt sind, eine Strafe: für seine Eltern, seine Kinder, ich kann ihn gerade noch ertragen, weil man alles ertragen können muss, sonst ist man der Verlierer. Man darf kein Opfer sein. Ich weiß nicht, ob man wählen kann: Opfer oder Sieger. Ich denke, man kann manches im Leben entscheiden. Nur ob man katholisch getauft wird, kann man zunächst nicht entscheiden, falls man katholische Eltern hat. Das halte ich für sehr fatal. Warum denkt keiner darüber nach und verändert sich!

Sind Sie ein typischer Fisch: sensibel, verschlossen, empfindlich, frei und schlau? Wie würde diese Charakteristik weitergehen?
Ja, stimmt alles genau. Fehlt noch: versoffen. Ein Fisch betrinkt sich gern allein. Nur schlau bin ich noch nicht.

Würden Sie sich als einen schwierigen Menschen bezeichnen? (oder fragen Sie lieber Ihre Frau)
Ja, schwieriger Mensch. Das sagt meine Frau auch. Das ist aber nicht wahr. Wenn ich zu essen bekomme (Borschtsch z.B.), ist alles ganz einfach. Und etwas Polkamusik brauche ich auch noch. Geige geht auch. Zigeuner oder Debussy.

Was für ein Zeichner sind Sie? Wie würden Sie Ihren Stil charakterisieren?

Ich bin ein lebender Zeichner. Gekritzelt. Ich verändere meinen Stil wenn möglich jede Woche. Ich kenne mich mit Kunst-Stilen nicht gut aus. Ich sage immer: gekritzelt. Mein Stil ist kritzeln. Vielleicht ist das ein neuer Stil.

Haben Sie wahre Freunde?
Ja, zwei Freunde. Tomi Ungerer und einen in Berlin. Den Namen habe ich wegen Alzheimer vergessen. Und Gott. Natürlich. Gott liebt am meisten die Sünder, sagt Jesus.

Ist das Benehmen der Kinder für Sie kreativ?
Ja. Ich lerne von ihnen, was ich erzählen soll. Und Jesus sagt auch: »Seid wie die Kinder, denn ihrer ist das Himmelreich.« Die Bürgermeisterin von Zabrze sagte: »Der ist infantil.« Das ist so in Ordnung. Sie hat mir aber sehr gefallen.

Welche Erinnerungen an die heutige (ehemalige) Piekarska haben Sie noch im Gedächtnis? Wie lebten damals die Leute?
Ich weiß noch alles über die Piekarska. Die Leute lebten so wie im »Cholonek«. Und wenn sie jetzt in Deutschland leben, dann denken sie immer noch genauso. Wenn diese Leute heute in Deutschland leben, waschen sie sich öfter. Ich traf einen Verwandten, er war wohl gewaschen, stank aber genauso wie alle aus der Piekarska. Dabei gibt es in Deutschland fließendes Wasser. In jeder Wohnung. Das gab es nicht in Zabrze in der Piekarska. Bis 1946. Dann verlegten die Polen z.B. in mein Geburtshaus das Wasser in den Hausflur mit Wasserklosett. Das stank so bestialisch – o mein Gooottt!! Ich war ungefähr 1992 in diesem Haus.

Welche Botschaft vermitteln Ihre Kinderbücher?
Lasst euch nichts gefallen. Die meisten Eltern muss man nicht verehren, wenn sie saufen. Glaubt nicht den meisten »Erwachsenen«.

Welches Tier von Ihren Figuren ist Ihnen ähnlich?
Ich habe die meisten Bücher und Figuren vergessen. Der Maulwurf. Der Maulwurf kann nicht gut sehen, kann ich auch nicht. Mein Geruchssinn ist dagegen gut entwickelt.

Sind Sie ein Pierron[1]?
Und wie! Psiakrew (poln. Fluchwort).
Es gibt nicht viele Wörter auf der Welt mit so vielen Bedeutungen. Mit Pierron konnte man fast alles sagen. Man brauchte dann nicht viele andere Wörter zu lernen.

a/ das ist dir ein Pierron = das ist ein toller Bursche. Der sollte dir ein Vorbild sein.

»Das ist mir ein Pierron« heißt wieder etwas anderes. Heißt: der gefällt mir.

b/ den Pierron erschlage ich noch mal – der geht mir auf den Geist, der nervt mich.

c/ so ein Pierron wie der ist nicht jeder – ein obertoller Bursche. Ein echter Held.

d/ Marenna war also eine Pierronna – war eine Hexe. Ein Satan. Eine Verfluchte. Verfluchte Pierronna ist noch viel schlimmer.

e/ so eine Pieronna wie die möchte ich auch mal sein – die traut sich alles, das möchte ich mich auch mal trauen.

f/ es schmerzt pierronalisch = etwas schmerzt zwar, jedoch ertrage ich den Schmerz.

g/ freut mich pierronalisch (mehr geht dann nicht mehr) – ist die extreme Freude.

h/ Gott muss pierronem groß sein – er ist grenzenlos und unvorstellbar groß.

i/ mir geht es pierronnem gut (oder schlecht) – beides aber nur so sehr, wie man es gut ertragen kann.

(…)
und ewig so weiter.

Wonach riecht Ihr Schlesien?
Nach Brot und Sauerkraut. Im Winter nach Schnee. Zabrze nach Kohlendioxid.

Stimmt es, dass Ihre Bücher in 40 Sprachen übersetzt wurden? Haben Sie ein Buch in Englisch oder Polnisch?
Ich glaube, dass es mehr als 40 Sprachen sind. Ich hatte Bücher in sehr vielen Sprachen. Weil ich keinen Platz mehr für Bücher hatte, habe ich sie weggeworfen. Es gibt über 300 Bücher in Deutsch, von den meisten mindestens 5 Fremdsprachen.

Man sagt, dass jeder Mensch etwas sammelt, betrifft das auch Sie?
Ja. Ich habe früher Uhren gesammelt, weil der wertvollste Besitz meiner Großväter eine billige Taschenuhr war. Paweł Glodny tauschte sie gegen eine Flasche Schnaps. Jetzt habe ich nur noch eine einzige Uhr, eine Armbanduhr meines Vaters, die er seit 1941 immer jeden Tag an der Hand hatte, dadurch wurde sein Leben in dem Gold aufgezeichnet wie auf einem Stick. Die Uhr wurde im Krieg in Paris von meinem Onkel Roman Morawietz für 1000 Zigaretten gekauft. Roman Morawietz war dort deutscher Besatzungssoldat.

Haben katholische Feste eine Bedeutung für Sie?
Nichts Katholisches hat für mich eine angenehme Bedeutung. Aber alles Katholische ist mir zuwider. Ich halte die meisten Religionen für den großen Weltbetrug. Immer gibt es die obere Schicht und die untere Schicht. Religionen zwingen die Leute in die Knie. Der Mensch, der sich hinkniet oder zu Boden wirft, ist unterlegen. Immer mit der Absicht, Macht auszuüben. Dazu gehört nicht der Buddhismus. Der Buddhismus droht niemals. Es gibt dort keine Oberschicht. Aber ich glaube, dass es heilige Menschen gibt. Man erkennt sie am Blick.

Waren Sie schon mal wie Ihr Opa unter Tage?
Es wurde mir einmal angeboten, eine Grube zu besichtigen. Das habe ich nicht gemacht.

Denken Sie, dass Sie mehr Fans als Gegner haben?
Ja. Hauptsächlich als Ketzer habe ich viele intensive Mitdenker.

Was haben Sie Not und Hunger gelehrt?
Dass man mit sehr wenig leben kann. Dadurch kann mich Armut niemals erschrecken. Wer fast nichts braucht, der hat alles. Ich esse am liebsten Brot. Mit Knoblauch. Kartoffeln gehen auch. Und Sauerkraut. Das gibt es immer.

Welche Einstellung haben Sie zur »Institution« Ehe?
Eine sehr schlechte Einstellung. Ohne gesetzliche Vernagelung hält eine Ehe besser, weil jeder von beiden sich anständig verhalten muss, damit der andere nicht weggeht.

Was bringt Sie zum Lachen?
Die Katastrophe der Existenz und die Geschichte von Gott. Aber eher zum Weinen.

Sind Sie infantil?
Ja.
    Was mich jedoch froh macht, denn »selig sind die, welche sind wie die Kinder, denn ihrer ist das Himmelreich«. Die Jesuiten erklären das so: »gemeint ist: wer unschuldig ist wie ein Kind …… also nicht weiß, was er tut …«.
    Die Kirche erklärt das anders: die Kinder sollen unter 7 Jahren in die Beichte gehen. Wir mussten Sünden beichten, welche »begangen wurden ab dem 3. Lebensjahr«. Vom Beichtvater wurde auch gern gesehen, wenn man Todsünden aus der Vergangenheit öfter beichtete. Ich hatte eine ewige Todsünde:

ein Mädel aus dem Haus hatte mir, als ich 3 Jahre alt war, ihre piczka gezeigt. Sie trug keinen Schlüpfer, was schon eine große Sünde war. Der Pfarrer erklärte mir, dass die Sünde vom Weib (Eva) kommt. Gott strafte dafür auch die Nachkommen. Es gibt jetzt in Deutschland einen Fernsehpfarrer, der sagt: »Sünden kann man erst ab dem 21. Lebensjahr begehen. Besonders intelligente Menschen werden jedoch schon ab dem 17. Lebensjahr sündenfähig.« Er predigt einmal in der Woche im Fernsehen und macht einen sehr blöden katholischen Eindruck.

Wie ist das Rezept für ein gutes Janosch-Buch? Welche Zutaten muss man dazu nehmen?
Gin trinken. Wodka czysta ging damals auch. Oder anders in einen Rausch geraten. Seitdem Alkohol für mich als Betäubung wegfällt, entsteht kein gutes Janosch-Buch mehr. Später konnte ich mich durch Yoga in einen anderen Zustand begeben, das ging auch gut. Hätte ich noch einen Verlag, welcher ein Buch abnehmen würde, könnte ich es jetzt ohne Alkohol schreiben. Ein Großteil in meinem Gehirn wurde in dieser Kindheit durch den Suff meines Vaters, die Quälerei in der Hitlerjugend und in der Kirche so zerstört, dass es wie ein Ballast tot ist. Mit grenzenloser Furcht zerstört und in diesem Teil immer noch tot. Wie ein Holzbein. Wenn man lange auf seine Hand schlägt, wird sie taub. Und tot. Und stört nur. Ich glaube, das ist eine Notwehr der Natur, damit man den Schmerz nicht mehr fühlt. Furcht vor dem Gott und seiner Hölle. Vor dem Suff des Vaters, der meistens brüllte oder lallte: »Ich schlag euch alle tot …«. Zwar wusste man, dass er nicht einmal mehr die Hand mit einem Hammer hochheben könnte, aber die Stimmung war dann tödlich. Einmal zerschlug er die Fensterscheiben.

Das tat er z. B. nach der Beerdigung seines Vaters. Er zerschlug, ich glaube aus Trauer, die er nicht mehr ertragen konnte, die Scheiben in der Stube. Die polnische Seele ist so. Die Verwandtschaft begab sich in unsere Wohnung und alle besoffen sich wie die Schweine und zankten sich und heulten, und da zerschlug er die Scheiben. Meine Mutter beschimpfte die Geschwister meines Vaters als »Hacharen«, weil sie ihn anfeuerten: »Der Hannek haut alles kurz und klein, weil der Vater tot ist. Das soll er machen!!«

Meine Mutter hatte eine große Feindschaft gegen alle, die Eckert hießen. Sie beschimpfte sogar meinen Bruder als einen »Eckert«. Sie waren ihr zu arm, biedoki. Ordinäre Hacharen.

In Ihren Kinderbüchern belehren Sie Ihre kleinen Leser nicht. Es steckt viel Lebensklugheit darin. Sie pflegen Werte wie Familie, Freundschaft und ein bescheidenes Leben. Sie schreiben, dass es schade ist, die Zeit für die Suche nach Geld zu verlieren. Schätzen Sie besonders diese Werte, weil Sie sie nie kennengelernt haben?
Ja. Ich suchte immer alles das, weil es in meiner Familie nicht vorkam, wie einen Rettungsring. (…)

Ihre Kindheit war von Hass, Prügeleien, Verspottung, Saufen, Schlägereien geprägt. Sind die Kindergeschichten ein Antidot/ Gegengift dafür?
Exakt so. Ich musste diese Erlebnisse und das Magazin im Kopf mit dem Alkohol betäuben, wegschieben, damit die Restzellen im Kopf das Denken übernahmen. Es dauerte lange, bis ich das verstand.

Das geht u.a. auch mit Yoga. Nur das Wegräumen der Erinnerungszellen funktioniert nicht. Das Erinnerungsmagazin, der Müll bleibt.

Wenn man starke Schmerzen im Bein hat, ist es schwer, sie zu ignorieren. Ich glaube, dass der reale Jesus viel Vernünftiges sagte: »Wenn dein Bein dich schmerzt, hack es ab. Es ist besser, ohne Bein glücklich und schmerzlos zu sein usw.«

Zabrze, das Sie in Ihren Büchern beschreiben, gibt es nicht mehr. Ist das ein Grund zum Weinen oder Bedauern?
Eher nein. Die Zeit war die Hölle. Man muss sie aber begreifen: Man braucht das Feuer, um Eisen zu bearbeiten. Hält man das Eisen zu lange in die Flamme, verbrennt es. Ist zerstört.

Wenn Sie ein neues Kinderbuch schreiben würden, was wäre sein Thema?
Ein Außerirdischer gründet mit dem Tiger und dem Bären eine Fußballmannschaft. Sie werden Weltsieger.

Sind Sie ein Kosmopolit?
Darüber denke ich keine Minute lang nach. Wozu muss ich das wissen? Ich würde mich täuschen – der Gedanke ist sinnlos.

Fühlen Sie sich wegen Ihres schweren Lebens behindert?
Nein, ich halte mich für begünstigt. Ich kann jetzt mehr ertragen. Zuvor dachte ich das Gegenteil, aber manches braucht seine Zeit, um es zu begreifen.

Kam ein Zirkus nach Zabrze? Mögen Sie Artisten, Kunststücke, Magie, Zaubereien?
Ja. Zirkus war für meinen Vater die große Sensation. Er ging mit mir in jeden Zirkus. Kunststücke, Zaubereien gefallen mir sehr.

Haben Sie in Zabrze Ihren Lieblingsort?
Guido-Wald.

Was ist Ihr Lieblingstier?
Vögel, Katzen, Hunde, Schmetterlinge. Ich hatte damals zwei Vögel in einem kleinen Käfig.
   Mein Vater hatte sie gefangen.

Sie haben mal gesagt, dass Sie mit einem »schlesischen genetischen Code« auf die Welt gekommen sind? Was bedeutet das?
Ich glaube, dass sehr viele der Schlesier sich durch eine angeborene Denkschwäche auszeichnen, man könnte auch sagen »Dummheit«. Das ist auch bei mir der Fall, Philosophen würden freundlich sagen »Einfalt«. Die Kirche nennt diese Einfalt eine »Gottesgabe«. Sie liebt solche Mitglieder. Vielleicht ist diese »Einfalt Gottes« so ein Geschenk des Himmels. Wir hatten einen Verwandten, der im Krieg unterhalb des Schussfeldes (etwa ab 3 Meter rund um den Panzer) auf den feindlichen Panzer kletterte, eine Handgranate in den Panzer warf (sofern er den Deckel öffnen konnte) und dann wegrannte. Dafür muss man im Kopf sehr einfältig sein. Also man kann auch sagen »blöde«. Manche ließen sich auch für einen Gott, den sie nicht kannten, unnötig auf einem Scheiterhaufen verbrennen.

Der wirklich und göttlich gesegnete Einfältige sucht nicht die Wahrheit. Dadurch macht er den Eindruck, diese als Geschenk Gottes bereits zu besitzen. Sagt man so. In der Philosophie.

Das ist wahr – oder?

Also im günstigen Falle bekommt er die Wahrheit von Gott geschenkt. Nach meiner Meinung begreift der Beschenkte nicht, was er da besitzt. Will es auch nicht begreifen. Braucht er auch nicht. Alles verstanden? Weil es zu einfach ist.

Ein Mensch, der von anderen für einen Narren gehalten wird, ist manchmal viel klüger als alle Weisen der Welt. Sie haben die Kraft der Klugheit dem Gresok und Hrdlak gegeben. So ein Phänomen/ ein Thema kommt selten bei einem Autor vor. Was war Ihre Absicht?
Mich selbst ein wenig nach oben zu heben. Weil ich ein Narr bin.

Welchen Einfluss haben die schlechten oder traurigen Ereignisse in Ihrem Leben? Wirken diese auf Sie motivierend oder im Gegenteil?
Wirken sich aus. Motivierend und im Gegenteil. Alles verstanden?

Sind Sie heute, nach so vielen schlechten Erfahrungen, misstrauischer den Menschen gegenüber geworden?
Ja. Und leider mehr nein. Ich glaube z.B. den Journalisten, und dann schreiben sie über mich Aussagen, die ich nicht gesagt habe.

Wenn Sie jetzt ein Buch von einem Tiger und einem Bären in Oberschlesien schreiben würden (wovon viele träumen), fielen die Honorare an die Janosch AG, nicht wahr? Könnten Sie sich damit abfinden?
Würden an die Janosch AG gezahlt. Niemals würde ich mich abfinden!! Ich werde deswegen auch nie wieder ein Buch schreiben.

Was bedeutet für Sie, als ein Ketzer, der Tod? Fürchten Sie sich davor?
Ja. Plötzlich kann ich nicht mehr atmen und lebe noch. Das habe ich schon zweimal erlebt. Man erstickt dann, wenn der Arzt nichts davon merkt.

Ist Teneriffa ein gutes Land zum ruhigen Leben?
Es ist ein gutes Land zum Leben. Aber für einen Buddhisten wäre auch die Hölle erträglich. Das Leben findet im Kopf statt. Es gibt keine Bedrohung durch den Staat. In Deutschland finden beliebig Steuerprüfungen statt. Morgens um 5 Uhr wird das Haus umzingelt. Alles wird auseinandergerissen, das passierte z.B. bei Boris Becker. Er wohnt jetzt in Monaco. Auf Teneriffa ist so etwas nicht möglich. (…)

Welche Literatur hat Sie als Schriftsteller mitgeprägt/beeinflusst?
Amerikanische Autoren: Ernest Hemingway, Philip Roth und ein deutschsprachiger Lyriker Paul Celan.

Bei Hemingway hat mich beeindruckt, dass seine Sätze kurz waren und kein Sprachtheater veranstaltet wurde. Das macht weniger Arbeit. Wenn einer sagen will, dass im Bahnhofsrestaurant eine Lampe hing, dann soll er DAS sagen und keine Schriftstellerei betreiben. Das aber muss ein Schriftsteller erst einmal begreifen. Man braucht auch keine Grammatik zu wissen. Hemingway brauchte Cuba libre zum Schreiben.

Er »verstellte keine Schrift«, nur weil er Schrift(ver)steller war. »Der alte Mann und das Meer« habe ich dreimal gelesen. Kein Wort zu viel. Wenn [er] sagen wollte »der Mond ging auf«, sagte er das so. Goethe sagte »Über allen Gipfeln ist Ruh und gleich geht der Mond über allen ruhigen Gipfeln auf...« Goethe gefällt mir nicht. Der redet zu viel.

Wie hat der Roman von Daniel Defoe »Robinson Crusoe« Ihr Leben beeinflusst und geprägt?
Indem ich auch immer auf eine Insel wollte. Das habe ich ja getan.

Sind Ihnen die Bücher der oberschlesischen Autoren bekannt (August Scholtis, Horst Bienek)? Haben Sie diese gelesen?
Horst Bienek. Wir hatten viel Kontakt. Ich las fast alles von ihm, wir hatten eine provisorische Freundschaft. Wir haben uns in München getroffen. Er wurde in Gleiwitz geboren, das ist meine Nachbarstadt. Mich hat interessiert, was einer denkt, der nebenan in der gleichen Zeit geboren wurde. Seine Bücher waren für mich nicht so wichtig, dass ich sie mir gemerkt habe. Alle vergessen. Er hat nur die Sprachwurzeln aus meiner Nachbarstadt. Ich wollte wissen, wie ein Nachbar schreibt. Er war homosexuell. Das konnte man aber nicht merken. Er wurde so im Gefängnis. Notlage, vermute ich.

Was war Ihre Motivation zum Bücherschreiben im Jahre 1960?
Ich wollte ohne Arbeit Geld verdienen. Ich dachte, dass es so geht. Ging nicht.

Und später, was motivierte Sie? Wie sind Ihre Bücher entstanden?
Ich musste 2–3 kleine Gläser Whisky oder Cognac oder ein größeres Glas Cuba libre trinken und mit dem Verstand aus meinem Kopf aussteigen. Und was sich dann von dort von allein in meine Schreibmaschine schrieb, war dann das Werk. Ich denke, ein Geist oder Gott schrieb meine Buchwerke an meiner Stelle. Ich konnte 40 Jahre lang keinen Tag ohne Alkohol leben. Nach 45 solchen Büchern musste ich mit dem Alkohol aufhören. Ich glaube, danach schrieb Gott meine Bücher allein. Jetzt ist alles vorbei, kein Schnaps und kein Gott. Vorbei.

In Ihren Büchern spürt man oft den Sinn für (auch schwarzen) Humor. Wo soll man seine Quelle suchen?
Die Quelle ist die Verzweiflung am Leben. Schwarzer Humor kommt auf, weil das Unheil ein ewiger Begleiter ist. Man ist gut dran, wenn man das nicht weiß. Oder so lange singt, bis man es vergisst. Das Unheil geht immer neben uns und wartet nur, wann es günstig zuschlägt.

Man kann immer zufällig sterben, beliebig von Gott oder vom Staat getötet werden. Oder verhungern. Wenn es dann so weit ist und es keine Rettung mehr gibt, ist die einzige Hilfe: lachen und lachen über Gott und seine Bestialität und ein wenig singen. Lesen Sie im »Cholonek«, was meine Großmutter (Eckert, Kontnik) tat, als der Großvater starb.

Würden Sie 3–5 wertvolle Bücher nennen, die Ihrer Meinung jeder Schlesier lesen und kennen sollte? (von oberschlesischen Autoren oder über Oberschlesien)
Ich kenne keine Oberschlesier, die gute Bücher schrieben.

Vielleicht ein Zufall, und ich glaube nicht, dass Oberschlesier im Kopf begabt sind. Ich glaube nicht, dass Schlesier für gute Philosophie geeignet sind. Undenkbar, dass ein Schlesier etwas über den Buddhismus weiß und jemals das Wort ZEN gehört hat. Oberschlesier sind geeignet für den Katholizismus. Dumpf glauben, ohne begreifen zu wollen.

Welche Charaktereigenschaften eines Oberschlesiers haben Sie?
Infantile Dummheit. Bedürfnislosigkeit. Anarchiebemühung.

Vermissen Sie Paris?
Vermissen gibt es nicht in der Yogakunst. Wenn ich etwas vermissen würde, was es noch in der Welt gibt, würde ich es mir holen. Und was es nicht gibt, vermisse ich nicht. Das wäre eine Störung in meiner Seele. Störungen nehme ich nicht auf.

Ist die Aussage »Nach mir soll nichts bleiben. Da wird meine Jacke hängen und meine Hose und mehr nicht« ein Beweis Ihrer Bescheidenheit oder Anspruchslosigkeit?
Ich habe nur eine Arbeit getan. Wie ein Bäcker. Wenn das Brot weg ist, ist das Brot weg. Ich bin nicht bescheiden. Ich nehme mir das, was ich haben will und bekommen kann. Was ich nicht bekommen kann, will ich nicht haben.

Wie entsteht Janoschs Kinderbuch? Kommt zuerst der Text und dann die Zeichnungen? Was war Ihre Lieblingsuhrzeit?
Erst erfinde ich das Thema: z. B. jemand bekommt einen Brief. Oder jemand kommt nicht nach Haus, weil er einen kleinen Schweinigel getroffen hat und dort übernachtet. Dann schreibe ich 2 Seiten und male ein Bild dazu. Ich weiß noch nicht, wie es weitergeht. In der Nacht fällt mir ein, wie es weitergehen muss. Lieblingsuhrzeit: nachts, bis 4 Uhr.

Was ist Ihre große Leidenschaft?

Essen (und an 2. Stelle ketzern). Man könnte auch sagen: fliegen. Mit den Armen, ohne Flugzeug.

Was ist Ihr Lieblingsort auf Teneriffa?
Bei mir zu Haus.

Was bereuen Sie in Ihrem Leben?
Dass ich sterben werde.

Haben Sie Ihre Lieblingsjahreszeit? Auf Teneriffa kann man den Wechsel der Jahreszeiten vergessen, oder?
Meine Lieblingsjahreszeit ist die Zeit der Ewigkeit nach dem Leben. Immer Sonne und kein Gott in der Nähe.

Gibt es so einen Frauentyp, der Sie verrückt macht/machte? Welche Werte bei einer Frau schätzen Sie am meisten?
Ja. Nackte Frauen machten mich verrückt. Als ich noch lebte. Ich hatte keine Gelegenheit, alle Werte zu finden.
Nächstes Mal vielleicht. Es waren keine Frauen in der Nähe. Also nicht nahe genug. Immer ein paar Meter weiter weg.

Was war Ihre schwerste Entscheidung?
Ich entscheide nicht selbst. Als Katholik habe ich mich in Gottes Hand begeben (»... DEIN Wille geschehe ...«).

Welchen Fehler würden Sie immer wieder begehen und warum?
Auch hier entscheidet Gott nach SEINEM Willen. Gott macht keine Fehler. Mein schlimmster Fehler war wohl, mich SEINEM Willen zu überlassen, aber als Katholik hat man keine andere Wahl: sich Gott überlassen oder der Hölle.

Was haben Sie aus den Fehlern Ihrer Eltern gelernt?
Dass man in dieser Welt keine Kinder zeugen soll.

Sind Sie ein geborener Optimist?
Von Geburt bin ich ein Unglücksmensch. Mein Vater war jeden Tag besoffen, meine Mutter nicht intelligent genug, um ein Kind zu behandeln. Optimist bin ich erst später geworden. War viel Arbeit daran. Nach dem gesunden Menschenverstand ist Optimismus nicht möglich. Es ist eine Illusion, aber eine gute Illusion ist besser als die Realität. Ein gütiger Gott ist auch eine Illusion, aber sie hilft durch das Leben (…).

Was ist für Sie ein Liebesgefühl, etwas Mystisches oder Chemie? Für mich ist Liebe, wenn es in der Brust sticht und wenn man mit den Gedanken im Himmel ist und lächelt und träumt …
Ja, genau so ist das. Ich war immer verliebt. Aber die Mädels, welche ich liebte, die nahmen mich nicht. Ich lag sehr oft im Krankenhaus, ich hatte mir auf der Flucht aus Polen eine Leberkrankheit eingefangen. Man kann sie nicht heilen. Ich könnte immer beliebig im Krankenhaus liegen. Im Krankenhaus besuchten mich damals dann ein paar Mädels und brachten mir Apfelsinen. Mit Yogatraining kann man die tödliche Liebe aber umwandeln. Das geht. Trocheczku.

Fühlten Sie sich in der Zeit, als Sie mit dem Güterzug nach Oldenburg fuhren, als »Mensch zweiter Klasse«?
Nein. Eher fühle ich mich als Katholik im Kopf »behindert«. Der katholische Schaden ist wie eine Behinderung. Wie einer, der einen Schlag auf den Kopf bekommen hat, den man nicht mehr heilen kann, einen Gehirnschaden. (…)

Wie ist Ihr momentaner gesundheitlicher Zustand?
Ich brauche eine Herzoperation. Das will ich aber nicht, ich fürchte mich davor. Sie würden sich auch fürchten, denke ich mal. Da ich ein Sünder und Ketzer bin, wird Gottvater mir noch eine lange Lebenszeit schenken, damit ich wieder in den heiligen Schoß der Kirche zurückkomme.

ANHANG

Familienstammbaum

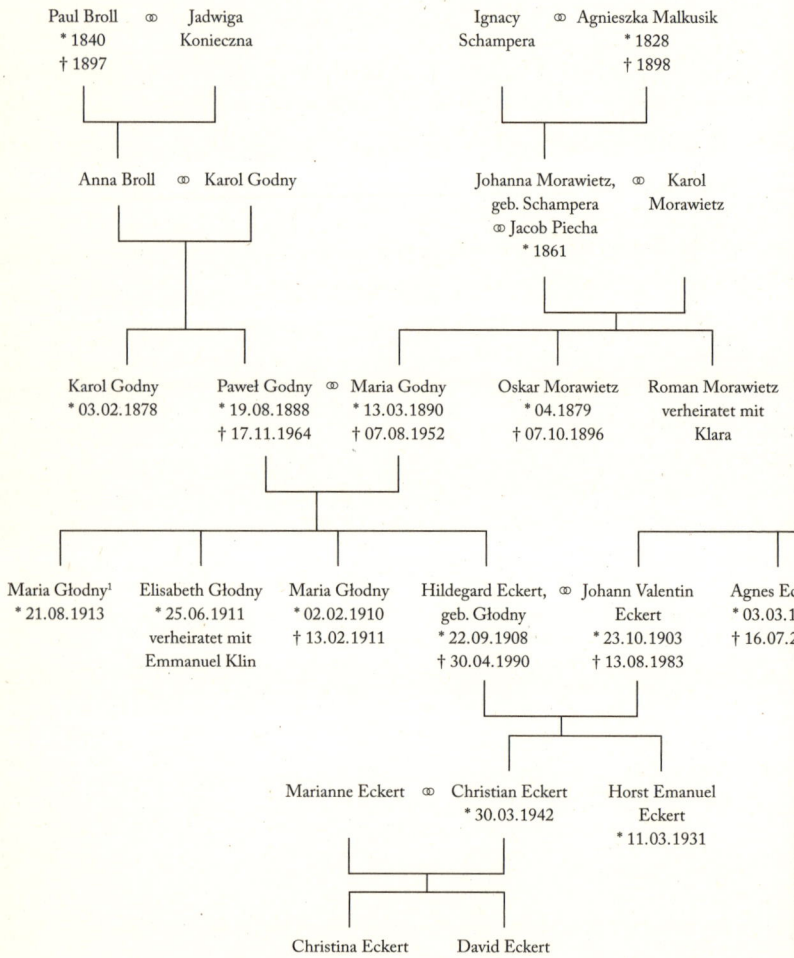

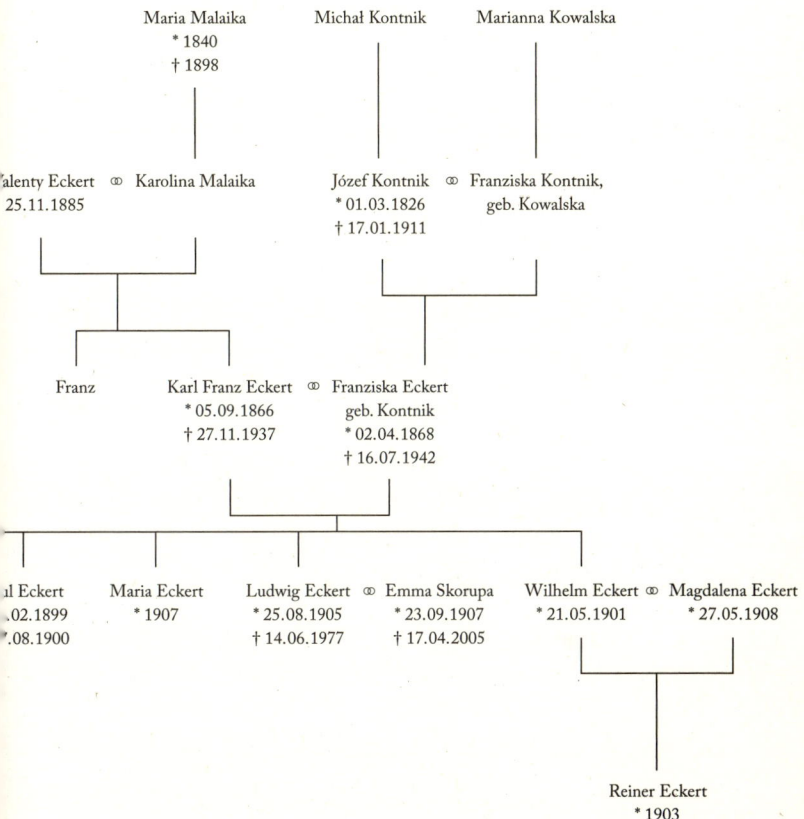

[1] Aufgrund eines Amtsfehlers ändert sich in dieser Generation die Schreibweise des Namens Godny zu Głodny.

Bibliographie der deutschen Ausgaben

Die Geschichte von Valek dem Pferd. München: Lentz 1960.

Der Josa mit der Zauberfiedel. München: Lentz 1960; Wien/München/Basel: Desch 1960; Neuausgabe, farbig illustriert: Der Josa mit der Zauberfiedel. München: Parabel 1967; broschierte Ausgabe: ebd. 1979; Mönchaltorf: Nord-Süd 1968; Berlin: Kinderbuchverlag 1968; Schwäbisch Hall/Zürich: Parabel 1985; München: tabu-Verlag 1996; Der Josa mit der Zauberfiedel: Ausgabe mit CD: Mainz: SCHOTT MUSIC 2010.

Das kleine Schiff. München: Lentz 1960.

Valek und Jarosch. München: Lentz 1960.

Der Räuber und der Leiermann. München: Lentz 1961; Taschenbuchausgabe: Reinbek: Rowohlt 1972.

Reineke Fuchs: Johann Wolfgang von Goethe (Text frei nach Goethe) München: Lentz 1962.

Mc Kneacher oder Eine wundersame und phantastische Geschichte. München: 1964.

Onkel Poppoff kann auf Bäume fliegen. München: Parabel 1964; München: Domino Verlag Brinek 1964; Taschenbuchausgabe: München: Deutscher Taschenbuch Verlag 1972.

Das Auto hier heißt Ferdinand. München: Parabel 1964; Berlin: Altberliner Verlag Groszer 1964; Stuttgart: Deutscher Bücherbund 1965; Zürich: Globi-Verlag 1971; Gütersloh: Bertelsmann, Stuttgart: Europäische Bildungsgemeinschaft, Wien: Buchgemeinschaft Donauland, Berlin/Darmstadt/Wien: Deutsche Buchgemeinschaft 1977; Neuausgabe: Schwäbisch Hall/Zürich: Parabel 1984; Wiesbaden: Orell Füssli 1987; Feldafing: Parabel 1981; Weinheim/Basel/Berlin: Beltz & Gelberg 2003, 7. Auflage 2014.

Das Apfelmännchen. München: Parabel 1965; Bad Goisern: Neugebauer-Press 1965; Zürich: Schweizer Verlagshaus (Neue Schweizer Bibliohek) 1966; Stuttgart/Hamburg: Deutscher Bücherbund 1969; Mönchaltorf: Punktum [im] Nord-Süd-Verlag 1974; Ausgabe mit gekürztem Text: Mönchaltorf/Hamburg: Nord-Süd-Verlag 1983; überarbeitete Auflage: Zürich: Nord-Süd-Verlag 2010.

Ferdinand im Löwenland. Wien: Domino Verlag Brinek 1965; Berlin: Kinderbuchverlag 1965; München: Parabel 1965; Stuttgart/Hamburg: Deutscher Bücherbund 1966; Schwäbisch Hall/Zürich: Parabel 1984; Weinheim/Basel: Beltz & Gelberg 2004.

Heute um neune, hinter der Scheune. München: Parabel 1965; Berlin: Kinderbuchverlag 1965.

Hannes Strohkopp und der unsichtbare Indianer. München: Parabel 1966; Berlin/Darmstadt/Wien: Deutsche Buchgemeinschaft 1986; Neuausgabe: Recklinghausen: Georg Bitter Verlag 1972; Taschenbuchausgabe: München: Deutscher Taschenbuch Verlag 1978; Sonderausgabe: Chur: Isis-Verlag 1994; Luzern: Transcripta Medien AG 1996; Neuauflage: Gifkendorf: Little Tiger Verlag 2011.

Leo Zauberfloh oder Wer anderen eine Grube gräbt. München: Domino Verlag Brinek 1966; Leo Zauberfloh. Eine übermütige Geschichte. Recklinghausen: Paulus-Verlag 1966; Neuausgabe: Leo Zauberfloh oder Die Löwenjagd in Oberfimmel. Eine Geschichte mit Bildern von Janosch selbst. Recklinghausen: Georg Bitter Verlag 1970; Taschenbuchausgabe: München: Deutscher Taschenbuch Verlag 1971; Löwenjagd in Oberfimmel. Recklinghausen: Georg Bitter 1991; Taschenbuchausgabe: München: Deutscher Taschenbuch Verlag 1997; Leon der Zauberfloh. Luzern: Transcripta Medien AG 1997.

Poppoff und Piezke. Ein Siebenschläfer ist kein Vogel. Eine Bildergeschichte. München: Parabel 1966.

Ich male einen. München: Parabel 1966.

Rate mal, wer suchen muß. München: Parabel 1966; München: Domino Verlag Brinek 1966; Berlin: Kinderbuchverlag 1966; Zürich: Globi-Verlag 1971.

Reite, reite Jockel. München: Parabel 1966.

Filipo und sein Wunderpinsel. Text von Mischa Damjan. Bilder von Janosch. Mönchaltorf: Nord-Süd-Verlag 1967; München: Parabel 1968.

Rabenkönig Muckelbass. München: Domino Verlag Brinek 1967; Rabenkönig Muckelbass. Gute-Nacht-Geschichten für Rabenkinder. München/Wien/Zürich: Domino Verlag Brinek 1967.

Herr Wuzzel und sein Karussell. München: Parabel 1968; Stuttgart/Hamburg: Deutscher Bücherbund 1969; Ravensburg: Otto Maier 1975; Neuausgabe: Herr Wuzzel und sein Zauber-Karussell. Zürich: Globi-Verlag 1986.

Schlafe, lieber Hampelmann. München: Parabel 1967; Berlin: Kinderbuchverlag 1967; Zürich: Globi-Verlag 1971; Schwäbisch Hall/Zürich: Parabel 1985.

Böllerbam und der Vogel. Ein Bilderbuch. Köln: Middelhauve 1968.

Ich male einen Bauernhof. München: Parabel 1968.

Die Löwenkinder. Erzählt von Janosch. Gemalt von Józef Wilkoń. Köln: Middelhauve 1968; Ravensburg: Otto Maier 1972.

Lukas Kümmel, Zauberkünstler. Recklinghausen: Paulus-Verlag 1968; Erweiterte Neuausgabe: Lukas Kümmel, Zauberkünstler oder Indianerhäuptling. Recklinghausen: Georg Bitter Verlag 1971; Taschenbuchausgabe: München: Deutscher Taschenbuch Verlag 1976; Gifkendorf: Little Tiger Verlag 2014.

Wir haben einen Hund zu Haus. München: Parabel 1968; Berlin/Darmstadt/Wien: Deutsche Buchgemeinschaft 1968; Wiesbaden: Orell Füssli 1987.

Ach, lieber Schneemann. Eine schöne Geschichte. München: Parabel 1969; Berlin: Altberliner Verlag 1972; Zürich: Globi-Verlag 1975; Schwäbisch Hall/Zürich: Parabel 1985; München: tabu-Verlag 1995.

Drei Räuber und ein Rabenkönig – Eine Räubergeschichte. München: Parabel 1969; Zürich: Globi-Verlag 1969; München: tabu-Verlag 1997.

Der Mäuse-Sheriff. Lügengeschichten aus dem Wilden Westen, erlogen von einer Maus. Mit schönen Zeichnungen von Janosch. Recklinghausen: Georg Bitter Verlag 1969; Taschenbuchausgabe: Lügengeschichten, und zwar aus dem Wilden Westen, erlogen von einer Maus. München: Deutscher Taschenbuch Verlag 1974; Wien: Österreichischer Bundesverlag 1989; Neuausgabe: Der Mäusesheriff und andere Geschichten, darin enthalten: Der Mäuse-Sheriff. Hannes Strohkopp. Lukas Kümmel. Leo Zauberfloh. Recklinghausen: Georg Bitter Verlag 1981; Neuausgabe: Der Mäusesheriff. Lügengeschichten aus dem Wilden Westen erlogen von Janosch. Mit schönen Farbbildern von Janosch selbst. München: Deutscher Taschenbuch Verlag 1991; Lügengeschichten aus dem Wilden Westen. Luzern: Transcripta Medien AG 1996; Der Mäusesheriff und andere Geschichten. Stuttgart/München: Deutscher Bücherbund 1981; Herrsching: Pawlak 1990.

Das Regenauto. Ein schönes Bilderbuch. Bilder von Caroline Sommer. München: Ellermann 1969; Berlin/Darmstadt/Wien: Deutsche Buchgemeinschaft 1970; Neuausgabe: Reinbek: Rowohlt 1972.

Cholonek oder Der liebe Gott aus Lehm. Roman. Recklinghausen: Georg Bitter Verlag 1970; Taschenbuchausgabe: Frankfurt a. M.: Fischer Taschenbuch Verlag 1972; München: Bertelsmann 1976; Neuausgabe: Weinheim: Beltz & Gelberg 1982; Taschenbuchausgabe: Zürich: Diogenes 1985; München: Goldmann 1992; Gifkendorf: Merlin 1992.

Komm nach Iglau, Krokodil. München: Parabel 1970; München: Europäische Bildungsgemeinschaft, Gütersloh: Bertelsmann, Wien: Buchgemeinschaft Donauland, Berlin/Darmstadt/Wien: Deutsche Buchgemeinschaft 1974; Zürich: Globi-Verlag 1970; Feldafing: Parabel 1982; München: tabu-Verlag 1997; broschierte Ausgabe: Parabel 1982.

Ene bene Bimmelbahn. München: Parabel 1971; Feldafing: Parabel 1982.

Flieg, Vogel, flieg. München: Parabel 1971; Schwäbisch Hall: Parabel 1984.

Lari Fari Mogelzahn. Jeden Abend eine Geschichte. Weinheim/Berlin/Basel: Beltz & Gelberg 1971; Neuausgabe: Abenteuer in der Spielzeugkiste. Weinheim/Basel: Beltz & Gelberg 1974;

Taschenbuchausgaben: München: Deutscher Taschenbuch Verlag 1979; Weinheim/Basel: Beltz & Gelberg 1991.

Löwe, spring durch den Ring. München: Parabel 1971; Schwäbisch Hall/Zürich: Parabel 1985.

Lügenmaus und Bärenkönig. Ravensburg: Otto Maier 1971.

Ich bin ein großer Zottelbär. München: Parabel 1972; Zürich: Globi-Verlag 1972; broschierte Ausgabe: Feldafing: Parabel 1982; Schwäbisch Hall/Zürich: Parabel 1984; München: tabu-Verlag 1995; Sankt Augustin: Tandem-Verlag 1997.

Janosch erzählt Grimm's Märchen und zeichnet für Kinder von heute 50 ausgewählte Märchen. Nachwort von Hans-Joachim Gelberg. Weinheim: Beltz & Gelberg 1972; Jubiläumsausgabe: ebd. 1986; Neuausgabe: ebd. 1991.

Wohin rast die Feuerwehr? Ein Bilderbuch. München: Domino Verlag Brinek 1972.

Bilder und Gedichte für Kinder zu Haus, im Kindergarten und für den Schulanfang. Hg. W. H. C. Schüttler-Janikulla. Illustriert von Janosch. Braunschweig: Westermann 1971; Frankfurt a. M.: Büchergilde Gutenberg 1982.

Die Globeriks. Gliwi sucht einen Freund. Zürich: Globi-Verlag 1973; Ravensburg: Otto Maier 1973 (Ravensburger TB 277, Janosch-comic Nr. 1).

Die Globeriks. Hau den Lukas! Zürich: Globi-Verlag 1973, Ravensburg: Otto Maier 1973 (Ravensburger TB 278, Janosch-comic Nr. 2).

Die Globeriks. Geburtstagsblumen mit Pfeffer und Salz. Zürich: Globi-Verlag 1974; Ravensburg: Otto Maier 1974 (Ravensburger TB 288, Janosch-comic Nr. 3).

Die Globeriks. Hosen wachsen nicht im Garten. Zürich: Globi-Verlag 1974; Ravensburg: Otto Maier 1974 (Ravensburger TB 295, Janosch-comic Nr. 4).

Die Globeriks. Ein schwarzer Hut geht durch die Stadt. Zürich: Globi-Verlag 1975; Ravensburg: Otto Maier 1975 (Ravensburger TB 323, Janosch-comic Nr. 5).

Hottentotten, grüne Motten. Alte und neue Kinderreime, gesammelt und gemalt und gedichtet von Janosch. Reinbek: Rowohlt 1973.

Familie Schmidt. Eine Moritat, vorgeführt in Bildern. Reinbek: Rowohlt 1974.

Lari Fari Mogelzahn. Die Löwenreise. Weinheim/Basel: Beltz & Gelberg 1974; Neuausgabe: Jeden Abend eine Geschichte oder was Lari Fari Mogelzahn, der starke Löwe Hans und der Quasselkasper aus Wasserburg auf ihren abenteuerlichen Fahrten und Reisen erleben. Weinheim: Beltz & Gelberg 1985; Taschenbuchausgabe: ebd. 1989; Die Löwenreise. Jeden Abend eine Geschichte oder was Lari Fari Mogelzahn, der starke Löwe Hans und der Quasselkasper aus Wasserburg auf ihren abenteuerlichen Fahrten und Reisen erleben. Leipzig: DZB 2000.

Mein Vater ist König. Zusammen mit Anne Rose. Reinbek: Rowohlt 1974.

Bärenzirkus Zampano. München: Parabel 1975; broschierte Ausgabe: ebd. 1982; Stuttgart/Hamburg/München: Deutscher Bücherbund 1978; Feldafing: Parabel 1982; Schwäbisch Hall/Zürich: Parabel 1984.

Sacharin im Salat. Roman. München/Gütersloh/Wien: Bertelsmann 1975; Taschenbuchausgabe: Reinbek: Rowohlt 1977; München: Goldmann 1989.

Das starke Auto Ferdinand. München: Parabel 1975. Weinheim: Beltz & Gelberg 2003.

Das große Janosch-Buch. Geschichten und Bilder. Weinheim/Basel: Beltz & Gelberg 1976; Gütersloh: Bertelsmann-Club 1976; Frankfurt a. M./Wien/Zürich: Büchergilde Gutenberg 1977.

Kleiner Mann in der Zigarilloschachtel und andere Geschichten. Recklinghausen: Georg Bitter Verl. 1976; Chur: Isis-Verlag 1995.

Die Geschichte von Antek Pistole. Eine Geschichte aus Margarinien. Weinheim/Basel: Beltz & Gelberg 1976.

Ich sag, du bist ein Bär. Weinheim/Basel: Beltz & Gelberg 1977; Stuttgart/München: Deutscher Bücherbund 1989.

Kasper Löffel und seine gute Oma. München: Parabel 1977; Sankt Augustin: Tandem-Verlag 1997; tabu-Verlag 1998.

Kleines Hasenbuch. München: Deutscher Taschenbuch Verlag 1977.

Der Mann, der Kahn, die Maus, das Haus. München: Parabel 1977; Berlin: Kinderbuchverlag 1977.

Traumstunde für Siebenschläfer. Eine Geschichte von Popov und Pietzke mit vielen farbigen Bildern. Ausgabe in Schreibschrift und in Druckschrift: Weinheim/Basel: Beltz & Gelberg 1977; Taschenbuchausgabe: ebd.; Stuttgart/München: Deutscher Bücherbund 1986.

Liebespaare & Hochzeitsgeschichten. 10 Radierungen, 8 Geschichten. Einmalige Auflage von 70 nummerierten Exemplaren in Mappe. Hamburg: Edition Merlin 1978.

Die Maus hat rote Strümpfe an. Janoschs bunte Bilderwelt. Weinheim/Basel: Beltz & Gelberg 1978; Sonderausgabe: ebd. 1979; Frankfurt a. M./Wien/Zürich: Büchergilde Gutenberg 1980; Stuttgart/München: Deutscher Bücherbund 1987.

Janoschs kleines Mäusebuch für Kinder, Hasen und große Bären. Weinheim/Basel: Beltz & Gelberg 1978.

Oh, wie schön ist Panama. Die Geschichte, wie der kleine Tiger und der kleine Bär nach Panama reisen. Weinheim/Basel: Beltz & Gelberg 1978; Taschenbuchausgabe: ebd. 1986; Ausgabe in Schreibschrift: ebd. 1978; englischsprachige Ausgabe: The Trip to Panama: ebd. 1978; Berlin: Kinderbuchverlag 1988; Stuttgart/München: Deutscher Bücherbund 1988; Gütersloh: Bertelsmann-Club, Kornwestheim: Europäische Bildungsgemeinschaft, Zug/Schweiz: Schweizer Buch- und Schallplattenfreunde, Wien: Buchgemeinschaft Donauwald, Berlin/Darmstadt/Wien: Deutsche Buchgemeinschaft 1985; Oh, wie schön ist Panama. Das Buch zum Film. Hamburg: Xenos 2006.

Warten auf Weihnachten. Hg. Barbara Homberg. Bilder von Janosch. Hamburg: Oettinger 1978.

ABC für kleine Bären. Weinheim/Basel: Beltz & Gelberg 1979 (Janoschs kleine Bärenbücher); Neuausgabe: Zürich: Diogenes 1988 (Diogenes kinder-mini-detebe 79064, Janoschs Hosentaschenbücher II).

Bilder und Geschichten für Kinder. Zusammengestellt von Werner Halle. Illustriert von Janosch. Braunschweig: Westermann 1979; Frankfurt a. M.: Büchergilde Gutenberg 1981; Würzburg: Benziger Edition im Arena-Verlag 1990.

Der Gliwi und der Globerik. Stuttgart: Herold 1979.

Die Grille und der Maulwurf. Die Geschichte von der schönsten Zeit ihres Lebens. Weinheim/Basel: Beltz & Gelberg 1979.

König, Kaiser, Bettelmann. Abzähler, freundliche Reime, Spaßgedichte für Kinder und andere fabelhafte Menschen. Weinheim/Basel: Beltz & Gelberg 1979.

Komm, wir finden einen Schatz. Die Geschichte, wie der kleine Bär und der kleine Tiger das Glück der Erde suchen. Ausgabe in Druckschrift: Weinheim/Basel: Beltz & Gelberg 1979; Ausgabe in Schreibschrift: ebd. 1979; Taschenbuchausgabe: ebd. 1986; englischsprachige Ausgabe: The Treasure Hunting Trip, ebd. 1982; Stuttgart/München: Deutscher Bücherbund 1988; Berlin: Kinderbuchverlag 1990.

Sandstrand. Roman. Weinheim/Basel: Beltz & Gelberg 1979; Taschenbuchausgabe: München: Goldmann 1987; Neuausgabe: Gifkendorf: Merlin 2001.

Schnuddelbuddel sagt Gutnacht. Ausgabe in Schreibschrift: München: Deutscher Taschenbuch Verlag 1979; Ausgabe in Druckschrift und in gr. Druckschrift: ebd. 1980; Chur: Isis-Verlag 1995.

Der Wolf und die 7 Geiserlein. Ein Märchen. Weinheim/Basel: Beltz & Gelberg 1979.

Einer. Text von Christine Nöstlinger. Bilder von Janosch. Weinheim/Basel: Beltz & Gelberg 1980.

Gemälde & Graphik. Ausstellungskatalog. Hg. Wilhelm-Busch-Gesellschaft e.V. Hannover: Wilhelm-Busch-Museum Hannover 19.10.1980–11.1.1981; Stadt- und Schifffahrtsmuseum Kiel 15.2.–19.4.1981; Stadtgeschichtliche Museen Nürnberg, Dürerhaus, 1.5.–28.6.1981. Gifkendorf: Merlin-Verlag 1980.

Robinson Hase. Weinheim/Basel: Beltz & Gelberg 1980.

Ich kann schon zählen: 1, 2, 3. Weinheim/Basel: Beltz & Gelberg 1980 (Janoschs kleine Bärenbücher); Neuausgabe: Zürich: Diogenes 1988 (Diogenes kinder-mini-detebe 79063; Janoschs Hosentaschenbücher II).

Kasperglück und Löwenreise. Jeden Abend eine Geschichte oder was Lari Fari Mogelzahn, der starke Löwe Hans und der Quasselkasper aus Wasserburg auf ihren abenteuerlichen Fahrten und Reisen erleben. Weinheim/Basel: Beltz & Gelberg 1980.

Marquis de Sade: Erzählungen und Schwänke eines provenzalischen Troubadours oder Der französische Boccaccio. Mit 7 Farbradierungen von Janosch. Gifkendorf: Merlin 1980.

Post für den Tiger. Die Geschichte, wie der kleine Bär und der kleine Tiger die Briefpost, die Luftpost und das Telefon erfinden. Weinheim/Basel: Beltz & Gelberg 1980; Taschenbuchausgabe: ebd. 1980 (Gullivers Bücher 31); Ausgabe in Schreibschrift: ebd. 1981; englischsprachige Ausgabe: A Letter for Tiger. ebd. 1982; Gütersloh: Bertelsmann-Club, Kornwestheim: EGB-Verlag, Zug/Schweiz: Schweizer Buch- und Schallplattenfreunde, Wien: Buchgemeinschaft Donauland, Berlin/Darmstadt/Wien: Deutsche Buchgemeinschaft 1986, Stuttgart/München: Deutscher Bücherbund 1988, Berlin: Kinderbuchverlag 1989.

Schnuddelbuddel baut ein Haus und Der Wandertag nach Paderborn. Ausgabe in Druckschrift und in großer Druckschrift: München: Deutscher Taschenbuch Verlag 1980; Ausgabe in Schreibschrift: ebd. 1980; Schnuddel baut ein Wolkenhaus. Chur: Isis-Verlag 1996.

Ach, du liebes Hasenbüchlein. Hasenbilder, Verse & Geschichtelchen. Ausgabe in Druckschrift und in großer Druckschrift: München: Deutscher Taschenbuch Verlag 1981; Ausgabe in Schreibschrift: ebd. 1982.

Das Auto Ferdinand. Doppelband aus Das Auto hier heißt Ferdinand und Das starke Auto Ferdinand. Feldafing: Parabel 1981.

Janoschs verzauberte Märchenwelt. Feldafing: Parabel 1981; Verzauberte Märchenwelt. Berlin: Kinderbuchverlag 1985; Gütersloh: Bertelsmann-Club; Wien: Buchgemeinschaft Donauland u.a. 1992; Verzauberte Märchenwelt. Sammelband 1. München/Köln/Zürich: Parabel 1992.

Das Leben der Thiere. Schön und wahrhaftig beschrieben mit Worten und Bildern. Weinheim/Basel: Beltz & Gelberg 1981.

Mehr von Gliwi und dem Globerik. Stuttgart: Herold-Verlag 1981.

Circus Hase. Weinheim/Basel: Beltz & Gelberg 1982.

Der Esel und die Eule. Weinheim/Basel: Beltz & Gelberg 1982, Neuausgabe: Zürich: Diogenes 1986.

Hasenkinder sind nicht dumm. Die Geschichte vom Hasenkind

Jochen Gummibär und seinen Geschwistern Bobbo, Bubbi, Babba und Bibbelchen. (Aus: Die Maus hat rote Strümpfe an. 1978) Weinheim/Basel: Beltz & Gelberg 1982.

Das Haus, der Klaus. Der Vater, die Mutter, der Moritz, der Josef, der Klaus … Weinheim/Basel: Beltz & Gelberg 1982; Neuausgabe: Das Haus, der Klaus. Die Geschichte vom Klaus und vom Berg und vom Haus. Zürich: Diogenes 1986.

Der kleine Affe. Ein Studier- & Verwirrbüchlein zum Erlernen und Vergessen von allem Unfug und Mumpiez, was kleine Affen betrifft. Weinheim/Basel: Beltz & Gelberg 1982; Neuausgabe: Zürich: Diogenes 1986.

Tigerschweinchen, kleiner König. Weinheim/Basel: Beltz & Gelberg 1982; Neuausgabe: Kleines Schweinchen, großer König. Zürich: Diogenes 1986 (Diogenes kinder-mini-detebe 79057; Janoschs Hosentaschenbücher I).

Liebe Grille, spiel mir was. 4 Geschichten: Die Grille und der Maulwurf. Die Gänseoper. Der Löwe Hans. Robinson Hase. Hemsbach: Beltz & Gelberg 1982.

Als die Römer frech geworden. Scheffels Studentenlieder ins Bild gesetzt von Janosch. Mit 12 farbigen Radierungen. München: Deutscher Taschenbuch Verlag 1983.

Löwenzahn und Seidenpfote. Eine schöne vierfarbige Geschichte von zwei Mäusen, die sich lieben und zwei Kinder bekommen, nämlich Löwenzahn und Seidenpfote. Teilausgabe von: Die Maus hat rote Strümpfe an. Weinheim/Basel: Beltz & Gelberg 1983.

Ein kleiner Riese. Weinheim/Basel: Beltz & Gelberg 1983 (Janoschs kleine Bärenbücher); Neuausgabe: Zürich: Diogenes 1988.

Die Tigerente und der Frosch. Weinheim/Basel: Beltz & Gelberg 1983 (Janoschs kleine Bärenbücher); Neuausgabe: Zürich: Diogenes 1988; Sonderausgabe: Hamburg: Carlsen 2011.

Janosch: Kunst gemalt, gezeichnet, gekritzelt. Nachwort von Andreas J. Meyer. München: Deutscher Taschenbuch Verlag 1983.

Ein Kanarienvogelfederbaum und Schnuddelbuddel fängt einen Hasen. Ausgabe in Schreibschrift: München: Deutscher Taschenbuch Verlag 1983; Ausgabe in Druckschrift: München: Deutscher Taschenbuch Verlag 1984; Chur: Isis-Verlag 1995.

Das kleine Schiff. Eine schöne Geschichte in Bildern aus Paris. Weinheim/Basel: Beltz & Gelberg 1983.

Rasputin der Vaterbär. Sechsundzwanzig wahre Geschichten. Weinheim/Basel: Beltz & Gelberg 1983.

Rasputins ewiger Wochenkalender. Weinheim/Basel: Beltz & Gelberg 1983.

Dich vergeß ich nie im Leben. Reime, Bilder und Ratschläge für das Poesiealbum. Präsentiert von Regine Stigloher. Mit Sprüchen und Bildern zum Anschauen und Ausschneiden von Janosch und Frantz Wittkamp. München: Deutscher Taschenbuch Verlag 1984.

Es war einmal ein Hahn. Keine wahre Geschichte, erlogen von Janosch. Zürich: Diogenes 1984.

Flaschenpostgrüße – 16 Postkarten. Weinheim/Basel: Beltz & Gelberg 1984.

Der Froschkönig. Zürich: Diogenes 1984; Stuttgart/München: Deutscher Bücherbund 1984.

Kasper Mütze und der Riese Wirrwarr. Hg. Maria Friedrich. München: Deutscher Taschenbuch Verlag 1984 und 1988.

Das große Buch der Kinderreime. Die schönsten Kinderreime aus alter und uralter Zeit, Auszählverse, Spielgedichte, Abzählreime, Versteckstrophen, Kinderlieder, Schüttelreime, Rätselsprüche, aufgesammelt sowie etliche neu dazu erfunden von Janosch und illustriert mit über 100 farbigen Bildern. Zürich: Diogenes 1984; Stuttgart/München: Deutscher Bücherbund 1986; Gütersloh: Bertelsmann-Club, Kornwestheim: EBG-Verlag, Zug/Schweiz: Schweizer Buch- und Schallplattenfreunde, Wien: Buchgemeinschaft Donauland, Berlin/Darmstadt/Wien: Deutsche Buchgemeinschaft 1988; Weinheim/Basel: Beltz & Gelberg 2004.

Das große Panama-Album. Der kleine Bär und der kleine Tiger und ihre Abenteuer. Enthält u.a. »Oh, wie schön ist Panama« und »Komm, wir finden einen Schatz«. Weinheim/Basel: Beltz & Gelberg 1984; Frankfurt a. M./Olten/Wien: Büchergilde Gutenberg 1986.

Herr Korbes will Klein Hühnchen küssen. Zürich: Diogenes 1984.

Kasper Mütze und der Riese Wirrwarr. München: Deutscher Taschenbuch Verlag 1984; Ausgabe in großer Druckschrift: ebd. 1988; Kasper Mütze besiegt den Riesen und das Krokodil. Chur: Isis-Verlag 1996.

Kleine Tierkunde für Kinder. Weinheim/Basel: Beltz & Gelberg 1984; Neuausgabe: ebd. 1990.

Verdammter Bukowski. 22 Farbradierungen zu 21 Gedichten von Charles Bukowski. Gifkendorf: Merlin-Verlag 1984.

Der Wettlauf zwischen Hase und Igel. Hamburg: Dressler 1984; Stuttgart/München: Deutscher Bücherbund 1984; Frankfurt a. M./Olten/Wien: Büchergilde Gutenberg 1985; Gütersloh: Bertelsmann-Club, Kornwestheim: Europäische Bildungsgemeinschaft, Zug/Schweiz: Schweizer Buch- und Schallplattenfreunde, Wien: Buchgemeinschaft Donauland, Berlin/Darmstadt/Wien: Deutsche Buchgemeinschaft 1985; Frankfurt a. M.: Büchergilde Gutenberg 1985.

Der alte Mann und der Bär. Zürich: Diogenes 1985; Neuausgabe: ebd. 1994.

Die Enten-Bibliothek. 4 Bändchen / Kassette: Alle meine Enten von A bis Z. Mein erstes Adreßbuch. Alle meine Entlein. Eine unentliche Geschichte. Circus Popcorn Eia popeia. 13 liebreiche Verslein aus Mutters Garten. Zürich: Diogenes 1985; Neuausgabe: Zürich: Diogenes 1994.

Die Fiedelgrille und der Maulwurf. Zürich: Diogenes 1985.

Häschen hüpf. Hamburg: Dressler 1985.

Ich mach dich gesund, sagte der Bär. Zürich: Diogenes 1985; Ausgabe in Schreibschrift: ebd. 1991; Taschenbuchausgabe: ebd. 1998; Gütersloh: Bertelsmann-Club, Kornwestheim: EGB-Verlag, Zug/Schweiz: Schweizer Buch- und Schallplattenfreunde, Wien: Buchgemeinschaft Donauland, Berlin/Darmstadt/Wien: Deutsche Buchgemeinschaft 1987; Stuttgart/München: Deutscher Bücherbund 1987; Frankfurt a. M./Olten/Wien: Büchergilde Gutenberg 1988; Leipzig: DZB 1999 (Blindendruck); Weinheim/Basel: Beltz & Gelberg 2004.

Kleine Katze spiel mit mir. Hamburg: Dressler 1985; Rheda-Wiedenbrück: Bertelsmann-Club, Kornwestheim: Europäische Bildungsgemeinschaft, Zug/Schweiz: Schweizer Buch- und Schallplattenfreunde, Wien: Buchgemeinschaft Donauland, Berlin, Darmstadt, Wien: Deutsche Buchgemeinschaft 1988.

Mein Bär braucht eine Mütze. Hamburg: Dressler 1985; Rheda-Wiedenbrück: Bertelsmann-Club, Kornwestheim: Europäische Bildungsgemeinschaft, Zug/Schweiz: Schweizer Buch- und Schallplattenfreunde, Wien: Buchgemeinschaft Donauland, Berlin/Darmstadt/Wien: Deutsche Buchgemeinschaft 1985; Stuttgart/München: Deutscher Bücherbund 1988.

Zu allem entschlossen. Postkartenbuch. München: Deutscher Taschenbuch Verlag 1985.

Da schuf Gott die ewige Beziehungskiste. 7 Originalradierungen. Gifkendorf: Merlin 1986.

Der Esel & die Eule. Zürich: Diogenes 1986.

Hallo Schiff Pyjamahose. Zürich: Diogenes 1986.

Kasper Mütze darf verreisen. Hamburg: Dressler 1986.

Kasper Mütze geht in den Zoo. Hamburg: Dressler 1986.

Kasper Mütze hat Geburtstag. Hamburg: Dressler 1986.

Rasputin. Das Riesenbuch vom Vaterbär. Sechsundsechzig Geschichten aus dem Familienleben eines Bärenvaters. Zürich: Diogenes 1986; Das große Buch von Rasputin dem Vaterbär. Sechsundsechzig Geschichten aus dem Familienleben eines Bärenvaters. Zürich: Diogenes 1992.

Das tapfere Schneiderlein. Zürich: Diogenes 1986; Sonderausgabe: Königswinter: Tandem-Verlag 1999.

Der deutschen Dichtung Liebeslaube. 6 Original-Farbradierungen zu Liebesgedichten der deutschen Romantik von Friedrich Bieniak, Heinrich Heine, Friedrich Rückert, Adolf Schults, Theodor Storm. Gifkendorf: Merlin 1986.

Guten Tag, kleines Schweinchen. Die Geschichte, wie der kleine Tiger eines Tages nicht mehr nach Hause kam. Zürich: Diogenes 1987; Ausgabe in Schreibschrift: ebd. 1991; Gütersloh: Bertelsmann-Club, Kornwestheim: EGB-Verlag, Zug/Schweiz: Schweizer Buch- und Schallplattenfreunde, Wien: Buchgemeinschaft Donauland, Berlin/Darmstadt/Wien: Deutsche Buchgemeinschaft 1989; Stuttgart/München: Deutscher Bücherbund 1989;

Frankfurt a. M.: Büchergilde Gutenberg 1989; Zürich: Buchclub Ex Libris 1989; Weinheim/Basel: Beltz & Gelberg 2006.

Der Jaguar, der Jaguar. Text von Karl Valentin. Bilder von Janosch. München/Zürich: Piper 1987.

Kasper Mütze baut ein Auto. Hamburg: Dressler 1987.

Kasper Mütze fängt einen Fisch. Hamburg: Dressler 1987.

Kasper Mütze holt einen Hasen. Hamburg: Dressler 1987.

Kasper Mütze – wie man einen Riesen foppt. Hamburg: Dressler 1987; Sonderausgabe: Köln: Serges Medien 2002.

Das Lumpengesindel. Zürich: Diogenes 1987.

Kasper Mütze geht in die Schule. Hamburg: Dressler 1989.

Der Quasselkasper. Jeden Abend eine Geschichte oder Reisen und Abenteuer. Weinheim/Basel: Beltz & Gelberg 1989.

Kasper Mütze hat Besuch. Hamburg: Dressler 1989.

Kasper Mütze hat fünf Freunde. Hamburg: Dressler 1989.

Das kleine Panama-Album. Der kleine Bär & der kleine Tiger und ihre Abenteuer. Weinheim/Basel: Beltz & Gelberg 1989; Frankfurt a. M./Wien: Büchergilde Gutenberg 1989; Freiburg: Herder Buchgemeinschaft, Luzern: Schweizer Volks-Buchgemeinschaft, Bonn: Bonner Buchgemeinschaft 1989.

Rasputin der Lebenskünstler. In Wort und Bild. Zürich: Diogenes 1989.

Riesenparty für den Tiger. Zürich: Diogenes 1989; Ausgabe in Schreibschrift: ebd. 1991; Taschenbuchausgabe: ebd. 1999; Frankfurt a. M./Wien: Büchergilde Gutenberg 1991; Gütersloh: Bertelsmann-Club; Kornwestheim: EGB-Verlag 1989; Weinheim/Basel: Beltz & Gelberg 2006.

Schimanzki. Die Kraft der inneren Maus. Zürich: Diogenes 1989.

Das Geheimnis des Herrn Josef. Geheimnisgeschichten. Weinheim/Basel: Beltz & Gelberg 1990.

Die Kunst der bäuerlichen Liebe. 1. Teil. Ein nützliches Kunstwerk in 12 Teilen und Bildern. Gifkendorf: Merlin 1990; Die Kunst der bäuerlichen Liebe, 1. Teil. München: Goldmann 1993.

Du bist ein Indianer, Hannes. Recklinghausen: Georg Bitter Verlag 1990; Stuttgart/München: Deutscher Bücherbund 1991; München: Deutscher Taschenbuchverlag 1993.

Emil und seine Bande. Zürich: Diogenes 1990.

Franz mit dem verdammten Hut. Recklinghausen: Georg Bitter Verlag 1990; Leipzig: DZB 1994 (Blindendruck); München: Deutscher Taschenbuch Verlag 1996; Gifkendorf: Little Tiger Verlag 2005.

Graphik und Kinderbücher. Katalog einer Wanderausstellung. Gifkendorf: Merlin 1990.

Das große Buch vom Schabernack. 333 lustige Bilder von Tomi Ungerer mit frechen Versen von Janosch. Zürich: Diogenes 1990.

Schnuddel. Hasenmotor kostet nix. Hamburg: Dressler 1990; Sonderausgabe: Köln: Serges Medien 2002.

Tiger und Bär im Straßenverkehr. Zürich: Diogenes 1990; Ausgabe in Schreibschrift: ebd. 1991; Gütersloh: Bertelsmann-Club, Wien: Buchgemeinschaft Donauland, Kremayr und Scheriau, Stuttgart: Deutscher Bücherbund 1992; Weinheim/Basel: Beltz & Gelberg 2004.

David. Eine Geschichte. Hauzenberg: Edition Toni Pongratz 1990.

Günter Kastenfrosch oder Der wahre Sinn des Lebens, aufgezeigt an einem Kasten u.a.m. Zürich: Diogenes 1991.

Schnuddel. Wenn Schnuddel in die Schule geht. Hamburg: Dressler 1991; Köln: Serges Medien 2002; München: cbj 2006.

Das kleine Kinderreimebuch. Die 55 schönsten Kinderreime mit vielen bunten Bildern. Zürich: Diogenes 1990; Weinheim/Basel: Beltz & Gelberg 2006.

Polski Blues. Roman. München: Goldmann 1991; Marburg: Deutsche Blindenstudienanstalt 1992; Gütersloh: Bertelsmann-Club, Wien: Buchgemeinschaft Donauland, Kremayr und Scheriau 1992.

Mutter sag, wer macht die Kinder? München: Mosaik 1992; Gütersloh: Bertelsmann-Club; Wien: Buchgemeinschaft Donauland, Kremayr und Scheriau; Stuttgart: Deutscher Bücherbund 1994; München: Bassermann 2003; Gifkendorf: Little Tiger Verlag 2007.

Der kleine Tiger braucht ein Fahrrad. Zürich: Diogenes 1992; Gütersloh: Bertelsmann-Club, Wien: Buchgemeinschaft Donauland, Kremayr und Scheriau, Stuttgart: Deutscher Bücherbund

1993; Taschenbuchausgabe: Zürich: Diogenes 1999; Weinheim/ Basel: Beltz & Gelberg 2004.

Der Musikant in der Luft und andere Geschichten. Weinheim/ Basel: Beltz & Gelberg 1992.

Schäbels Frau. Roman. München: Goldmann 1992.

Zurück nach Uskow oder Eine Spur von Gott oder Der Hund von Cuernavaca. Ein Theaterstück. Gifkendorf: Merlin 1992; München: Goldmann 1994.

Janoschs Großer Kleiner Tiger-Atlas. München: Mosaik 1993; Gütersloh: Bertelsmann-Club, Wien: Buchgemeinschaft Donauland, Kremayr und Scheriau, Stuttgart: Deutscher Bücherbund 1994; München: Bassermann 2002.

Die schönen Geschichten. Köln: Parabel 1993.

Alle meine Enten von A bis Z. Mein erstes Adreßbuch. Zürich: Diogenes 1994.

Oma Luzie gründet einen Indianerstamm. Chur: Isis-Verlag 1994; Luzern: Transcripta Medien AG 1997.

Von dem Glück, Hrdlak gekannt zu haben. Roman. München: Goldmann 1994.

Wie der Tiger lesen lernt. München: Mosaik 1994; Rheda-Wiedenbrück: Bertelsmann-Club; Wien: Buchgem. Donauland, Kremayr und Scheriau; Stuttgart: Deutscher Bücherbund 1995; München, Bassermann 2002; Weinheim/Basel: Beltz & Gelberg 2005.

Wenn der Hase baden geht. Gesammelte Geschichten & Bilder von überall her mit echten Flaschenpostgrüßen. Weinheim/Basel: Beltz & Gelberg 1994; Rheda-Wiedenbrück: Bertelsmann-Club, Wien: Buchgemeinschaft Donauland, Kremayr und Scheriau, Stuttgart: Deutscher Bücherbund 1995.

Und Traudis Haus steht immer noch. Erinnerung. Hauzenberg: Edition Toni Pongratz 1994.

Das Wörterbuch der Lebenskunst. München: Goldmann 1995.

Wie der Tiger zählen lernt. München: Mosaik 1995; Rheda-Wiedenbrück: Bertelsmann-Club; Wien: Buchgemeinschaft Donauland, Kremayr und Scheriau; Stuttgart: Deutscher Bücherbund 1996; München: Bassermann 2002; Gifkendorf: Little Tiger Verlag 2010.

Morgen kommt der Weihnachtsbär. München: Mosaik 1995; München: Bassermann 2002; Hamburg: Little Tiger Verlag 2007.

Bei Liebeskummer Apfelmus. Ein Kochbuch für die Lust am Leben. München: Mosaik 1996; München: Bassermann 2002; Gifkendorf: Little Tiger Verlag 2013.

Feuerwehr und Regenauto. Gifkendorf: Little Tiger Verlag 1996.

Das große Schnuddel-Buch. München: Deutscher Taschenbuch Verlag 1997.

Gastmahl auf Gomera. Roman. München: Goldmann 1997.

Janoschs kleine Tigerschule. Wie der kleine Bär und der kleine Tiger lesen und zählen lernen. Enthält »ABC für kleine Bären« und »Ich kann schon zählen: 1, 2, 3«. Vom Autor zum Teil neu gezeichnete Bilder und überarbeiteter Text. Zürich: Diogenes 1997.

Wie ich nach Prag kam. Ein Traum. Hauzenberg: Edition Toni Pongratz 1997.

Janoschs Tausend-Bilder-Lexikon. München: Mosaik 1997; München: Bassermann 2002; Gifkendorf: Little Tiger Verlag 2009.

Restaurant und Mutterglück oder Das Kind. Eine Tragödie in Szenen / Ein klein-großes Drama. Gifkendorf: Merlin 1998.

Papa Löwe und seine glücklichen Kinder. München: Mosaik 1998; München: Bassermann 2006.

Ich liebe eine Tigerente. Kleiner Beziehungsratgeber. München: Mosaik 1999; Hamburg: Little Tiger Verlag 2008.

Unsere Mutter. Hamburg: Dressler 2000.

Wir können alles. Hamburg: Dressler 2000.

Schnuddels Gute-Nacht-Geschichten. Gifkendorf: Little Tiger Verlag 2003.

Emil Grünbär und seine Bande. Weinheim/Basel: Beltz & Gelberg 2004.

Gibt es hitzefrei in Afrika? So leben die Kinder dieser Welt. München: Heyne Verlag 2006.

Das große Janosch-Schnuddel-Lesebuch. Hamburg: Little Tiger Verlag 2007.

Die große Janosch Märchenkiste. Vastorf: Little Tiger Verlag 2009.

Das neue große Janosch Lesebuch. Vastorf: Little Tiger Verlag 2011.

Janoschs tierische Parade. Weinheim/Basel: Beltz & Gelberg 2011.

Verzeichnis der Abbildungen

Abb. 1 (S. 11)	Archiv von Janosch/Gisela Rommerskirchen
Abb. 2 (S. 18)	Archiv von Janosch
Abb. 3a (S. 20)	Archiv der St.-Hedwig-Kirche in Hindenburg/Zabrze
Abb. 3b (S. 21)	Andrzej Dutkiewicz, Dariusz Guz, Ryszard Kipias, Rafał Ciniewski-Mirosław, www.zabrze-aplus.pl
Abb. 4 (S. 25)	Archiv von Janosch
Abb. 5 (S. 30)	Archiv von Janosch
Abb. 6 (S. 33)	Archiv von Janosch
Abb. 7 (S. 47)	Archiv von Janosch
Abb. 8 (S. 48)	Archiv von Janosch
Abb. 9 (S. 54)	Andrzej Dutkiewicz, Dariusz Guz, Ryszard Kipias, Rafał Ciniewski-Mirosław, www.zabrze-aplus.pl
Abb. 10 (S. 55)	Andrzej Dutkiewicz, Dariusz Guz, Ryszard Kipias, Rafał Ciniewski-Mirosław, www.zabrze-aplus.pl
Abb. 11 (S. 60)	Archiv von Janosch
Abb. 12 (S. 61)	Andrzej Dutkiewicz, Dariusz Guz, Ryszard Kipias, Rafał Ciniewski-Mirosław, www.zabrze-aplus.pl
Abb. 13 (S. 63)	Andrzej Dutkiewicz, Dariusz Guz, Ryszard Kipias, Rafał Ciniewski-Mirosław, www.zabrze-aplus.pl
Abb. 14 (S. 66)	Andrzej Dutkiewicz, Dariusz Guz, Ryszard Kipias, Rafał Ciniewski-Mirosław, www.zabrze-aplus.pl

Abb. 15 (S. 71)	Archiv von Janosch
Abb. 16 (S. 92)	Andrzej Dutkiewicz, Dariusz Guz, Ryszard Kipias, Rafał Ciniewski-Mirosław, www.zabrze-aplus.pl
Abb. 17 (S. 107)	Archiv von Janosch
Abb. 18 (S. 109)	Archiv von Janosch
Abb. 19 (S. 118)	Archiv von Janosch
Abb. 20 (S. 125)	Archiv der Akademie der Schönen Künste in München
Abb. 21 (S. 131)	Archiv der Akademie der Schönen Künste in München
Abb. 22 (S. 134)	Archiv von Janosch
Abb. 23 (S. 143)	Archiv von Janosch
Abb. 24 (S. 145)	Archiv von Janosch
Abb. 25 (S. 179)	Archiv von Janosch
Abb. 26 (S. 189)	Archiv von Janosch
Abb. 27 (S. 200)	Archiv von Janosch
Abb. 28 (S. 205)	Archiv von Janosch
Abb. 29 (S. 206)	Foto: Angela Bajorek
Abb. 30 (S. 212)	Foto: Dariusz Walerjański
Abb. 31 (S. 215)	Foto: Angela Bajorek
Abb. 32 (S. 225)	Foto: Angela Bajorek
Abb. 33 (S. 229)	Foto: Dariusz Walerjański
Abb. 34 (S. 231)	Foto: Angela Bajorek
Abb. 35 (S. 236)	Archiv von Janosch
Abb. 36 (S. 241)	Archiv von Janosch
Abb. 37 (S. 243)	Foto: Angela Bajorek
Abb. 38 (S. 243)	Archiv von Janosch
Abb. 39 (S. 256)	Foto: Angela Bajorek

Anmerkungen

Alle Aussagen von Janosch, die nicht anders markiert wurden, stammen aus der Korrespondenz Angela Bajoreks mit Janosch zwischen 2011 und 2014.

Prolog
1 Janosch: »Von dem Glück, als Herr Janosch überlebt zu haben«, Gifkendorf: Merlin Verlag 1994, S. 32
2 Janosch: »Magischer Lebenslauf«, in: »Der Musikant in der Luft und andere Geschichten«, Weinheim/Basel: Beltz & Gelberg 1992, S. 51
3 Janosch: »Gastmahl auf Gomera«, München: Goldmann Verlag 1997, S. 9

Kapitel 1
1 »Katzengold«, die unveröffentlichte Autobiographie, mit Erlaubnis von Janosch
2 Vgl. »Leben mit Goldrand«, die unveröffentlichte Autobiographie, mit Erlaubnis von Janosch
3 Ebd.
4 Janosch: »Von dem Glück, als Herr Janosch überlebt zu haben«, S. 12
5 Janosch: »Cholonek oder Der liebe Gott aus Lehm«, München: Goldmann Verlag 1992, S. 18
6 Emanuel Majnusz, »Jeszcze w sporze o Cholonka«, »Poglądy« 1975, Kraków 2011, S. 18
7 Johann Wolfgang von Goethe in »Do Gwareckiego Związku w Tarnowskich Górach«, »Ziemia Śląska« 1993, Band 3, S. 198 f.

8 Die Tagebücher von Max Ring, Quelle: www.expolis.de/schlesien/texte/luer_pl.html
9 Janosch: »Von dem Glück, Hrdlak gekannt zu haben«, München: Goldmann Verlag 1994
10 Ebd.
11 »Leben mit Goldrand«
12 Janosch: »Cholonek oder Der liebe Gott aus Lehm«, S. 48
13 Vgl. ebd.
14 Ebd.
15 Janosch: »Gastmahl auf Gomera«, S. 132
16 Janosch: »Zurück nach Uskow oder eine Spur von Gott oder der Hund von Cuernavaca«, Gifkendorf: Merlin Verlag 1992, S. 11 f.

Kapitel 2
1 »Wir wurden alle verprügelt«, Janosch im Gespräch mit Tobias Haberl, »Der Spiegel« 3/2004, www.spiegel.de/spiegel/kulturspiegel/d-30040776.html
2 Die DEWOG-Siedlung in Hindenburg wurde 1928–1930 im Stil des Modernismus erbaut, nach einem Projekt von Albert Jäger und Hugo Leipziger.
3 Janosch: »Gastmahl auf Gomera«, S. 132
4 Fixative: eine Art Haarlack
5 Janosch: »Gastmahl auf Gomera«, S. 129 f.
6 Janosch: »Cholonek oder Der liebe Gott aus Lehm«, S. 249–251
7 Ebd.
8 Ebd.

Kapitel 3
1 Janosch: »Cholonek oder Der liebe Gott aus Lehm«, S. 168
2 Ebd., S. 171
3 Janosch: »Gastmahl auf Gomera«, S. 78
4 Vgl. ebd., S. 81 f.
5 Janosch: »Von dem Glück, Hrdlak gekannt zu haben«, S. 9
6 Janosch: »Cholonek oder Der liebe Gott aus Lehm«, S. 113
7 Janosch: »Gastmahl auf Gomera«, S. 80
8 »Leben mit Goldrand«.

9 Janosch: »Zurück nach Uskow oder eine Spur von Gott oder der Hund von Cuernavaca«, S. 26
10 Janosch: »Cholonek oder Der liebe Gott aus Lehm«, S. 279
11 »Leben mit Goldrand«
12 Janosch: »Cholonek oder Der liebe Gott aus Lehm«, S. 291
13 G. Pyka, »W sprawie ›Cholonka, czyli dobrego Pana Boga z gliny‹«, »Poglądy« 1975, Nr. 15, S. 7
14 Janosch: »Zurück nach Uskow oder eine Spur von Gott oder der Hund von Cuernavaca«, S. 27
15 Janosch: »Von dem Glück, als Herr Janosch überlebt zu haben«, S. 19
16 »Janosch wird 75 – Geburtstag in der Hängematte«, www.rp-online.de/kultur/buch/janosch-wird-75-geburtstag-in-der-haengematte-aid-1.2044074

Kapitel 4

1 Janosch: »Gastmahl auf Gomera«, S. 88
2 Vgl. Janosch: »Von dem Glück, als Herr Janosch überlebt zu haben«, S. 17
3 »Katzengold«
4 Ebd.
5 Vgl. Janosch: »Gastmahl auf Gomera«, S. 151
6 Vgl. Hotel La Louisiane, www.hotel-lalouisiane.net/eng/history.php
7 Janosch: »Von dem Glück, als Herr Janosch überlebt zu haben«, S. 28 f.
8 Ebd., S. 26
9 Horst Eckert: »Wie ich litt«, »Die Zeit« vom 29.8.1957
10 Janosch: »Von dem Glück, als Herr Janosch überlebt zu haben«, S. 28
11 Ebd., S. 25

Kapitel 5

1 http://beltz.de/de/verlagsgruppe-beltz/unsere-autoren/autor/janosch.html (Abrufdatum 6.2.2012, nicht mehr zugänglich)
2 »Janosch wird 75 – Geburtstag in der Hängematte«, www.rp-

online.de/kultur/buch/janosch-wird-75-geburtstag-in-der-haengematte-aid-1.2044074
3 Ebd.
4 Janosch: »Die Geschichte von Valek dem Pferd«, München: Georg Lentz Verlag 1960, S. 14
5 »Der Mensch ist eine Sau. Horst Eckert alias Janosch im Gespräch mit Matthias Dusini«, »Falter« Nr. 14/2006, www.falter.at/falter/2006/04/04/der-mensch-ist-eine-sau/
6 Ebd.
7 »Janosch wird 75 – Geburtstag in der Hängematte«, www.rp-online.de/kultur/buch/janosch-wird-75-geburtstag-in-der-haengematte-aid-1.2044074
8 Janosch: »Gastmahl auf Gomera«, S. 89
9 Janosch: »Der Josa mit der Zauberfiedel«, Berlin: Kinderbuchverlag 1968
10 http://beltz.de/de/verlagsgruppe-beltz/unsere-autoren/autor/janosch.html (Abrufdatum 6.2.2012, nicht mehr zugänglich)
11 Janosch: »Hallo Schiff Pyjamahose«, Zürich: Diogenes Verlag 1986, S. 42

Kapitel 6

1 Vgl. Wilhelm Szewczyk, Nachwort zu »Cholonek, czyli dobry Pan Bóg z gliny«, Wydawnictwo Śląsk, Katowice 1974
2 In: »Janosch (*11.3.1931) – mit 60 ein Weltautor«, Jugendbuchmagazin 2/1991, S. 75–76
3 Janosch: »Cholonek oder Der liebe Gott aus Lehm«, S. 194
4 Ebd., S. 35
5 Ebd., S. 30
6 Ebd., S. 36
7 Ebd., S. 61
8 Ebd., S. 148
9 E-Mail von Janosch an die Autorin vom 27.3.2013
10 Janosch: »Cholonek oder Der liebe Gott aus Lehm«, S. 12
11 Ebd., S. 15
12 Ebd., S. 4
13 Ebd., S. 48

14 Ebd., S. 66 f.
15 Ebd., S. 189
16 Ebd., S. 144
17 Ebd., S. 194
18 Ebd., S. 68
19 Ebd., S. 55
20 Ebd., S. 65
21 Ebd., S. 183
22 Michał Smolorz: »Ślązacy kopuluja, władza się cieszy«, »Gazeta Wyborcza« vom 26.9.2011
23 Hans-Hermann Kersten: »Janosch: Cholonek oder Der liebe Gott aus Lehm«, »Frankfurter Allgemeine Zeitung« 10.10.1970
24 Janosch: »Cholonek oder Der liebe Gott aus Lehm«, S. 204
25 Ebd., S. 76
26 Janosch: »Cholonek oder Der liebe Gott aus Lehm«, S. 315
27 Jerzy Illg im Gespräch mit Olga Drenda, 16.4.2014, Audio-Aufnahme
28 General Charles de Gaulle besuchte Zabrze am 9. September 1967 im Rahmen seiner Reise nach Polen, woran eine Gedenktafel erinnert.
29 Emanuel Majnusz: »Jeszcze w sporze o Cholonka«, »Poglądy« 1975, Kraków 2011, S. 20

Kapitel 7

1 »Der Mensch ist eine Sau. Horst Eckert alias Janosch im Gespräch mit Matthias Dusini«, »Falter« 14/2006, www.falter.at/falter/2006/06/04/der-mensch-ist-eine-sau/
2 Friedrichshof: eine radikale Kommune, gegründet durch den Wiener Aktionskünstler Otto Muehl. Basierend auf dem Prinzip des »neuen Humanismus«, verwandelte sich die Gruppe rasch in eine sektenartige Organisation, deren Mitglieder regelmäßiger Gewalt und Einschränkung der persönlichen Freiheit ausgesetzt waren.
3 Alex Würzbach: »Janosch: Ich denke schon seit 62 Jahren ans Aufhören!«, »Bild« 11.3.2011, www.bild.de/unterhaltung/

kultur/interview/denkt-schon-seit-62-jahren-ans-aufhoeren-16717340.bild.html

Kapitel 8
1 Janosch: »Gastmahl auf Gomera«, S. 46
2 Ebd., S. 67
3 Jörg Merk: »Reden Sie Tacheles, Herr Janosch«. Ein Interview mit Jörg Merk, Langenpreising: Neue Welt Verlag, 2007, S. 5
4 www.ln-online.de/artikel/2771560 (nicht mehr zugänglich)
5 »Börsenblatt« 8.1.1985, Inge Sauer: »Wolf im Plüschpelz«; in: »Janosch, Katalog mit einer vorläufigen Bibliographie seiner bisher erschienenen Bücher«, Gifkendorf: Merlin Verlag 1998, S. 22
6 Jörg Merk: »Reden Sie Tacheles, Herr Janosch«. Ein Interview mit Jörg Merk, S. 7
7 Jerzy Illg im Gespräch mit Olga Drenda, 16.4.2014, Audio-Aufnahme
8 Vgl. Andreas J. Meyer: »Was schön wäre ... Aufzeichnungen für Janosch, zu seinem 80. Geburtstag«, Gifkendorf: Merlin Verlag 2011, S. 22
9 Ebd., S. 17
10 Janosch: »Grüß Gott, Herr Stoiber!«, Humanistischer Pressedienst, hpd.de, 14.6.2007
11 Deutsche Wildtier Stiftung, www.deutschewildtierstiftung.de/de/presse/pressemitteilungen/archiv-details/news/rettet_den_spatz/
12 »Der Mensch ist eine Sau. Horst Eckert alias Janosch im Gespräch mit Matthias Dusini«, »Falter« 14/2006, www.falter.at/falter/2006/06/04/der-mensch-ist-eine-sau/

Kapitel 9
1 »Die Kinder der anderen«, »Der Standard« 19.5.2011, http://derstandard.at/1577837079138/Interview-mit-Autor-Janosch-Die-Kinder-der-anderen

2 Andreas J. Meyer: »Was schön wäre ... Aufzeichnungen für Janosch, zu seinem 80. Geburtstag«, S. 38 ff.
3 Jerzy Illg im Gespräch mit Olga Drenda, 16.4.2014, Audio-Aufnahme
4 Ebd.
5 Rolf Rietzler: »Zurück nach Uskow. SPIEGEL-Redakteur Rolf Rietzler über eine Janosch-Reise nach Polen«, »Der Spiegel« 36/1993, www.spiegel.de/spiegel/print/d-9286735.html
6 Zitiert nach »Tagebuch eines frommen Ketzers«
7 Janosch: »Polski Blues«, S. 79
8 Ebd., S. 219
9 Janosch: »Von dem Glück, Hrdlak gekannt zu haben«, S. 152
10 Janosch: »Zurück nach Uskow oder eine Spur von Gott oder der Hund von Cuernavaca«, S. 13
11 »Berliner Zeitung« 22.11.1994
12 Janosch: »Zurück nach Uskow oder eine Spur von Gott oder der Hund von Cuernavaca«, S. 13
13 E-Mail von Robert Talarczyk an Angela Bajorek vom 18.3.2014
14 Ebd.
15 Jacek Rojewski, »Kiedy się nad wszystkim zastanowić, to fajnie jest!«, www.netkultura.pl/15936/jacek-rojewski-kiedy-sie-tak-nad-wszystkim-zastanowic-to-fajnie-jest-cholonek-w-teatrze-korez/
16 www.korez.art.pl/nowa/spektakle.php?id_spektakl=4
17 Ebd.
18 Jerzy Illg im Gespräch mit Olga Drenda, 16.4.2014, Audio-Aufnahme
19 E-Mail von Krzysztof Lewandowski an Angela Bajorek vom 11.4.2014
20 Ebd.
21 Bartosz T. Wieliński, »Jak Janosch (nie) wrócił na Śląsk«, http://m.katowice.wyborcza.pl/katowice/1,106509,9236840.html?ssoPermanentSessionId=e83b9a16d1bd4f68ffce86245006063f9bd95d1c42ee5f2f107ed8c79948345e
22 E-Mail von Bartosz Wieliński an Angela Bajorek vom 14.4.2014
23 Vgl. ebd.

24 »Die Kinder der anderen«, »Der Standard« 19.5.2011, http://derstandard.at/1577837079138/Interview-mit-Autor-Janosch-Die-Kinder-der-anderen
25 E-Mail von Dariusz Walerjański an Angela Bajorek vom 10.4.2014
26 E-Mail von Czesław Zdechlikiewicz an Angela Bajorek vom 15.4.2014

Kapitel 10
1 »Ich bin eitel wie ein Mädel«, »Gala« 25.9.2003, www.janosch.ag/pdf/ja/ja_int/Gala-Logo.pdf
2 Alexander Kohnen: »Warum Janosch die Tigerente für ›Mist‹ hält«, www.welt.de/kultur/article12772102/Warum-Janosch-die-Tigerente-fuer-Mist-haelt.html
3 »Ich bin eitel wie ein Mädel«, »Gala« 25.9.2003, www.janosch.ag/pdf/ja/ja_int/Gala-Logo.pdf
4 Janosch: »Das Wörterbuch der Lebenskunst«, München: Goldmann Verlag 1995, S. 26–58
5 Tillmann Prüfer: »Wo haben Sie bloß die ganze Zeit gesteckt, Herr Janosch?«, ZEITmagazin 31/2013, www.zeit.de/2013/31/kinderbuchillustrator-janosch-zeitmagazin-interview
6 »Herr Janosch, wie lösen wir all die Weltprobleme?« ZEITmagazin 8/2014
7 http://muzyka.onet.pl/newsy/wystawa-ilustracji-janoscha-w-katowicach/h85dv
8 »Der Mensch ist eine Sau. Horst Eckert alias Janosch im Gespräch mit Matthias Dusini«, »Falter« 14/2006, www.falter.at/falter/2006/06/04/der-mensch-ist-eine-sau/

Kapitel 11
1 Tillmann Prüfer: »Wo haben Sie bloß die ganze Zeit gesteckt, Herr Janosch?«, ZEITmagazin 31/2013, www.zeit.de/2013/31/kinderbuchillustrator-janosch-zeitmagazin-interview
2 »Der Zeichner Janosch – Horst Eckert und sein Lebensmut«, 3sat-Sendung auf YouTube, www.youtube.com/watch?v=eFcdUrAWih0

3 Janosch: »Der Tod und der Gänsehirt«, in: »Der Musikant in der Luft und andere Geschichten«, Weinheim/Basel: Beltz & Gelberg Verlag 1992, S. 60 ff.

Kapitel 12
1 Ein schlesischer Begriff, der sich nicht so einfach übersetzen lässt. Er bedeutet so viel wie Mistkerl, verfluchter Kerl, Hundsfott, Teufelskerl, Teufelsbrut, toller Hecht.